生态旅游研究前沿（昆明）
(第二辑)

主　编：叶　文　成　海
副主编：程　程　詹卫华　李洪波

科学出版社
北　京

内 容 简 介

本书是"生态旅游研究前沿圆桌会"（昆明，2017）的会议交流论文和讨论内容集合。作为 2017 年 6 月出版的《生态旅游研究前沿》姊妹篇，本书延续上一辑的风格，同样是一本以观点表达为主的学术著作，以专家学者不同的研究视角进行编排，由论文部分和自由讨论部分组成。第一部分共收录论文 20 篇，分别从生态旅游发展阶段、本土化与国际化、概念的形成与消亡、年轻人自然体验特征、生态旅游体验指数、山水文化与旅游、荒野概念本土化、气候变化的旅游影响、生态旅游牌示设计、中国香港地区湿地公园管理、俄罗斯国家公园建设、泰国大象旅游、自然保护区景观规划等方面对生态旅游进行阐述；第二部分则是针对发言论文的讨论及专家学者对生态旅游相关问题的理解和争论。

本书可供旅游研究者、相关专业本科高年级学生和研究生参考使用。

图书在版编目(CIP)数据

生态旅游研究前沿. 昆明. 第二辑 / 叶文, 成海主编. —北京：科学出版社, 2020.8
ISBN 978-7-03-065913-2

Ⅰ. ①生⋯ Ⅱ. ①叶⋯ ②成⋯ Ⅲ. ①生态旅游–研究 Ⅳ. ①F590.75

中国版本图书馆 CIP 数据核字 (2020) 第 161503 号

责任编辑：张　展　孟　锐 / 责任校对：彭　映
责任印制：罗　科 / 封面设计：墨创文化

科学出版社 出版
北京东黄城根北街16号
邮政编码：100717
http://www.sciencep.com

成都锦瑞印制有限责任公司 印刷
科学出版社发行　各地新华书店经销

*

2020 年 8 月第 一 版　开本：B5（720×1000）
2020 年 8 月第一次印刷　印张：13 3/4
字数：282 000
定价：148.00 元
（如有印装质量问题，我社负责调换）

编委会

主任：叶 文

副主任：成 海

办公室主任：程 程

编委（按拼音顺序）：

程　程	程希平	崔庆明	邓贵平
符全胜	过　竹	韩　丹	韩玉燕
郝　飞	胡冀珍	胡明文	黄晓园
黄志恩	李洪波	李　梅	李　山
李燕琴	刘　丹	刘韶杰	马晓芬
马月伟	强永昕	沈　娅	唐晓峰
王立鹏	王颖心	熊　壮	徐红罡
杨宇明	詹卫华	张光生	张建国
张天新	张玉钧	郑　寒	

序

长期以来,作为支撑生态旅游发展的保护地资源体系,由多个部门对其拥有管理权,形成了"九龙治水"、各自为政的局面,导致林业系统内忌谈生态旅游,均以森林旅游代之(人为地丢掉了支撑生态旅游发展的荒漠、草原、湿地等三大自然生态系统)。党的十八届三中全会提出要建立国家公园体制,十九大又进一步明确了要建立以国家公园为主体的自然保护地体系,这对中国的生态保护事业有划时代的意义。由国家发改委牵头的国家公园体制建设,虽殚精竭虑,但依然存在着体制、机制不顺的诸多问题。随着自然资源部的成立,自然资源的保护、利用和管理将由一个部门统筹管理,支撑自然生态旅游发展的保护地资源体系将结束多头管理、碎片化管理的历史,生态旅游的发展从体制机制和政策上迎来了新的发展机遇。

中国是基于农耕文明发展起来的国度,中国历史上的名山多因帝王的封禅和宗教圣地的存在而闻名,自然与文化在同一个地理空间里相互交融、交相辉映。山为阳,水为阴,山水相依,是中国人对自然的辩证理解,山水文化构成了中国文化的核心。诗酒田园、山川湖泊与其生活交融。中国的山水画、山水诗,"入眼又入心",写意的笔墨是为"心象"服务的,而山水都是人格化了的,山水文化是中国式的森林资源保护与利用的文化基础。文化部与国家旅游局合并成立文化和旅游部,为提升旅游产业的文化品位、生态旅游本土化的深入研究,尤其是旅游的少功利化奠定了基础。"旅游是人的一种具有空间位移特征的特殊行为方式、生活方式",这种社会认知的社会文化基础将有可能得到夯实。

自然对于人类具有双重意义:一是资源意义,二是家园意义。资源是掠夺和利用的对象,家园是保护和爱的对象。环境是人的环境,生态旅游是一种尊重环境、保护环境的积极手段,是生态文明建设的重要抓手。衡量一个人的健康标准,包括心理健康、身体健康、道德健康、社会交往健康四个维度。森林和水域是调适心理、恢复身体的良好空间,对于城市人口来说,森林和水域就是"诗和远方"。因此生态旅游本质是要建立一种新型的人地关系,是人们的一种健康生活方式,也是同道们孜孜探寻生态旅游伦理的本质所在。

由李洪波教授发起的"生态旅游研究前沿圆桌会"(厦门,2016),得到了全国从事生态旅游学术研究的学者和研究生的积极响应,会议成果已由科学出版社出版。在厦门会议上决定了第二届"生态旅游研究前沿圆桌会"在昆明召开，会议由叶文教授和成海副教授负责组织，会议代表一共74人，其中特邀嘉宾26人。会议延续了厦门会议的办会原则和组织方式，思想交锋、平等交流，会议重点就中国生态旅游沿革、生态伦理、生态旅游本土化、生态旅游体验、生态旅游扶贫等问题进行了交流，并取得了圆满成功。本论文集就是以"生态旅游研究前沿圆桌会"（昆明，2017）的会议交流论文和讨论为主编辑而成的。

通过协商，代表们同意第三届"生态旅游研究前沿圆桌会"，由北京林业大学张玉均教授负责组织。

对受邀参与昆明会议的所有代表，尤其是国家水利部景区办、中国生态文明研究与促进会生态旅游分会、西南林业大学生态旅游学院所给予的支持，表示由衷的感谢！对以成海副教授为首的编辑团队的辛劳付出，致以诚挚的谢意！

叶 文

2018年5月25日于昆明世纪龙苑

目　录

中国生态旅游发展的三个阶段 ·· 1
中国生态旅游的本土化与国际化 ······································ 16
生态旅游概念的形成与消亡 ·· 23
年轻人的自然体验特征及其影响研究——以大学生群体为例 ······ 26
生态旅游体验指数刍议 ·· 35
心之旅·逍遥游——山水文化与旅游 ································ 40
生态文明视域下的荒野概念本土化解读 ······························ 62
气候变化的旅游影响：福利还是弊损 ································· 71
生态旅游牌示设计的"环境适应法" ···································· 80
Hong Kong Wetland Park：The Management Perspective of Stakeholders ········· 88
俄罗斯国家公园建设历程与生态旅游发展的法律依据 ············· 101
去泰国旅游不骑象就能救象吗？ ······································ 109
自然保护区旅游景观规划初探——以大理苍山花甸坝为例 ········ 114
云南省旅游经济时空演变及因素分析 ································· 123
推进城市林业建设，创建生态文明家园 ······························ 134
山区林业县践行"两山"理论的浙江实践 ····························· 139
乡村生态旅游扶贫发展路径优化探析——以银河镇紫溪村为例 ···· 149
布朗族生态观视角下，普洱景迈山古茶林农业文化景观遗产保护研究 ··· 155
产业融合视角下翁丁村民族文化生态旅游发展路径研究 ··········· 168
全域旅游视角下九寨沟县旅游发展探讨 ······························ 174
自由讨论：学者专场 ·· 185
自由讨论：研究生专场 ·· 198

中国生态旅游发展的三个阶段

叶 文　赵敏燕　沈 娅

第一作者简介：叶文，男，博士，二级教授，博士生导师，江苏南京人，毕业于悉尼科技大学国际关系学院，获哲学博士学位。西南林业大学地理学院院长，云南保护地生态文明工程研究中心主任，云南省政府参事。兼任中国生态文明研究与促进会生态旅游分会副会长兼专家组组长、中国地理学会旅游地理专业委员会副主任、中国林学会森林公园分会常务理事、云南省国家公园建设专家委员会委员、云南省风景园林学会常务理事、云南省生态红线专家委员会委员、云南省留学人员联谊会常务理事等职。发表文章60余篇，主持国家级项目3项，省部级、国际合作、横向课题90余项。代表性著作：主编《云南山水景观论》（云南科技出版社，1996），副主编《云南省志•地理志》（云南人民出版社，1998），独著《旅游规划的价值维度》（中国环境科学出版社，2006），主编《生态旅游本土化•云南》（中国环境科学出版社，2006），主编《城市休闲旅游学》（南开大学出版社，2006），主编《香格里拉的眼睛——普达措国家公园规划和建设》（中国环境科学出版社，2008），专著《生态文明：民族社区生态文化与生态旅游》（中国社会科学出版社，2013），主编《旅游融合发展：旅游产业与乡村建设》（中国环境科学出版社，2016），《云南风景地理学》（科学出版社，2017），主编《中国生态旅游发展报告》（科学出版社，2018）。

生态旅游的概念最早出现于20世纪80年代的西方，直到90年代中后期才引入中国。生态旅游作为舶来品，在中国发展的20多年来，最初的引进、学习模仿、照抄和照搬带来了生态旅游成长的"水土不服"，成效并不显著，概念泛化，引起了歧义和质疑，但经过20多年的探索，在中国这片土地上，"生态旅游本土化""生态旅游研究和实践创新"成为学者和业界的共识。本文对中国20多年来的生态旅游发展轨迹进行梳理，总结经验和教训，为中国今后生态旅游发展提供有益的参考。

一、生态旅游的含义

(一) 全球生态旅游发展回顾

在全球人类面临生存的环境危机的背景下，随着人们环境意识的觉醒，绿色运动及绿色消费席卷全球，相对于传统大众的旅游方式，生态旅游孕育而生，并被广泛传播和接受。生态旅游自 20 世纪 70 年代从欠发达的国家开始，据国际生态旅游协会(The International Ecotourism Society, TIES)统计，21 世纪生态旅游已成为整个旅游市场中增长最快的部分。全球生态旅游发展大致经历了三个阶段，如表 1 所示。

表 1 生态旅游的发展阶段表

阶段划分	时间	重要特点
调整性自然旅游时期	1983 年以前	以减少传统旅游方式对生态环境或当地文化的负面冲击为目的 将传统大众旅游调整为小规模 低密度活动 旅游主要分散在非城市地区 旅游者一般是具有较好的教育背景或较高收入的特定族群
生态旅游概念创立时期	1983~1989 年	明确提出了生态旅游的概念(1983 年) 提倡到相对未受干扰或未受污染的自然区旅游 强调对环境保护的关心和自然保育
生态旅游蓬勃发展时期	1990 年至今	对生态旅游认识日益深化，生态旅游实践不断深入 生态旅游范围越来越广，活动规模越来越大 生态旅游快速增长，已成为世界旅游业主导潮流之一 生态旅游学术研究不断深入

纵观世界各国生态旅游的发展现状，各个国家的生态旅游发展水平并不总是与其经济发展水平相一致，两者不存在完全的正比例关系。根据世界范围内各个国家的经济发展水平与生态旅游发展水平的协调程度，把世界生态旅游的发展模式分为四类：①经济发达-生态旅游成熟型，美国、加拿大、澳大利亚、新西兰等国家就属于这种类型，以国家公园为支撑的生态旅游开发方面走在了世界前列；②经济发达-生态旅游滞缓型，日本和欧洲大部分国家属于这种类型，以乡村旅游为主要形式的生态旅游在这些地区发展较为成熟；③经济欠发达-生态旅游新兴

型，尼泊尔、印度尼西亚等南亚、东南亚国家多属于这种类型，高山探险生态旅游和生态度假旅游在这一地区最具特色；④经济欠发达-生态旅游超前型，肯尼亚、哥斯达黎加及加勒比海国家大多属于这种类型，在以保护区为代表的生态旅游及其产品开发方面取得了显著成效（冷瑾，2010）。

（二）生态旅游的中国含义

生态旅游的概念最早由国际自然保护联盟（International Union for Conservation of Nature，IUCN）特别顾问 Ceballos Lascurain 于 1983 年正式提出。作为对传统大众旅游导致生态环境损害现象的回应和反思，生态旅游迅速得到了各国政府、学界和社会人士的响应。中国在 20 世纪 90 年代才明确引入"生态旅游"的概念并对其进行研究，生态旅游定义的不同表述有 60 多种，纵观这些生态旅游的定义，虽没有完全统一的说法，但有一个核心思想，即生态旅游是强调维护人-地和谐统一的一种旅游方式，表述大致如下。

1993 年 9 月，在中国北京召开的第一届东亚地区国家公园与保护区会议对生态旅游定义为：倡导爱护环境的旅游，或者提供相应的设施及环境教育，以便旅游者在不损害生态系统或地域文化的情况下访问、了解、鉴赏、享受自然及文化地域。卢云亭（1996）在分析了国内外有关生态旅游定义后，从对环境作用的角度定义为：以生态学原则为指针，以生态环境和自然环境为取向所开展的一种既能获得社会经济效益，又能促进生态环境保护的边缘性生态工程和旅游活动。王兴斌（1996）从旅游类型角度定义为：以自然生态和社会生态为主要旅游吸引物，以观赏和感受生态环境、普及生态意识和知识、维护生态平衡为目的的一种新型旅游产品。张延毅和董观志（1997）认为生态旅游是指对环境和旅游地文化有较小影响，有助于创造就业机会，同时保护野生动植物的多样性，对生态和文化有着特别感受的带责任感的旅游活动。其他如王兴国和王建军（1998）对生态旅游的定义以及其他一些研究者所做出的定义，虽表述各有不同，但其基本思想都类似于上述几例。

尽管定义很多，但综其观点，可归纳出生态旅游概念的四个重要内涵：第一，旅游对象是自然生态及与之共生的人文生态。由于中国悠久历史和人地间的密切关系，生态旅游对象不局限于自然生态系统，还包括自然区域中具有地域特色的人文生态系统，集中体现"天人合一"的资源观。第二，强调当地社区发展。一方面，管理者、经营者和旅游者应承担保护资源环境和促进当地社区可持续发展的责任；另一方面，当地社区应承担保护资源环境和维护旅游氛围的责任。第三，重视环境教育功能。呼吁建立完善的生态旅游环境解说系统，提高甚至改变游客的环境资源观和生活方式。第四，旅游干扰的可控性。生态旅游活动对生态系统的干扰必须是可控的，使其对当地旅游资源、自然生态和社会文化的负面影响最小化(钟林生等，2006)。

叶文认为生态旅游可以从四个层面来理解：

(1)生态旅游者：只要是尊重自然与文化、学习自然与文化、保护自然与文化、敬畏自然的旅游行为就是生态旅游行为，其旅游者就是生态旅游者。

(2)生态旅游区：生态旅游资源与旅游产品具有同构性，其标识和解说突出其科普教育性；所有的设施建设是绿色的、环保的、低碳的，并与环境相协调。

(3)生态旅游管理：社区的利益得到有效的尊重，实施科学的管理(包括旅游产品的开发、合理的保护理念和方法、游客量的控制、游路的设计、解说系统等)。

(4)价值取向：生态旅游的兴起标志着一种新的发展哲学和资源利用的伦理选择，是一种积极的保护手段和生态文明建设重要的抓手。

二、中国生态旅游引进模仿阶段
（1990～2000 年）

伴随着旅游业在我国的兴起，环境污染、景观破坏等问题日益严重，旅游需求与环境保护的关系得到人们的关注，这是生态旅游得以引进中国的社会文化基础。

（一）生态旅游概念突出强调自然性和保护功能，概念出现泛化和歧义

从 20 世纪 70 年代开始，朴素的生态保护思想和可持续旅游的理念贯穿于旅游业发展过程之中。应该说，国内正式引入"生态旅游"一词是在 20 世纪 90 年代初期。在之后的 20 多年里，生态旅游在国内引起学术界广泛关注。在此期间，举办了各种形式的生态旅游专题研讨会或论坛。但是在生态旅游研究的初期(20世纪 90 年代初)的一段时间内，旅游研究者们(例如李绪萌、刘红、孔红梅)对生态旅游的定义突出强调了生态旅游的自然性和环境保护功能；随着研究的不断深入，很多学者纷纷从不同的角度对生态旅游做出了界定，到了 20 世纪 90 年代末，生态旅游定义繁多，众说纷纭，提出了广义生态旅游和狭义生态旅游的分法，也有人提出了生态旅游和大众旅游关系的问题，有的定义强调了生态旅游的游乐、休闲、保健等其他功能，提出了生态旅游是一种高层次旅游活动，有人甚至把我国古代文人雅士"散怀山水"也包括在生态旅游之内，有的定义强调人文景观也

是生态旅游的资源基础。这一阶段，对生态旅游的概念界定存在明显的分歧，有的甚至是针锋相对的。

杨开忠等(2001)、宋子千和黄远水(2001)、王家骏(2002)等学者一直认为国内对于生态旅游概念的认识存在误用、滥用、泛化的倾向。突出表现就是部分学者简单将生态旅游作为自然导向的大众旅游来理解，将大众化的自然观光等同于生态旅游。如有人认为，从广义上看，生态旅游可以涵盖从古代文人雅士的游山玩水到现代寻常百姓在大自然中进行的游览、度假等所有活动(王尔康，1998)。还有人则认为苏州拙政园之类的古典园林、北京天文馆之类的展览馆也可列入生态旅游资源(杨桂华等，2000)。将传统的大众化观光资源的开发手法用于生态旅游资源的开发。学者们认为，引起这种生态旅游概念泛化的原因主要是对生态旅游概念的无限扩张以及对生态旅游概念引用和介绍上的误用，例如引用早已被修订过的早期定义，或者不具有代表性的生僻定义等。对于生态旅游定义的滥用、误用以及泛化将会对生态旅游地的开发、决策和管理产生误导。

(二) 大众化生态旅游产品，森林生态旅游占主导

生态旅游产品开发开始起步。20世纪90年代以来已初步推出了一批具有生态旅游(或绿色旅游)特点的旅游线路、景点、项目和节庆活动。1994年3月经国家旅游局批准，原林业部成立了森林国际旅行社，北京、福建、陕西、大连等15个省、直辖市和计划单列市还先后成立了森林旅游公司或森林旅行社，开发森林旅游资源和开展森林旅游活动，这标志着与国家旅游局相配合的森林旅游在管理和开发方面形成了完整的体系。其中大多数是大众化的生态旅游，而专业性很强的特种生态旅游项目尚属试办性质。比较典型的大众生态旅游产品有森林生态旅游(包括登山、健行和简单的森林浴等)、乡村旅游和农业生态旅游、高山生态旅游、海洋生态旅游、草原生态旅游等，其中最为广大旅游者钟情的也是最容易接受的还是森林生态旅游(即森林旅游)。

(三) 旅游生态伦理逐步形成，业界开始接受和广泛关注

生态旅游开始被理解接受，1993年9月在北京召开的第一届东亚地区国家公园与保护区会议通过了《东亚保护区行动计划纲要》的文件，标志着生态旅游的概念在中国第一次以文件形式得到确认。1995年我国第一届生态旅游研讨会在云南西双版纳召开，就我国生态旅游发展问题进行了深入探讨，会后发表了《发展我国生

态旅游的倡议》，还建议国家旅游局将生态旅游作为旅游年主题，这个倡议书引起了业界的广泛关注，是具有标志性的。1996年，在联合国开发计划署的支持下，召开了武汉国际生态旅游学术研讨会，并将生态旅游研究推向实践。同年10月推出的《中国21世纪议程优先项目计划》调整补充方案中，列出"承德市生态旅游""井冈山生态旅游与次原始森林保护"等作为实施项目，进一步推进了生态旅游的发展。1997年，"旅游业可持续发展研讨会"在北京举行，会议有不少文章涉及生态旅游，认为生态旅游对于保障中国旅游业可持续发展有重要意义。1998年国家旅游局提出建设六个高水平、高起点的重点生态旅游开发区：九寨沟、迪庆、神农架、丝绸之路、长江三峡、呼伦贝尔草原。1999年是生态旅游发展重要的一年，国家旅游局、国家环保局、国家林业局、中国科学院四个部门联合举办了"99中国生态环境游"，其主题是"走向自然、认识自然、保护环境"，主要口号有：①走向自然、认识自然，保护环境；②返璞归真，回归自然；③生态环境游——时尚的选择；④青山绿水探净土，清风明月返自然。通过此次活动的举办，借助于新闻媒体的推介，"生态旅游"的概念开始被社会广泛关注。

（四）生态旅游理论研究起步，储备国际先进理念和做法

1996年国家自然基金委员会与国家旅游局联合资助了"九五"重点项目——"中国旅游业可持续发展理论基础宏观配置体系研究"，由国家旅游局计划统计司与中国科学院地理科学与资源研究所共同主持，开展生态旅游典型案例研究。2000年，由杨桂华等编写的《生态旅游》教材首次出版，成为我国"第一本生态旅游领域理论研究的著作"，是国内生态旅游研究的最新成果。以此为开端，有关生态旅游研究的大量文献和资料，都集中在对生态旅游的概念的界定、内涵的解释、功能的探讨、特征的描述等基础理论研究方面。在此过程中，很多专家和学者做出了不懈努力，吸取国际生态旅游的先进发展理念和做法，为我国生态旅游的深入发展提供了可供借鉴的宝贵经验。

三、本土化探索和创新阶段（2001～2010年）

进入21世纪以后，中国管理者和学者们在推动生态旅游发展过程中开始反思，大量吸收国外经验，但照搬国际做法的不良后果也有所显现。如何在接受西方生态旅游新观念的同时，又保持自己的本土特色，是值得我们认真关注的一个课题。

(一)生态旅游本土化的提出

西方与中国发展生态旅游的动因机制和基础条件是不尽相同的。对于西方来说，发展生态旅游缘起于工业化时期大众旅游对于旅游地环境的破坏，而现代社会运转所需的大量物质消耗也要求对自然资源倍加珍惜。同时，西方社会物质财富已经极为丰富，国民普遍具有成熟的生态环境意识，其环保法律制度也十分完善，这都保障了生态旅游的开展。对中国而言，开展生态旅游则是一个极大的挑战。外在威胁正是来自西方发达国家。一方面，西方以牺牲包括中国在内的多数发展中国家的发展权利换取自身的环境改善；另一方面，文化中心主义泛滥造成了西方指向东方，发达地区指向欠发达地区的文化势位差。而更多困惑还是来自内部。首先，中国是人口大国，旅游资源的人均需求与实际占有之间缺口很大，而传统的中庸、均分思想所引起的攀比效应又十分畅行，这就决定了我们的生态旅游不可能仅仅是少数游客的奢侈品。其次，中国工业化进程还在继续，整个社会极为浮躁，功利化的非理性倾向突出，地方政府和旅游开发商往往注重眼前既得利益，而对生态旅游中可持续发展理念漠不关心(叶文和薛熙明，2005)。最后，中国的学校教育严重忽视了环境课堂的建立，而社会环境教育也由于种种原因十分薄弱。凡此种种，都使中国生态旅游发展进程更加复杂。如何在接受生态旅游新观念的同时，又保持自己的本土特色，是值得我们认真关注的一个课题。

(二)生态旅游本土化的探索

1. 文化生态旅游的关注

西方发达国家对于生态旅游的理解，主要是基于自然的。但在中国"天人合一"的理念中，自然景观与植根于其上的文化景观几乎很难分开，良好自然环境的所在也常常是人文荟萃之地。山因人名，人慕名山，中国的山水景观同样对人文环境产生了巨大的影响。文化生态旅游可界定为以了解旅游目的地文化与历史知识，学习、研究、考察、欣赏特定的文化景观，促进区域文化特色的保护和区域文明程度的提高，促进区域经济发展，以使旅游者获得文化教益的一种专门层次的旅游活动(黄安民和李洪波，2000)。

文化生态旅游与自然生态旅游的区别：①文化生态旅游的目的地指向更多地偏向于独特的社会文化区域如民族地区、宗教地区、文化名山、文化名城等，如云南的香格里拉民族生态示范点、香格里拉宗教生态示范点。②文化生态旅游的旅游吸引物为具有特色的文化景观，这些文化景观除了作为文化载体的特色城镇、文物古迹、古建筑、宗教寺庙、民居建筑、民族服饰、饮食习惯、节日庆典等外，还有一种可以感觉但难以表达的气氛感情、风格等，如宗教文化区域、民族风情区域、区域精神、区域气氛、区域风格等。③文化生态旅游要加强文化生态平衡和文化完整性的保护，文化生态旅游是一种可持续发展的旅游。④旅游者的文化审美心理感觉与旅游者的文化背景有关，因此文化生态旅游更偏重为一种专门层次的旅游。⑤文化生态旅游既可以看作是一种旅游活动，是生态旅游的一种，同时又可看作是一种旅游发展的战略和旅游发展模式(高红艳，2003)。

2. 社区生态旅游的发展

社区参与是生态旅游发展的重要功能之一，从社区参与旅游发展的研究文献来看，案例区域首先是多选择在西部地区。西部地区是我国旅游资源最丰富的地区，同时也是生态系统极其脆弱的地区。社区参与既是西部地区发展旅游本身所必须包含的内容，同时也是维护当地旅游生态环境系统的关键所在，社区参与可以更好地维护西部地区的自然生态环境系统，可以进一步巩固和展示社区化，强化社区人文系统，可以完善旅游区的旅游经济系统。其次是民族地区，民族社区是旅游资源的重要载体，社区居民是保护生态环境和民族传统文化的主体，社区参与旅游是民族地区自身发展的需要，有助于增强民族认同感，有利于加强当地居民对发展旅游的支持力度。再次是乡村地区，乡村旅游发展更应依赖于乡村社区的发展，而居民参与乡村旅游开发是社区全面发展的必由之路。社区全面参与旅游开发，从根本上解决了农村经济的发展和农民增收的问题，同时有利于农村产业结构调整，促进农业生产向第三产业转化，确保农民直接获益，提高农民综合素质，加快城乡一体化进程，推进农业现代化建设。此外，还有对自然保护区社区参与旅游发展的研究，对历史文化类地区社区参与旅游发展的研究，如传统民居、古村落、历史遗迹等。总体来看社区参与旅游发展的研究案例多选择于欠发达地区(刘丽梅和吕君，2010)。

3. 环境解说关注与探索

生态旅游环境教育功能依赖于环境解说系统的设施和服务。环境解说出现在国外国家公园，起步发展较早，积累了大量的实践经验和理论基础。在国内各地发展生态旅游的同时，环境教育和自然解说也备受关注。

通过中国知网检索，2003~2010年研究生态旅游地的环境解说的论文是45篇。从统计结果看，环境解说的研究重点集中在环境解说调查评价和环境解说构建两个方向，其他方向如环境解说的理论基础、环境解说技术手段、解说内涵与意义等，论文数量都不超过4篇，特别是关于环境解说技术手段的论文仅有1篇。

说明各个方向的研究很不均衡(杨前进，2011)。

我国环境解说规划的编制处于起步摸索阶段。台湾地区的吴忠宏教授在1990年左右开始了环境解说规划的研究工作，提出了"环境解说规划的15个原则"。我国首次在旅游总体规划中引入环境解说规划是始于1998年，具体有：1998年，世界旅游组织编制的《四川省旅游发展总体规划》中的环境解说规划；2002年，中山大学旅游发展与规划研究中心编制的《湖北省旅游发展总体规划》中的环境解说系统规划；同年，在美中环境基金会的支持下，对我国四川的卧龙大熊猫自然保护区编制了讲解规划；2005年，中南林业大学钟永德、罗芬在广东、肇兴等地进行了旅游解说系统总体或详细规划；2007年，西南林业大学与美国大自然保护协会(TNC)在云南省编制了第一个国家公园解说系统规划——《普达措国家公园解说战略规划》，之后又为昆明官渡古镇、五甲塘、螺蛳湾商贸城编写了解说系统规划(赵敏燕等，2016)。

(三)生态旅游本土化的创新示范

从多种实践到典型示范，生态旅游在国内得到快速发展。伴随着举办一些重要会议的同时，也在探索多种形式的实践活动，甚至上升为典型示范活动。2001年3月，全国旅游发展会议首次提出建立一批国家生态旅游示范区。同年，国家旅游局在《2001年国家旅游局工作要点》与《中国旅游业"十五"发展计划》中再次提出了建设国家生态旅游示范区的思路，并将其列为我国"十五"期间旅游业发展的重点之一。2001年12月中国生态学学会旅游生态专业委员会在北京成立。自成立以来，中国生态学学会旅游生态专业委员会致力于推动我国生态旅游事业的发展，先后成功举办十一届中国生态旅游发展论坛，在推动和指导我国生态旅游发展方面取得了卓越成效，有力地促进了生态旅游业和生态文明建设的进一步发展。2005年叶文教授所带领的团队在编制中国首个国家公园——香格里拉普达措国家公园规划时，提出了三个很有价值的生态旅游规划研究方法：一是大众生态旅游的概念，这个概念的核心是基于中国的现实情况，在大众观光旅游和严格的生态旅游之间建设一套具有本土化特色的大众生态旅游产品体系。这套体系的核心是通过科学的管理、编制符合中国人需求的旅游解说系统来实施，以期达到在旅游活动中，游客能适度接受一些科普的知识和初步的环境教育。二是旅游解说系统的编制应该广泛吸收日本及其他国家和地区的经验，把科普知识、文化遗存和文学艺术有机地结合。三是少数民族社区的生态旅游规划编制应按照文化生态空间(村庄聚落区)—农业生态空间(农牧业区)—自然生态空间(荒野区，不少是神山)三个层次来进行规划设计。2007年，"2007中国国际生态旅游博览会"

成为将理论与实际相结合、国内与国外相结合、景区与线路相结合、普及生态旅游与发展会展奖励旅游相结合的新型展会，为探索中国生态旅游的发展实践提供了一个良好平台。2009年，国家旅游局和国家环境保护部联合发布《全国生态旅游发展纲要(2008—2015)》。同年，国家旅游局、国家林业局、环境保护部和中科院四部门(机构)联合发文，把2009年确定为"中国生态旅游年"，全国各地纷纷推出各种生态旅游产品系列，进一步加强了我国生态旅游业体系的建立和完善。同年，国务院《关于加快发展旅游业的意见》(国发〔2009〕41号)中关于新能源、新材料、节能节水减排、低碳旅游、绿色旅游等举措都体现了与生态旅游的关联性。2009年，九三学社中央委员会会同中国生态学学会旅游生态专业委员会在湖南、贵州两省进行生态旅游调研，向中共中央、国务院提交了《关于推动我国生态旅游发展的建议》，并作为提案向2010年的"两会"提交，建议受到党中央国务院的高度重视。2006年叶文和蒙睿主编了《生态旅游本土化·云南》(中国环境科学出版社，2006)一书，从理论和案例两个层面阐释了生态旅游本土化的问题，为了便于国外学者查阅，编辑了比较详细的"英文摘要"。叶文和薛熙明的 *The Differences in Ecotourism between China and the West* 一文，在国际上引起了一定的关注。

四、生态旅游中国模式阶段(2010年至今)

(一)中国式生态旅游全面推动

2011年，国家"十二五"规划中提出"全面推动生态旅游"。2011年，第一本生态旅游杂志——《中国生态旅游》创刊，对普及生态旅游知识做出了贡献。2013年，在九三学社中央的推动下，中国生态文明研究与促进会成立了生态旅游分会，其宗旨是遵照国家生态文明建设的方针政策和战略部署，聚集全国有志于生态旅游发展的力量，以学术交流与服务社会为目的，推动生态旅游事业的健康发展，同时以生态旅游为平台，推进生态文明建设。2016年3月，国家"十三五"规划中更是明确提出了要"支持发展生态旅游"，同年在国家发展改革委员会和国家旅游局的共同推动下制定了《全国生态旅游发展规划》。可见生态旅游的总体形势向着利好的方向发展。

(二)生态旅游目的地体系初步形成

经过20多年的发展，生态旅游已成为一种增进环保、崇尚绿色、倡导人与自然和谐共生的旅游方式,并初步形成了以自然保护区、风景名胜区、森林公园、地质公园及湿地公园、沙漠公园、水利风景区等为主要载体的生态旅游目的地体系,基本涵盖了山地、森林、草原、湿地、海洋、荒漠以及人文生态等七大类型。生态旅游产品日趋多样,深层次、体验式、有特色的产品更加受到青睐。生态旅游方式倡导社区参与、共建共享,显著提高了当地居民的经济收益,也越来越得到社区居民的支持。通过发展生态旅游,人们的生态保护意识明显提高,"绿水青山就是金山银山"的发展理念已逐步成为共识(国家发展和改革委员会和国家旅游局,2016)。

(三)生态旅游产品趋向体验参与性

生态旅游产品由之前的观光为主向体验性高、参与性强转化。国家林业局《关于大力推进森林体验和森林养生发展的通知》[林场发〔2016〕3号],明确提出充分利用森林的体验和养生功能,是发挥森林多种功能的重要途径,是加快转变林业发展方式、激发林业生产力的重要途径,也是加强生态文明建设和健康中国建设的重要途径,它与人们日益增长的精神文化需求相契合,与建设生态文明和推动绿色发展的时代要求相契合。加快森林体验和森林养生发展,有助于推动森林旅游的创新发展和绿色发展,有助于发挥林业在弘扬生态文明、改善民生福祉中的巨大潜力。中国生态旅游发展的三个阶段,也是中国旅游生态伦理的探索、形成和成熟阶段,如图1所示。

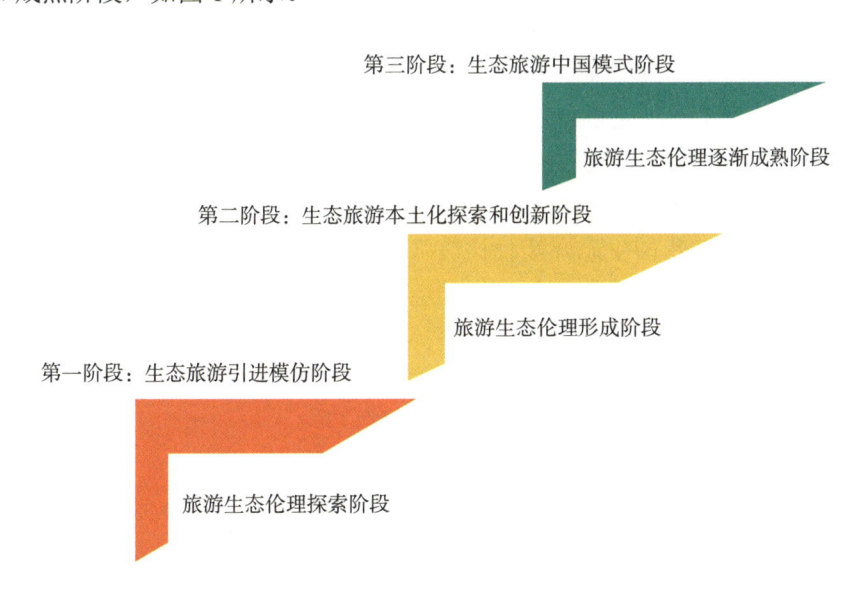

第三阶段:生态旅游中国模式阶段

旅游生态伦理逐渐成熟阶段

第二阶段:生态旅游本土化探索和创新阶段

旅游生态伦理形成阶段

第一阶段:生态旅游引进模仿阶段

旅游生态伦理探索阶段

图1 中国生态旅游发展阶段示意图

五、中国生态旅游发展形势及展望

(一)面临形势

改革开放特别是"十二五"以来,我国旅游业快速发展,旅游已成为城乡居民日常生活的重要组成部分,成为国民经济新的重要增长点。2015年国内旅游人数达到 40 亿人次,旅游业总收入 4.13 万亿元。预计 2020 年国内旅游人数将突破 70 亿人次,居民人均旅游次数将从目前不到 3 次提高到 5 次左右,旅游产品供求矛盾将持续突出。同时,随着工业化进程加快、城镇化水平提高,人们回归大自然的愿望日益强烈,国内旅游需求特别是享受自然生态空间的需求爆发性增长。旅游消费方式从观光游到观光、休闲、度假并重转变,呈现多样化格局,深层次、体验式、特色鲜明的生态旅游产品更加受到市场青睐,观鸟旅游、探险旅游、科考旅游、生态养生、野生动物观赏等逐渐成为新热点。

十八届三中全会提出建立国家公园体制,确定了 10 个国家公园体制机制建设的试点单位,十九大又进一步明确了要建立以国家公园为主的保护地体系,这给支撑生态旅游发展的保护地资源体系统一管理奠定了基础。《"健康中国 2030"规划纲要》、《国家康养旅游示范基地》(LB/T 051—2016)、《森林体验基地质量评定》(LY/T 2788—2017)、《森林养生基地质量评定》(LY/T 2789—2017)、《全国森林等自然资源旅游发展规划纲要》(2013—2020 年)、《关于开展森林特色小镇建设试点工作的通知》(2017)、《关于进一步放活集体林经营权的意见》(2018)等支撑生态旅游转型升级的文件和技术标准,为森林体验、森林康养、户外运动、森林小镇的建设起到了引领和指导的积极作用。

但总体上看,我国生态环境仍比较脆弱,生态系统质量和功能偏低,生态安全形势依然严峻,生态保护与经济社会发展的矛盾仍旧突出。十八大明确提出推进生态文明建设,构建生态安全格局,十八届三中全会进一步要求建立空间规划体系,划定生产、生活、生态空间开发管制界限。《"十三五"规划纲要》要求加大生态环境保护力度,为人民提供更多优质的生态产品。生态保护作为生态文明建设的重要内容,关系人民福祉,关乎民族未来。为加快推进生态文明建设,更好地满足日益增长的旅游休闲消费需求和生态环境需要,必须加快发展环境友好型、非资源消耗型的生态旅游,有效整合资源,促进融合发展,优化配套体系,加强资源环境国情教育,引导形成正确的生态价值观,树立崇尚生态文明新风尚,推动形成绿色消费新观念,发展负责任、可持续的旅游业，实现人与自然和谐共生。

(二) 方向展望

1. 推动生态旅游本土化创新发展

中国的生态旅游绝不能仅仅是克隆西方版本，任何盲目的照搬、效仿都会使先进的观念方法变成水土不服的泻药，只有客观科学地根据本国国情研究问题，才能真正帮助中国旅游业走上一条可持续发展之路。生态文明建设产生了生态旅游需求，以生态保护为原则，以绿色需求为导向，本土化创新生态旅游发展内涵显得十分迫切。但目前在这方面还存在着不足和局限。例如生态产品策略中如何科学地进行生态旅游产品的组合，以期实现合理利用生态旅游资源的目的。发展生态旅游不仅有利于促进生态文明建设、人与自然和谐发展，还可以培育壮大资源节约型、环境友好型产业，也是促进产业升级转型的重要着力点。

2. "健康中国"建设的重要抓手

健康是生存、发展的基础，长期以来备受人们的关注。世界卫生组织（WHO）1947年提出，健康不只是没有疾病，还是人们的身体、心理和社会适应方面的良好状态。1986年第一届国际健康促进大会通过的《渥太华宣言》提出了"新大众健康"的概念，进一步说明了健康与环境，特别是与社会环境的关系(周鸿，2000)。只有生理健康、心理健康、道德健康和社会适应健康的人，才是真正健康的人。生态旅游秉承的是人地和谐的伦理观，随着工业化、城市化的进程，森林将变成城市人们的"诗和远方"，生态旅游将会变成人们的一种健康生活方式，生态体验、生态康养、生态休闲将是未来生态旅游发展的重要方向，这些发展方向将会成为"健康中国"建设的重要抓手。

3. 引导社区参与助力精准扶贫

生态旅游者选择特定的地区，通过他们的消费来达到欣赏生物多样性或特定生物种的目的，从而转化为当地居民的实际收入。在很多欠发达地区开展生态旅游势必对该地区或其附近的居民产生影响。在精准扶贫的背景下，要充分认识社区参与的重要意义，全面了解社区农户参与的基本状况，深入研究乡村旅游中农户参与机制问题，切实完善农户参与的保障体系，最终形成"政府引导—农户参与—旅游发展—共同受益—农户参与"的良性生态旅游循环发展模式。强化旅游扶贫中的农户参与机制，不仅是提升社区农户有效参与的必由之路，而且是促进我国生态旅游提质升级发展的必然要求,更是深化推进旅游精准扶贫工作的重要保障。

4. 完善环境解说系统规划建设

通过"确定可行的解说目标—挖掘双重价值的资源—定位受众特征与类型—标准化规范引导媒介"的思路,完善生态旅游地环境解说系统规划与建设,进一步促进环境教育功能的发挥。生态旅游地管理部门制定与解说规划、媒介设计、人员培训等相关的标准规范、规章制度,鼓励自导式和向导式相结合的媒介体系,制订"生态旅游地解说规划技术规程"标准规范,建立科学的解说员培训制度和培训体系,为生态旅游地解说服务和设施建设提供规范化参考。借鉴美国国家解说协会等国外权威机构的资格认证经验,生态旅游企业采取本土化的东方适应性发展战略,融入西方体验教育的教学模式,培养中国特色的体验解说师资,促进生态旅游地自然学校、体验工作坊、生态营地等市场化运作,并取得相应的社会效益(赵敏燕等,2016)。

参 考 文 献

程占红,张金屯,2001. 生态旅游的兴起和研究进展[J]. 经济地理,12(1):110-113.

高红艳,2003. 民族地区文化生态旅游与民族文化保护[J]. 贵州师范大学学报(自然科学版),21(1):19-22.

国家发展和改革委员会,国家旅游局,2016. 全国生态旅游发展规划(2016—2025)[EB/OL]. http://www.sdpc.gov. cn/zcfb/zcfbghwb/201609/t20160906_817763.html

黄安民,李洪波,2000. 文化生态旅游初探[J]. 旅游论坛,11(3):57-58.

冷瑾,2010. 世界生态旅游发展模式初探[J]. 大理大学学报,9(7):40-43.

李景奇,秦小平,2000. 生态旅游实施措施与利弊分析[J]. 中国园林,16(5):22-25.

刘丽梅,吕君,2010. 中国社区参与旅游发展研究述评[J]. 地理科学进展,8(8):1018-1024.

卢云亭,1996. 生态旅游与可持续旅游发展[J]. 经济地理,16(1):106-112.

卢云亭,王建军,2001. 生态旅游学[M]. 北京:旅游教育出版社.

吕永龙,1998. 生态旅游的发展与规划[J]. 自然资源学报,13(1):81-86.

穆宪菊,2006. 中国生态旅游开发研究[D]. 济南:山东师范大学.

宋子千,黄远水,2001. 对生态旅游若干理论问题的思考[J]. 林业经济问题,21(4):213-215.

王尔康,1998. 生态旅游与环境保护[J]. 旅游学刊,(2):15-19.

王家骏,2002. "生态旅游"概念探微[J]. 江南大学学报(人文社会科学版),1(1):52-56.

王兴斌,1996. 生态旅游科学探索[J]. 旅游业,11:36.

王兴国，王建军，1998. 森林公园与生态旅游[J]. 旅游学刊，13(2)：15-18.

杨桂华，钟林生，明庆忠，2000. 生态旅游[M]. 北京：高等教育出版社.

杨开忠，许峰，权晓红，2001. 生态旅游概念内涵、原则与演进[J]. 人文地理，16(4)：6-10.

杨前进，2011. 我国环境解说研究现状及发展方向探讨[C]// 中国地质学会旅游地学与地质公园研究分会第26届年会暨金丝峡旅游发展研讨会.

叶文，薛熙明，2005. 生态旅游本土化问题研究[J]. 中国人口·资源与环境，15(6)：55-61.

张林源，杨新军，1996. 我国自然保护区的生态旅游研究[J]. 地理与地理信息科学，(1)：40-43.

张延毅，董观志，1997. 生态旅游及其可持续发展对策[J]. 经济地理，(2)：108-112.

赵敏燕，叶文，董锁成，等，2016. 中西生态旅游解说系统差异化研究进展及本土化路径[J]. 地理科学进展，6：691-701.

钟林生，刘敏，郑群明，2006. 世界生态旅游区划[J]. 生态学杂志，25(12)：1549-1553.

周鸿，2000. 人类生态学[M]. 北京：高等教育出版社.

Ye W, Xue X M, 2008. The differences in ecotourism between China and the West[J]. Current Issues in Tourism, 11(6)：567-586.

David W, 2004. 生态旅游[M]. 杨桂华，王跃华，等，译. 天津：南开大学出版社.

中国生态旅游的本土化与国际化

李燕琴

作者简介：李燕琴，中央民族大学教授，博士生导师，教育部"新世纪优秀人才支持计划"入选者，中国生态学会旅游生态专业委员会委员、中国生态文明研究与促进会生态旅游分会委员。研究兴趣为可持续旅游、生态旅游与民族旅游等。曾为新华社、中国旅游报、内蒙古、云南、新疆等提供专业的旅游咨询，受邀在美国夏威夷大学、澳大利亚格里菲斯大学、泰国西北大学、清华大学、人民大学、国家行政学院等进行学术演讲。出版有《生态旅游游客行为与游客管理研究》（国内第一本系统探讨生态旅游游客行为的专著）、《世界遗产与旅游》、《旅游资源学》等多本专著、教材；在《管理学报》《旅游学刊》《地理研究》等高影响因子期刊发表学术论文数十篇。

20世纪90年代初，生态旅游由西方引入我国，至今中国已有超过20年的生态旅游研究历史。回顾其演变历程，生态旅游作为一件舶来品，如何应用于中国实践，困惑始终存在，但探索也从未停歇。20余年间，中国生态旅游发展的本土化与国际化过程可分为四个阶段(图1)，即，①源起：国际化之源；②遇挫：水土不服；③蜕变：本土化之根；④重生：对话世界。当下，探索中国的生态旅游来自哪里，又将去向何方，寻求我国生态旅游继续发展的必经之路势在必行。

对于生态旅游概念的界定，国内专家学者的看法与观点始终不一致。尽管教师在教授生态旅游课程时费尽了心血，但学生对于生态旅游的概念始终一知半解，这与东西方文化的差异以及生态旅游概念在中国的泛化应用有一定关系。

鉴于此，当被问及中国的生态旅游哪些地区发展得较好以及中国的生态旅游和国外的生态旅游相比有什么差异时，即使是该领域专家也难以立即给出一个令人满意的答案。因此，探究中国生态旅游的本土化之根及与世界更好地对话已成为当务之急。

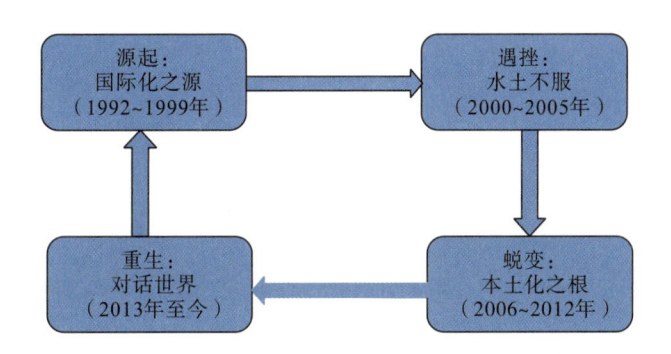

```
源起:                    遇挫:
国际化之源     →        水土不服
(1992~1999年)           (2000~2005年)
    ↑                        ↓
重生:                    蜕变:
对话世界      ←        本土化之根
(2013年至今)            (2006~2012年)
```

图1　中国生态旅游发展的本土化与国际化进程

依据中国生态旅游领域的重要文献，本文将中国生态旅游发展主要分成四个阶段。第一阶段，国际化之源。生态旅游这个概念，不是在中国本土产生的，而是从国外引进的，是外来文化，是国际化和全球化的产物，因此被称为国际化之源。作为从西方引进的概念，随着中国对生态旅游概念的愈加清晰与了解，人们会本能地从本土文化去解读它。正如费孝通先生提到的文化自觉性的过程，在这个过程中可能会觉得难以适应，或者说水土不服，不知道问题究竟出在什么地方，显得迷茫。这是第二阶段，水土不服。当中国人开始有水土不服的意识后，接下来是极力地回答在中国文化中哪些有价值的部分能够成为在中国发展生态旅游的根基，被称为本土化之根，即第三阶段。在第三阶段之后，人们会进一步发现，中国的生态旅游以及可持续旅游的发展，也能够为世界的知识领域贡献一些属于具有中国特色的新知识。2017年5月22日，在中山大学举办的"变化中的旅游"国际会议上就有专家提出"中国可持续旅游的经验"。进一步说明当前我国已经进入一个新阶段，即试图从本土化的角度与世界对话，这是一个知识溢出的过程，因此第四个阶段是对话世界阶段。综上所述，中国生态旅游整体发展用一句话来表达就是：从国际化之源到水土不服，到寻找本土化根源，开始对话世界，最终能跟世界上其他文化进行一个平等的对话过程。下面来详细谈谈这四个阶段。

一、源起：国际化之源（1992～1999年）

第一阶段是从1992年生态旅游引入中国到1999年国家旅游局的"生态环境旅游年"。实际上，在生态旅游如何产生方面，西方的机制就和我国的机制存在非常明显的差异。西方是在旅游发展到一定阶段后，开始注意到环境的问题，一些先知先觉的学者提出了生态旅游的概念，后期西方的发展也与中国大相径庭，主要是一些非政府组织在进行推动。而对我国来说，生态旅游具有外源性的特征，它最早是作为一种理论从国外引进的，早期主要是非政府组织在其中起作用，随即政府开始注意到生态旅游，就接过了接力棒，因此在我国生态旅游的发展过程中，政府始终扮演着更为重要的角色。对于西方来讲，生态旅游具有内生性的特征，最大的出发点还是生态学者对环境保护的动机。相比之下，中国生态旅游发展的时间相对巧合，恰逢1992年是"21世纪国家发展议程"提出的时间，因此，实际上中国生态旅游发展从一开始就具有非常明显的可持续发展的特征，不仅强调了环境的可持续，同时也强调了社会与经济的可持续。

查找1992～1999年的相关文献，筛选出其中6篇引用最高的文献，从数据中可以看出，一些非常著名的旅游学者如卢云亭（1996）、郭来喜（1997）、张广瑞（1999）等都对生态旅游发表了自己的见解。这一时期专家学者们最关心的问题是生态旅游的定义、生态旅游究竟是什么、它具有什么样的特征、生态旅游与传统旅游的差异等。一方面我们认为中国的生态旅游和西方的生态旅游存在差异；另一方面我们也可以看到，随着整个进程的发展，中国的旅游学者是如何看待差异的。由于生态旅游的源头并非中国，因此当生态旅游刚刚被引入中国后，当发现我国的生态旅游发展与西方存在差异时，我们常常认为是自身出了问题，不敢对其进行批判，因此在这一阶段基本上是一个"问题说"。1998年《光明日报》发表的一篇名为《生态旅游岂能破坏生态》的文章，认为生态旅游应该像国外学者说的那样，应把生态保护作为既定的前提（龚雪辉，1998），而我国更多注重的是经济利益，所以在中国生态旅游本土化与国际化的第一阶段，国内专家学者认为中国自身的确存在着问题，需要向西方学习。

二、遇挫：水土不服（2000～2005年）

第二个阶段是水土不服，时间是2000～2005年。界定到2005年的原因是叶文教授及其学生于2005年发表的论文《生态旅游本土化问题研究》中提出了"生态旅游本土化"问题(叶文和薛熙明,2005)。

水土不服出现的原因来自空间的错位和时间的错位。从空间上来讲,生态旅游本身是西方实践的理论,当被运用在中国这个空间时,会存在一些错位,并不是十分合适;从时间上来说,根据 Jafari 的旅游四阶段理论[①]可以得知:生态旅游属于旅游的调整阶段,它是当经过倡议阶段后,人们认识到旅游的发展不但能够带来好处,还能带来诸多的问题时提出的,这是西方提出生态旅游概念的时间背景。但是在1992年生态旅游进入中国时,中国正处于倡议阶段,认为旅游业是中国发展的支柱产业,各地区都在大力发展旅游业,因此在时间上也存在错位。当时间上和空间上均存在错位就会发生水土不服的问题。

对于本土化,在搜索文献的时候,会发现其本身经历的是从一个潜意识的本土化到一个有意识的本土化的过程。1997年郭来喜教授的《中国生态旅游——可持续旅游的基石》文章中就已经提到了"人化的大自然"的概念以及中国人所希望获得的美好体验。可以做这样一个试想,当一个中国人行至荒野,方圆数十里没有人烟,此时的他反而会感到十分不踏实,并不会拥有享受荒野的体验,因为相比西方人,中国人比较内敛,不是一个喜欢征服世界的种族,所以在中国人眼中更渴望的是一种"天人合一"的境界。北大的杨开忠教授也把"天人合一"作为生态旅游提出的一个来源(杨开忠等,2001)。这时候国内的专家学者完全是处于一个潜意识阶段,并没有把国内与国外进行对比,提出的"天人合一"理念是因为中华文化已经深入中国人的骨髓。也有学者在潜意识下把中国传统的人文观和生态旅游结合起来,但没有得到太多关注。

真正得到关注的是叶文教授及其学生在2005年发表的《生态旅游本土化问题研究》一文,该文比较深入地探讨了本土化的问题,认为中国应该保持自己的本土特色,并且在当时提出了生态旅游既应该有小众的、高端的,也应该拥有大众类型的,这种观点得到了学术界很多学者的赞同。2008年该观点得到进一步的丰富,为世界上更多的人所了解,适逢同一年澳大利亚的 Buckley 教授和钟林生教授从另外一个角度也探讨了中国的生态旅游与国外的生态旅游存在什么样的差异(Ralf et al.,2008)。在这个阶段,人们看待差异的视角,并不局限于中国自身有问题,而是中国有中国的国情,它是一个本土化的视角。本土化将国际上社科学术概念、理论范式、研究方法吸收消化为本国本民族所用,彰显了中国模式、中国经验、中国元素、中国道路的世界意义。

---

① Jafari 的旅游四阶段理论认为旅游包括倡议、警惕、调整、科学四个阶段。

三、蜕变：本土化之根（2006～2012 年）

  第三个阶段是在蜕变中寻求本土化之根，即中国生态旅游的发展与国外根本上的差异，时间是 2006～2012 年。根本上的差异其实就是"天人合一"，其他例如"平衡管理""中庸之道"等都是由"天人合一"派生出来的。中国人通常认为人和自然系统是天人合一的，而西方认为人和自然系统是隔离的，而事实上中国和西方同时都在朝着对方的方向发展。例如徐红罡教授提出，就个体而言，对自然需求是值得怀疑的。人们可以短暂地从社会生活中逃离出来，进入自然生活中，然后再回来，因此可以用人与自然隔离的这样一种视角去看待问题。西方学者提出的从"两分模型"到"蛋式模型"表明的"难以找出一个过去、现在、未来都备受人类影响的自然系统"，这个观点和郭来喜教授提出的人化的大自然，即我们说的天人合一有着异曲同工之处。实际上，西方也在向中国学习，马波教授于 2009 年曾提出了"平衡管理"的概念（马波，2009）。所谓的平衡，不同于西方生态旅游概念最早提出来的生态中心主义，而是将生态可持续性放在第一位。事实上当今世界更加强调可持续发展，强调多中心主义，既要考虑生态中心，也要考虑经济效益。无独有偶，徐红罡教授在 2014 年发表的 *Attaining harmony: understanding the relationship between ecotourism and protected areas in China*（Xu et al., 2014）一文中也提到了"中庸之道"，这些都是用中国的文化去应对水土不服的方式。

  澳大利亚生态旅游认证标准中，对于生态旅游的概念最早也只是关注生态可持续性，但是当把该标准应用到实践当中就发现不太受用，问题不断。五年后再修订时，将"经济可持续性"也加入其中，实际上澳方也是从生态中心主义向可持续发展、多中心主义进行过渡。关于东西方生态旅游发展模式的差异，Buckley 教授提出三点结论：①中国的生态旅游包括促进人类健康的作用；②偏爱人类艺术（品）的融入；③规模无限制。对于"规模无限制"的特征，与中国国情密切相关：中国人口基数大，并且旅游业正处于一个快速发展的时期，中国人在面对大量人口对于休闲需求快速增长的问题时，能够解决得相对出色，实属不易。更何况庞大的人口数量对于中国人来说在实际上已经没有太多真正的荒野，加之能够进行生态旅游活动的地方也并不是很多，所以完全意义上的"阳春白雪"式的高端小众的生态旅游并不适合中国人，因此基于"大众可持续旅游"的生态旅游概念更适合中国的国情。叶文教授认为大众生态旅游概念的提出十分有必要，国外的学者也意识到了这一点。因为太小众的生态旅游无法实现经济效益，没有经济效益的项目就不会引起人们的注意，而没有人做生态旅游就会使其难以存活，所以规模不再作为可持续大众旅游的一个要素而存在。

对于东西方文化差异对生态旅游发展的影响，还体现在社区生态旅游的发展上。在中国，我们尽管对于社区生态旅游十分了解，对社区参与这个概念非常熟悉，但在实际的研究过程中却无法找到任何一个通过学习西方的社区参与从而将自己的社区做得较好的中国案例。因此同样的一条道路，在西方非常适用，却不一定符合中国实情。所谓"社区参与"，用费孝通先生的话来说是一种"同意权力"，是一种民主，但未必适合中国社会。而他提到的长老统治、教化权力反倒在中国做得比较好。长老并非特指过去的族长，同样也可能是挣了钱回到家乡的乡绅，甚至可以是将这块土地承包多年的公司，但最重要的是长老对待这个地区不是一种横暴的措施，而是教化的，是站在村寨的角度为这个地区所着想的，这种方式通常在中国发展得相对较好。以云南腾冲的和顺古镇为例，该镇被柏联公司承包了 40 年，虽然这么多年的旅游发展也遇到过一些问题，但由于公司发展始终注重村寨利益，带动了村落整体的发展，最终结果也令人满意。由此可见，中国村落旅游发展有着中国人自己的管理方式。

四、重生：对话世界（2013 年至今）

最后一个阶段，对话世界，时间是从 2013 年至今。通过梳理徐红罡教授等相关旅游学者发表的文章，不难发现中国人在生态旅游方面也为世界做出了诸多贡献。首先是可持续的大众旅游，西方没有中国这样丰富的经验，然后是地方政府在中国的生态旅游中所扮演的重要角色，西方也缺少相关的经验，最后是中国许多政策方面也相对成熟。Buckley 教授认为中国的生态旅游实际是一种可持续旅游，但是中国人对可持续旅游的概念并不十分感兴趣。通过盘点 2017 年 1 月至 3 月的微信指数，"生态旅游"使用了 24 万余次，"可持续旅游"只勉强达到 400 次。中国人很喜欢生态旅游这个概念，日常生活中也用生态旅游这个概念，但是中国的生态旅游实际做的是"可持续旅游"的事情，却使用的是"生态旅游"的名称。是否需要把名字更改过来（改为可持续旅游）？究竟中国的生态旅游该何去何从？这些都将是未来的重要研究方向，可以说我们所要面对的是外来文化冲击之下的一个新文化再自觉的过程。

（致谢：本文整理自 2017 年 5 月李燕琴教授发表于"2017 生态旅游研究圆桌会议·昆明"的 PPT 讲稿，会议主办方对录音进行了初步整理，中央民族大学的谭乐霖博士在录音初稿基础上进行了文字润色与参考文献梳理，由李燕琴教授定稿。特此感谢！）

参 考 文 献

龚雪辉，1998-05-23. 生态旅游岂能破坏生态[N]. 光明日报.

郭来喜，1997. 中国生态旅游——可持续旅游的基石[J]. 地理科学进展，(4)：3-12.

卢云亭，1996. 生态旅游与可持续旅游发展[J]. 经济地理，(1)：106-112.

马波，2009. 生态旅游在中国：研究回顾与本质回归[J]. 旅游科学，1：1-6.

杨开忠，许峰，权晓红，2001. 生态旅游概念内涵、原则与演进[J]. 人文地理，4：6-10

叶文，薛熙明，2005. 生态旅游本土化问题研究[J]. 中国人口·资源与环境，(6)：55-61.

张广瑞，1999. 生态旅游的理论与实践[J]. 旅游学刊，(1)：51-55.

Ralf B，Carl C，Zhong L S，et al.，2008. SHENGTAI LUYOU：Cross-cultural comparison in ecotourism [J]. Annals of Tourism Research，34(4)：945-968.

Xu H G，Cui Q M，Sofield T，et al.，2014. Attaining harmony：understanding the relationship between ecotourism and protected areas in China [J]. Journal of Sustainable Tourism，22(8)：1131-1150.

生态旅游概念的形成与消亡

成 海 杜春燕

第一作者简介：成海(1975—)，男，云南大理弥渡人，博士，副教授，硕士生导师，西南林业大学社会科学管理办公室副主任，1996年毕业于东南大学机械工程系，获工学学士学位；2005年毕业于云南大学商旅学院，获管理学硕士学位，同年进入西南林业大学生态旅游学院任教；2011年6月毕业于云南大学民族研究院，获法学博士学位。主要研究旅游规划及策划、旅游人类学，共发表论文23篇(第一作者或通讯作者)，合作译著1部，出版专著1部(云南省第十九次哲学社会科学优秀成果三等奖)，主编著作1部，副主编2部，云南省科学技术奖三等奖(排名第三)1项，参编教材3部，参编大百科全书1部，主持国际项目1项、云南省哲学社会科学规划项目1项、省教育厅项目1项、旅游规划项目8项，副主持旅游规划项目7项，参与旅游规划项目20余项。

第二作者简介：杜春燕，西南林业大学地理学院讲师，厦门大学教育研究院博士生。

自从1983年世界自然联盟专家谢贝洛斯·拉斯喀瑞(Ceballos Lascurain)正式提出"生态旅游"的概念以来，国内外学者对生态旅游的内涵和外延提出了不同的界定，同时存在"产品论""旅游方式论""价值观论"等不同的定义视角，反映出理论界对生态旅游的认识尚存在较多分歧，生态旅游概念没有形成统一的定义。但这并没有影响生态旅游业的快速发展，也没有影响学界对生态旅游进行多角度的研究，只是在这个过程中，生态旅游概念的内涵和外延不断拓展，旅游对象从最初的自然生态系统扩展到人文生态系统，概念的外延也从一种特殊的旅游产品和行为方式上升为一种旅游价值观和旅游发展模式。通过梳理生态旅游概念的产生、发展和变迁趋势，有助于学界和业界认清生态旅游的本质属性，即生态旅游是特定社会环境下的必然产物,具有明显的时代性特征。一旦学界和业界在"生态旅游概念具有时代性特征"这一观点上取得共识,就不会陷入无意义的争论,就能集中力量发挥生态旅游的时代价值,促进旅游业的可持续发展,推动生态文明建设,实现人与自然的和谐发展。

一、生态旅游概念的早期内涵

1987年,谢贝洛斯·拉斯喀瑞给出了生态旅游的定义:去往相对原始的地区或未被污染的自然区域的旅行活动,目的是研究、欣赏和品味自然风光、野生动植物及当地文化遗迹(Lascurain, 1987)。从该定义可以看出,在生态旅游的发展初期,旅游对象仅限于自然生态系统,强调旅游对象的原始生态性,但没有突出旅游者对旅游对象的保护责任,更没有体现对社区发展的责任。随着认识的深入,学界对生态旅游的界定逐渐明晰了对自然生态系统的"保护性"和对社区居民的"责任性"两大要点,如国际生态旅游协会在1993年给出的定义"保护环境和维护当地居民良好生活条件的负责任的旅游"。这个时期的生态旅游概念,是旅游学界对1980年提出的"可持续发展"概念的一种积极回应,核心关注点在自然环境的保护,以达到"保护推动发展,发展促进保护"的目的。

二、生态旅游概念的不断拓展

生态旅游的概念一经提出,很快就传入国内,不仅引起了国内学者的热烈讨论,也获得了政府部门的高度关注。中国作为拥有五千年灿烂文明的大国,历史文化和自然景观紧密交织在一起,这种特殊的国情使生态旅游概念进入中国后发生了较大的变化。首先是很多生态环境良好的名山大川都拥有丰富多彩的历史文化,很多历史文化名山同时也拥有良好的生态环境,生态旅游对象不可能仅仅限于自然生态系统。泰山申遗的过程充分反映了中国的自然生态资源和历史人文资源的不可分割性,世界遗产为此增加了"文化和自然双重遗产"类别。其次,发达国家的大多数生态旅游地很少有社区,不存在社区参与的问题,而国内情况和国外完全相反,大多数生态旅游地,包括自然保护区,往往有大小不一的社区存在,因此无论是单纯的自然生态系统保护,还是生态旅游的发展,都离不开社区参与问题。

不过,生态旅游传入国内本土化后,虽然在旅游对象和社区参与等方面有所变化，但在生态旅游的核心关键词上还是和国外主流思想保持了基本一致，如"旅游对象应该得到保护""社区（如果有的话）应该从生态旅游发展中获益"等观点。同时，虽然在概念界定上还存在争议，但并没有妨碍生态旅游在国内外蓬勃发展的势头，国内外生态旅游发展呈现出生态旅游理念深入人心、市场规模快速增长、产品类型多样化等特征。

三、生态旅游概念的逐渐消亡

正如任何社会政策都有时效性一样，生态旅游也是一个极具时代特征的概念。人与自然的矛盾是生态旅游概念的起源，目的是在旅游业渗透环境意识和社会责任感。在今天人与自然的矛盾仍未普遍得到有效解决的情况下，"生态旅游"这个词不仅仅是偏正结构"生态的旅游"，还应该是主谓结构，即"旅游应该生态"——这是生态文明建设背景下旅游业应有的责任和担当。当可持续发展观深入人心，绿色低碳生活成为我们每一个人的行为规范，成为社会发展的文化基因和个体主动遵循的价值观时，旅游业各利益主体的行为和价值观，以及旅游业的发展方式将会自然符合生态旅游理念。也就是说，随着人与自然矛盾的逐渐缓和甚至彻底消失，生态旅游概念将失去存在的必要。当然，生态旅游概念的消亡是有条件的，这个条件就是人类生态文明水平达到一定高度，社会具有完备的生态制度，公众普遍具有强烈的生态意识，并严格遵守生态行为，人与自然、人与人、人与社会和谐共生、良性循环、全面发展、持续繁荣。生态旅游概念的消亡，不是因为生态旅游的理念错误，而是因为：在生态文明社会，各行各业及社会公众的理念和行为都已普遍生态化和可持续化，已经不需要通过"生态旅游"概念向旅游业各利益主体渗透环境意识和社会责任感了。

生态文明建设任重道远，生态文明社会的形成也尚需时日，在社会还远未形成生态旅游概念消亡条件的今天，生态旅游的核心概念仍然需要大力提倡和推广，学界则需要在如何实现生态旅游核心概念的技术和管理层面继续进行深入研究。

参 考 文 献

杨桂华，钟林生，明庆忠，2010. 生态旅游(第 2 版)[M]. 北京：高等教育出版社.

Lascurain C，1978. The future of ecotourism[J]. Mexico Journal, 1: 13-14.

年轻人的自然体验特征及其影响研究
——以大学生群体为例

徐红罡 袁梦 罗棋馨 黄杏瑜

第一作者简介：徐红罡，女，教授、博士生导师/博士/中山大学旅游学院副院长；新疆维吾尔自治区干旱区水循环与水利用重点实验室兼职研究员，中国旅游地理专业委员会副主任，西南林学院生态旅游学院兼职教授；Tourism Management(SSCI, Q1)等多家专业期刊的编委，中国旅游研究国际联合会会士，中国系统工程学会理事。先后在北京大学、亚洲理工学院(Asian Institute of Technology, 简称 AIT)获得学士、硕士和博士学位。主要从事系统动力学、发展经济学、旅游可持续发展等方面的研究。2005 年获得中国地理学会授予的"青年科学家奖"。曾主持或参与 UNDP、国家和省部级研究课题 5 个，湖北、桂林、卡纳斯等多项旅游发展规划的课题副组长，在国外主要刊物上发表论文 30 余篇。

一、引　言

美国儿童发育问题专家理查德·洛夫(2010)认为，出生在 20 世纪 60 年代的人是与大自然亲密接触的最后一代人，从那以后，人与自然的距离就渐行渐远。因为随着城市化进程的推进，越来越多的孩子在钢筋、水泥的包围下成长；出于空闲时间的限制和安全的考虑，父母更倾向于让孩子待在家里，通过电视、电脑等电子设备让他们了解外部世界，这直接导致了孩子普遍存在的"自然缺失综合征"，这种自然缺失会给年轻群体乃至整个自然和社会带来什么影响，是一个急需思考的现实问题。

关于人与自然的关系，不少学者进行探讨并发展出"人类中心主义""自然中心主义""人化的自然"等不同观点；而生态学马克思主义认为自然-人-社会应该是一个辩证发展的系统整体，人与自然的关系是被建构的(王真，2007)，因此，在当代社会背景下，随着城市化和信息技术发展，人与自然的关系是如何被建构的，自然体验的特点是什么，也是当今关于人与自然研究的热点。

自然体验对于个人生长、生态保护和社会发展都具有深远意义，有研究表明，回归自然的行动有助于孩子感受属于自然环境的颜色、气味和味道，而且通过与大自然的亲密接触，能有效地减少他们虐待动物、伤害植物和他人的行为(王瑞良，2009)，然而，目前关于自然体验的研究非常有限，尤其是青年群体对自然的理解和体验特点及其影响因素的研究较为欠缺。

在此基础上，本文以大学生群体为例，试图了解中国年轻群体对自然的理解和认识，探讨其对自然体验的层次和特点以及影响因素，并透过年轻一代对自然的体验反思当代人与自然的关系。

二、文献综述

"自然"，在《简明汉语词典》中的含义是指非人为的本然状态；爱德华·威尔逊认为，"自然是在经受人类影响后仍然保持了生命形式的那一部分原生环境，自然包括地球上不需要人类就可以独自生存的所有一切"。然而就目前而言，地球陆地表面只有很少的部分没有出现过人类的足迹，自然普遍已经被干扰、被人工化，失去原真的状态。

回顾过去学者对"人与自然的关系"的相关研究，20世纪中叶以来在理论界形成了两种基本的观点：一种是人类中心主义，另一种是自然中心主义。"人类中心主义"认为人和自然不是平行的价值主体，因而，人和自然不具备直接的伦理关系，人们对自然没有直接的道德责任和义务，虽然他们也倡导保护自然环境、维护生态平衡，但其出发点和归宿仍然是人自身的利益；"自然中心主义"则认为人并没有高于其他生物的特权，更无权仅仅为了自身利益而随意处置其他存在物，人与自然是平等的，具有平等的权利和价值(王真，2007)。但这两种主义都是片面的，罗尔斯顿指出在整个生态系统的背景中，人的完整是源自人与自然的交流，并由自然支撑的，因而这种完整要求自然相应地也保持一种完整(于艳芹，2010)。马克思也指出，随着人类社会实践、工业和技术活动的深入展开，"自然"变成了人与自然相互作用而产生的"自然"，即"人化的自然界"(Iii，1994)。生态学马克思主义把人与自然作为双向对象化的整体,自然-人-社会应该是一个辩证发展的系统整体(王真,2007),由此可以得出结论:人与自然的关系是可以建构的。因此,在这种背景下,人与自然的关系随着社会发展而不断变化,在不同的社会阶段,人对自然的理解如何,人对自然的体验如何被建构,也值得进一步探讨。

"体验"在《汉语大词典》中是通过实践来认识周围的事物、亲身经历之意。它不仅是一种活动,更是一个过程,是生理和心理、感性和理性、情感和思想、社会和历史等方面的复合交织的整体矛盾运动(沈建,2001)。Pine 和 Gilmore(1998)在《体验经济》一书中就指出,现在的经济时代是继农业经济、工业经济和服务经济后出现的体验经济时代,并提出了一个描述体验内容的分析框架,利用体验者的参与程度和体验者与环境的关系分别作为横轴与纵轴构建了四个象限,将体验分为了娱乐体验、教育体验、遁世体验和审美体验四种类型;而谢彦君(2005)认为旅游体验中的娱乐性浸透到其他的体验中,所以应用派恩的理论前需要进行调整,主要考察审美体验、补偿体验(机能补偿、关系补偿和环境补偿)、遁世体验、认知体验和极端体验。体验的过程与机制十分复杂,目前的学术研究对此进行的探索和揭示还十分有限,李云峰(2004)指出体验要经历双重过程并受双重机制的制约,第一重是经历在心理层面上将主客体交会、融合为一的过程,第二重是经历调动整合身心系统共同参与,使主体获得感悟的过程。

尽管"体验"已成为众多学科共同关注的话题,"自然体验"作为一个迫切需要研究的课题,却仅有少量的研究成果。"自然体验"也可以称为自然教育或自然鉴赏、自然学习,可以发生在旅游情境下,也可发生在日常生活情境下(张气和肖巧玲,2016)。对"自然体验"的研究始于20世纪七八十年代的美国、欧洲,美国的约瑟夫·克奈尔撰写了《与孩子共享自然》,呼吁社会要重视自然体验的重要性;美国环境伦理学家罗尔斯顿也在《哲学走向荒野》中讨论了人类对自然的体验,体验对商业实践、伦理实践的启示;国内对自然体验的关注极少,直到2000年,约瑟夫·克奈尔、罗尔斯顿等的著作才被译成中文在国内出版,目前国内关于"自然体验"的研究主要围绕着教育领域(尤其是儿童教育)进行,对青年人的自然体验关注很少。

三、研究设计

(一)研究对象

本文的研究对象为当代大学生,作为年轻群体的代表,试图了解他们对自然的看法,通过被调查者自身经历的详细叙述来试图探究其内心对自然的理解及其自然体验的特征。

本研究受访者人数30人,其中女性比例为56.7%,男性比例为43.3%,女性受访者略多于男性,但数量上大体相当。接受访问的均为在校大学生,年龄均为20~24岁;受访者的来源地分布较广,共计11个省(区、市),有来自现代化大都市深圳的,也有来自普通的城市中山、珠海、惠州、肇庆等的,还有来自县城如江西鄱阳的,同时还有来自云南怒江、广西柳州等自然环境较为良好的区域。不管是来自哪里的受访者,他们都有着与自然亲密接触的经历。

(二)研究方法

本文主要采用半结构式深度访谈法进行数据收集,在提供大致访谈内容的基础上允许被调查者自行发挥,尽可能深地挖掘出更多与本文研究主题相关的内容,即围绕着被调查者与自然接触的经历展开,提出一系列相关问题,挖掘出其深层次的含义,最后进行汇总分析。

本文的研究思路包括四个步骤:第一步,了解什么是自然,什么样的经历是自然的经历,通过被调查者对自身经历的描述得出自然是什么,发生在什么样的时间、空间中,并总结其特点与共性;第二步,追问被调查者为什么认为这种经历是自然体验,他们所基于的教育、社会背景是否有所不同;第三步,探究其自然经历的体验特点,是一种认知上、情感上的感受还是其他方面的,自然体验是主动寻求的还是偶然经历的;第四步,探究体验自然后被调查者对自然的认知是否有所改变,是否会带来环境友好行为等。

通过上述四个步骤的分析,可以进一步探究本文的研究问题,即年轻人的自然体验的特点,最后得出本文的结论。

四、研究发现

大学生体验自然的方式是多元的,有时并不是刻意的,只是偶然间与心目中的自然相遇,通过参与一些与平时不一样的活动来与自然互动。他们体验自然的过程可以分为以下四个层次:第一层是审美体验,第二层是补偿体验,第三层是遁世体验,第四层是认知体验。

（一）审美体验

绝大多数受访者在回忆过程中能够比较完整地描述当时的视觉画面，自然景观的色彩让其瞬间就意识到自己已进入自然，"当时的樱花已经盛开了，走在那条路上，感觉头上的樱花就像是一团团粉红色云彩，世界都变成了一种很少女的粉色。"（A01，女，21）"鸟鸣""昆虫叫""流水声""风声"这些平时生活中微弱的声音在自然的情境下变得清晰，在自然中嗅觉也变得灵敏，草木的清香、花朵的芬芳、海风的咸腥……这些属于大自然的味道使人从都市的汽车尾气中解脱出来，仿佛身心都得到了洗涤，"感觉呼吸着新鲜的空气就是体验自然，在美好的风景中深呼吸一口，就很自然啊。"（A20，男，22）美丽的自然风景会使人想要更加贴近，而贴近后的触觉更增添了奇妙的感受，"我特意带了一双凉鞋，站在湿地上，就非常想要接触到真正的土地，于是就把鞋脱了，赤脚踩在湿地上，我记得那种感觉是凉凉的、软软的，但是和沙滩又是不一样的触感。"（A04，女，22）靠近、发现、品味、赞叹自然之美的审美过程开启了对自然的体验。

此外，审美体验还是一种外部感知与心理感知同时进行的过程，"先对事物的外部形态和特性予以注意并感知，然后又转回到人类内部心理世界，最后使内在情感达到调整、梳理、和谐，产生愉悦的情感感受。"（谢彦君，2005）每个人对于"自然"都有一个模糊的认知，与他们心目中的"自然"接触后，他们对自然的认知是更加丰富的，由一开始认知上的经验到内心的平静，再到由自然引发的共鸣与丰富的联想，自然作为一个整体的形象越发丰满，"只有自然富有美好的事物才能让人产生共鸣，才能让更多的人愿意去接近、去感受自然界的美好，最重要的还是自然界与人之间的接触，只有当人和自然界有了交集，才能产生共鸣的火花。"（A19，男，23），在较原始的环境中经历了较为极端的自然天气的人，对自然的力量会有更深刻的认知，"风'呼呼'地吹，窗子'啪啪'地响，特别可怕，虽然我在惠州也经历过台风，可是在岛上是完全不一样的感觉，这种时候我才感受到了大自然的力量，一种可以摧毁一切的力量。"（A02，女，22）与自然的互动有时也能激发人的诗性，过去曾经背诵过的诗句突然涌入脑海，当时不明白的诗中深意也变得能够感同身受，"流水声、吆喝声，还会思考，就像《兰亭集序》一样，思考'后之览者'亦将有感于斯文，生年不满百，常怀千岁忧，何不秉烛游？"（A28，男，22）

（二）补偿体验

任何人都是社会中的一员，无法回避社会性的约束，对于年轻群体而言，如何建立良好的人际关系，如何减少孤独感也是其关注的方面。"而对于那些想要通过旅游来逃避孤独、建立或者恢复社会关系网络的人，旅游体验便可以充当关系补偿的角色。"（谢彦君，2005）这也是旅游体验所具有的关系补偿功能。

因此，一次自然体验经历可能不仅是个人身体或情感上对自然的体验，也会促进人与人之间的关系，在社会交往中起到一定的作用。"从陌生到熟悉，可能只是一次出游的机遇，和原本并不太熟悉的社团成员一起去外伶仃岛游玩，每个人最纯真的一面都展现出来了，彼此熟悉得非常快，大家一起看海、踏浪、烧烤、露营、看日出、赶海，一个人做起来可能索然无味的事情，一群人做就会有不同的感受。"（A08，男，21）也有受访者表示在自然体验中，和同伴交流心得体会，会加深自己对自然的感知，从而进一步拉近自己与自然的距离。此外，作为研究者进入保护区中，听着专业人员讲解动植物的相关知识，在学习的同时也在拉近同学之间的距离，"大家都好开心，一下子熟悉起来，一起各种摆拍"。（A29，女，23）

另外，朋友也在自然旅游体验中扮演了很重要的角色，朋友可以减少旅途中的孤独感并增强安全感，特别是已经习惯了都市的学习生活，要离开已经习惯的"舒适圈"，走近不熟悉的大自然时，朋友的陪伴尤为重要，"我其实很愿意到自然里走走的，主要就是人比较懒，也比较宅吧，而且不喜欢一个人出去，平时就是看看书这样子，如果有一个喜欢出去的朋友的话可能会想要更多地去亲近自然"。（A10，女，20）

(三)遁世体验

逃逸于现实的繁杂琐事，沉湎于理想世界的自由、解放和乐趣中，这便是遁世体验的基础。自然作为一个逃离日常生活的场所，让不少同学在与自然的互动中获得身心放松，身处在美好的自然环境中，现实生活中的焦虑、迷茫、烦闷等负面情绪得以暂时被遗忘，从而全心投入到体验自然之中。"在与大自然接触的过程中，放空自己，从尘世间逃离，感受'采菊东篱下，悠然见南山'的美好，岂不美哉。"（A19）"觉得也是可以忘记尘世一些东西，放空自己吧，然后整个融入那个环境中。"（A04，女，22）他们主要是享受身处自然的轻松感以及无拘束感，可以脱去面具，敞开心扉。

自然体验经历可以是让人惬意而舒服的，比如"在类似于桃花源的盘山公路上骑着摩托车，看着左边的山和右边的水，以及一路盛开的桃花，刚好此时天气也十分适宜，不冷不热，让人感觉特别舒服"（A17，男，22），或者"躺在阿里山柔软的草地上，眯着眼看着稍微有点刺眼的阳光"（A02，女，22）这种惬意和舒服可能不是在所有环境中都能有的感受，需要一种静下来的心态，"我们有的时候在平常生活当中看到绿化树也不会认为它是自然环境的一部分,而是认为它是缓解我们现实生活中疲劳的一种辅助而已,并没有达到自然带给我们的那种舒缓身心的效果"。此外,换个角度去欣赏平日里习惯的风景也会让人感受到自然的魅力,当生活在山脚下的人从高处看山脉时方知山的壮观,"站在马鞍山上观看整个太子山,可以看到山峦起伏,整个山脉都郁郁葱葱,一些山峰高耸入云,十分壮观,而且看茂密的树,会让人觉得心旷神怡,山上空气也很好。"(A06,男,20)甚至是孩童时期攀爬到村口的一棵树上时也能有不一样的发现,"当我坐在树杈上往下看的时候,才发现自己生活的村子和平时看到的好不一样。"(A10,男,22)自然体验有时候不需要刻意去寻找,也许就在自己身边。

对于一部分人来说,自然体验经历是奇妙并充满乐趣的,有的经历只有大自然才能给予。潜水的时候,鱼儿环绕在身旁,满眼都是色彩斑斓的鱼和珊瑚礁,还有蓝到透明的海水,"当时教练给了我一点鱼饲料,然后我就在海里面喂鱼,就能感受到鱼在我的手指间游动,觉得特别奇妙。"(A23,女,23)"独自光着脚丫行走在泥巴小路,脚踩着石头过河,观察各种树的形状,从上到下打量,俯下身子低着头欣赏路边的花花草草,不由得会感叹自然的神奇、生活的美好。"(A26,男,24)自然的体验让人们感受到生命的神奇和独特,大自然的鬼斧神工也赋予人们奇妙而充满乐趣的体验。

(四)认知体验

谢彦君(2005)认为"认知体验实际上是一个感知、直觉、意识和推理并最终形成认识判断这样一种知识获得的体验",而知识可以是关于自我的知识、关于世界的知识以及关于存在的知识;在自然旅游中,最主要的认知体验是对自然的认识,让人震撼,意识到人类在自然面前的渺小。"我们走了一条非常陡又曲折的路,只能攀着树枝。抬头看周围只有密密麻麻的树,脚下是黄泥和沙子,只有不停地向着不确定的方向走。我感觉那应该是离大自然最近的时候了,觉得自然很神圣,而自己很渺小。"(A05,女,21)自然很多时候是沉默的,但自然对人的容忍却慢慢使得一些人失去了对自然基本的敬畏之心,一心开发利用自然而不顾保护,"本是抱着秘境探索的热情而来,却慢慢变为对自然教育的思考,还有太多的人缺乏对自然基本的敬畏之心,这是由于教育的缺失,与亲友探讨,只觉得在当前的功利化教育下,未来也是以利用自然为导向,尽管自然环境中有无穷的价值可供开发,但若无保护意识,开发就是破坏,就会造成不可挽回的巨大损失。即便是默默无闻之地,亦不可随意破坏。"(A07,男,22)

对大多数受访者而言，体验自然的经历或多或少会对他们的环保意识产生一些影响。部分受访者表示自己在持续接受教育的过程中已经具备了较强的环保意识，比如爱护花草树木、自发节约资源等，而自然体验中正面的经历会加深从前关于环保的看法，体验过阿里山的美景后受访者表示"不希望以后这样的地方会消失，所以可能会对自然保护的意识更增强一些吧。"（A04，女 22）负面的经历可能会对其环保意识影响更大，体验了天津厚重的雾霾后，受访者表示自己的意识和行为都受到了影响。

然而，从意识转变到行为改变是需要时间的，不是所有的人都能够从意识出发落实到具体行动上的。尽管美好的自然景观激发了受访者对自然的向往，增加今后出行时选择自然景区的概率，但要想开启一段新的自然之旅还受到种种条件的制约，如时间的协调、预算的控制、伙伴的寻找、安全的保障等等，"说走就走"是很难实现的，与自然接触也并没有变成必需的；部分受访者表示与自然亲密接触之后即使对环境问题更为关注，也只能尽量要求自己不去破坏，对社会大环境却无能为力。现在大学社团或是社会公益组织也会举办一些公益环保活动或是自然体验活动，但多数受访者表示对这种活动的兴趣并不高，认为大部分活动都只是流于形式，并没有产生实际的积极作用。

五、结论与讨论

由上文可知，大部分大学生的自然体验和旅游体验层次还是较为相似的，主要包括审美体验、补偿体验、遁世体验和认知体验四个层次，与其说是在体验自然的过程中重新思考"人-自然-社会"三者之间的辩证发展关系，倒不如说是在寻求一种与旅游体验相似的娱乐休闲活动，或是出于社交目的开展的户外拓展活动。当今大学生对自然本质的理解差异恰恰可以印证马克思"人化的自然"这一观点。

当人们越来越远离自然之后，自然被社会建构和影响的特征越来越强，自然旅游也便兴起，例如生活在城市里的大学生认为在日常生活中是较难与自然亲密接触的，一方面是由于客观环境因素的限制，另一方面则是由于心境，城市中紧凑的工作生活节奏拉开了人与自然之间的距离，因此，唯有离开惯常环境，到专门建构的自然旅游场所才能感受到自然；此外，人们对社会的依赖也越来越强，反而对真正原始的荒野（真正意义上的自然）会产生恐惧，人们理想中的自然是一个安全、舒适却又有自然元素的地方，例如自然旅游景区、公园等；最后，多媒体、观光车等技术也影响着当代年轻人对自然的体验，因此如今的自然体验很多是被建构的，自然已经不是日常生活实践的一部分，人们对自然的理解受到其成长环境，尤其是生活的背景（能否直接接触自然）和接受的教育熏陶的影响。

随着当今城市化以及信息技术的发展，人与自然的关系需要被重新定义。自然旅游是被建构的自然最好的体现，那么自然旅游的本质到底是什么？是我们逃离日常生活的空间？还是我们追寻本真或者一些启示的源泉？抑或是自然本身就是生命存在不可缺少的一部分？当个人-社会-自然的关系不断变化的时候，自然旅游中的个体-社会-自然的关系又是怎么样的？段义孚(2005)认为，人类的历史是逃避自然，之后又逃回自然，但是逃回的是中间地带和中间产物。这个中间地带和中间产物或许是现实和理想的中介，是介于大自然和大都市之间的"自然"，因此这是一种被控制的自然，并不是完全无边际的荒野，这也是一种被设计的自然体验，根据人的安全、舒适和有趣等需求进行设计；然而这种中间地带随着科技和社会发展会如何呈现，其特点是什么？未来的社会情景之下社会将如何建构自然旅游？"自然"旅游会消失吗？这些问题值得我们进一步思考和讨论。

参 考 文 献

爱德华·O.威尔逊，马涛，沈炎，等，2009. 什么是自然[J]. 人与生物圈，2013(3).

段义孚，周尚意，张春梅，2005. 逃避主义[M]. 石家庄：河北教育出版社.

李云峰，2004. "认知"与"体验"：世界及人生的两种把握方式[J]. 云南师范大学学报（哲学社会科学版），(3)：105-109.

理查德·洛夫，2010. 林间最后的小孩——拯救自然缺失症儿童[M]. 自然之友，译. 长沙：湖南科学技术出版社.

罗尔斯顿，2000. 哲学走向荒野[M]. 刘耳，叶平，译. 长春：吉林人民出版社.

沈建，2001. 体验性：学生主体参与的一个重要维度[J]. 中国教育学刊，(4)：41.

王瑞良，2009. 慎防"自然缺失综合征"[J]. 青年科学，(a)：48

王真，2007. 建构人与自然和谐关系的方法论思考[D]. 太原：山西大学.

谢彦君，2005. 旅游体验研究——一种现象学视角[M]. 天津：南开大学出版社.

于艳芹，2010. 罗尔斯顿自然体验的分析与扩展[D]. 沈阳：沈阳工业大学.

约瑟夫·克奈尔，2000. 与孩子共享自然[M]. 天津：天津教育出版社.

张气，肖巧玲，2016. 自然体验式生态教育之实践[J]. 福建基础教育研究，(2)：114-115.

中国社会科学院语言研究所词典编辑室，2005. 现代汉语词典[M]. 北京：商务印书馆.

Iii H R，1994. Value in nature and the nature of value[J]. Royal Institute of Philosophy Supplement，36(36)：13-30.

Pine B J，Gilmore J H，1998. The Experience Economy[M]. Boston：Harvard Business School Press.

生态旅游体验指数刍议

殷巧丽　李静　李梅

第一作者简介：殷巧丽，四川农业大学2015级景观评价与生态旅游硕士研究生，参与完成森林公园等规划类项目10余项。

通讯作者简介：李梅，女，博士，四川农业大学教授、博士生导师。主要研究领域及成果：生态旅游及农林产业规划，森林养生植物开发利用。获省级以上奖励3项，主编、副主编及参编教材专著共6部，发表学术论文30余篇，指导硕士、博士研究生60余人，主持完成规划类横向课题20余项。

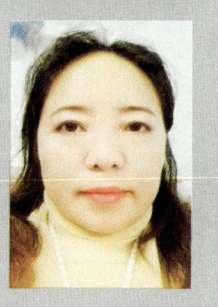

未来生态旅游将会建立在有趣的、可靠的、具有启发性教育的生态体验上（Maryam，2003）。高质量的生态旅游体验不仅能充分满足旅游者的旅游需求，让旅游产品获得认可并取得经济效益，而且还能促使旅游者形成旅游偏好。在信息化极速发展的当下，如何将各生态旅游目的地的体验感以直观的"生态旅游体验指数"形式发布给公众，为公众消费提供选择参考，有目的地形成消费引导，是一个非常值得研究的课题。

一、生态旅游体验指数实践卓有成效

从 2000 年开始，北京香山公园成立"香山红叶物候观测小组"，主要观测红叶变色率，提供红叶最佳观赏时间。

2006 年，四川省林业厅成立生态旅游信息指数专家组，定期向社会发布生态旅游指数，包括全省各生态旅游景区何时何地可以观赏到何种野生花卉或特色风景以及有关动态信息。发布内容主要包括红叶指数、花卉指数、野生动物观赏指数及冰雪指数等。

2008 年北京专业气象台开展红叶观赏气象服务工作，2010 年开始发布红叶气象指数预报。

2014 年，福建针对生态旅游景区首创"清新指数"，包括 4 个指标，分别是景区的 $PM_{2.5}$、负氧离子清新指数、温度、湿度，以此反映单个生态景区内的空气质量现状及变化趋势。

2017 年由四川省旅游发展委员会指导、四川原子科技有限责任公司开发的"生态（康养度假）旅游目的地氧生度指数"开启发布，是基于环境大数据适时采集分析，对生态旅游目的地的适时环境评价指数（氧生度指数）。

生态旅游体验指数的发布，给社会带来了诸多便利与效益，可为生态旅游景区管理决策提供科学依据，同时为游客科学安排出行时间及选择体验产品类型提供参考。

二、生态旅游体验指数科学研究正在起步

生态旅游体验指数定义及其度量等研究处于起步阶段，有关研究亦只是涉及因子指数等内容，有待深度挖掘生态旅游体验定义，构建生态旅游体验指数系统研究的基础理论框架。

生态旅游体验指数是一种适用于特定生态旅游资源系统或特定生态旅游产品供给系统的主观层级划分，当然是基于客观监测大数据采集分析基础之上，为引导消费市场和营销目的地而构建的指数体系，是帮助人们衡量特定生态体验场中有关生态旅游资源的景观特质感受和体验的一种相对测度指数。

廖韵等（2016）采用可见光-红外数码相机延时摄影方法进行银杏物候遥感监测，结果与四川省四期红叶指数的发布时间具有良好响应。加拿大按照红叶树种

在秋季色彩变化全程中主色调变化的差异，分为黄色、橘红色和红色3个波峰期，分别对应初秋、中秋和晚秋3个时期。美国天气频道把秋色叶的变色程度定义为5级。

谭谊和欧阳资生(2011)以外生潜在变量及内生潜在变量选取七个指标，构建了游客满意度模型，阐述了游客满意度指数的计算方法。

王群等(2006)以黄山风景区为例，借鉴美国顾客满意度指数(CSI)模型，建立了旅游环境游客满意度指数(TSI)测评概念模型，发现游览价值是满意度的主要影响因素。

胡桂萍等(2015)采用人体舒适度气象指数(BCMI)、寒冷指数(CI)、温湿指数(THI)和度假气候指数(HCI)等4个综合性的气候指标，对丽水市旅游气候舒适度进行了分析评价，并指出HCI比传统的BCMI分析表现得更客观、更全面。

李焕等(2010)利用温湿指数和风寒指数对阿勒泰地区旅游气候资源进行了分析和评价，确定了阿勒泰地区旅游宜人度的时间分布特征，并根据各季景观特色，确定了最佳旅游适宜期。

生态旅游体验指数的相关评价研究思路和指标选取，标志着测度生态旅游体验指数的研究开始起步，对构建全面而科学的生态旅游体验指数和测度评价系统，具备创新性和挑战性。

三、生态旅游体验指数评价指标体系构建

生态旅游体验指数系统包括审美体验指数、环境体验指数、娱乐教育体验指数、服务体验指数。

(一)审美体验指数

审美体验指数反映生态旅游景观可供观赏体验的程度。审美体验对象为生态旅游目的地的景观资源，构成内容有红叶指数、花卉指数、植物形态观赏指数、动物观赏指数、地文观赏指数、水文观赏指数、天象观赏指数及民俗文化体验指数等。

(二)环境体验指数

环境体验指数主要是评价一个目的地的体感条件对于开展旅游休闲活动的适宜程度。主要包括气候舒适度指数、负离子指数、$PM_{2.5}$指数。

(三)娱乐教育体验指数

娱乐教育体验指数用于反映游客对于景区参与娱乐活动及教育学习的体验感知程度,包括活动参与指数、科普学习指数。

(四)服务体验指数

服务体验指数由游客满意度指数来反映,主要通过旅游形象、游客预期、感知价值、感知质量和游客忠诚五个方面加以体现。

四、展　望

不同类型的生态旅游目的地(森林公园、自然保护区、湿地公园等)实际情况千差万别,还涉及局地小气候等个性条件的存在,指标测度的时空节点如何体现、如何统一、如何系统表达还需深入研究。

生态旅游体验是旅游者的主观感受,不同地域、不同性别、年龄等人群对环境的感知程度不同,如何针对细分的游客市场推出更有针对性的生态旅游产品亦需深入探究。

构建生态旅游体验指数理论框架还需要大量实证研究和理论研究逐步丰富和完善。

大数据时代的信息化、智能化建设成果的不断面世,将为生态旅游体验指数的研究与实际应用提供强大的技术与理论的支撑。

参 考 文 献

胡桂萍，李正泉，邓霞君，2015. 丽水市旅游气候舒适度分析[J]. 气象科技，43(4)：769-774.

李焕，李新豫，白松竹，2010. 阿勒泰地区旅游气候指数及评价[J]. 陕西气象，(5)：21-23.

廖韵，董奎，付静静，等，2016. 都江堰市银杏物候时序特征的数码相机监测与分析[J]. 四川林业科技，(3)：54-61.

谭谊，欧阳资生，2011. 旅游景点游客满意度指数模型构建与实证[J]. 求索，(7)：89-90.

王群，丁祖荣，章锦河，等，2006. 旅游环境游客满意度的指数测评模型——以黄山风景区为例[J]. 地理研究，25(1)：171-181.

Maryam K，2003. ECOSERV: ecotourists' quality expectations [J]. Annals of Tourism Research，30(1)：109-124.

心之旅·逍遥游
——山水文化与旅游

过 竹

作者简介：过竹，男，高中学历，广西社会科学院文化研究所副研究员，广西壮族自治区人民政府新世纪"十百千"人才工程第二层次人选，曾为文学青年，发表小说10多万字，出版独著11部、合著20部，规划设计旅游、文产项目60多项，主持国家社科基金西部项目、特别委托项目各1项，主持广西社科基金一般项目1项，联合主持国家"十一五"时期文化发展纲要重点文化项目1项，参与国家社科基金重大项目2项、国家艺术科学重点研究项目3项，主持财政部、文化部评审项目3项。

　　山水文化始于足下。行万里路，读万卷书，成为历代中国文人的理想。

　　从先民关于天地开辟、万物诞生的创世神话，到历代文人的山水诗文、山水书画、山水音乐、山水园林乃至依山而建、环水而居的市镇，无不贯穿中华民族特有的自然形态之山水与人文形态之山水有机融合的文化特征。山水文化在我国形成特有山水为形、山水为意、山水为悟、山水为志的文化审美形态。

　　我国山水文化体系由两个半弧构成：精神层面的山水文化和物质层面的山水文化。前者主要指：山水哲学、山水美学、山水文学、山水艺术、山水科学以及有关人与自然关系的山水哲学思想等。后者主要指：人们在山水实体里进行活动时，所创造的文化实物如建筑、摩崖石刻，道路和文化活动如祭祀、宗教、游览、审美、创作和科学研究等。

一、自然之山水与人文之山水：中国山水的太极结构

　　山水文化的母体是山水。

　　山与水，无论是自然形态上还是文化形态上，都是对立统一的阴阳体。山为阳体，水为阴身。

　　山呈现的是阳刚，水体现的是阴柔。

　　山之本身，也分阴阳。山之正面，朝阳，属性阳。山之背面，背阳，属性阴。实体之山，有形，属阳，人文之山，无形，属阴。阴阳对立而统一，构成山的完整体系。

　　水之本体，亦分阴阳。水之流淌，呈动，属性阳。水之静缓，显静，属性阴。实体之水，有形，属阳，人文之水，无形，属阴。

　　山是亿万年地壳运动的产物，它遍布于世界各地。《辞源》释曰：陆地上隆起高耸的部分。《辞海》释曰：地面上由土石构成的隆起部分。

　　从自然特征来看，山是地面形成的高耸的部分。除陆地之外，海洋也有山。海底隆起部分称海底山脉。中国古代典籍有非常丰富的论述："山，土有石而高。""山，土之聚也。""山人取之。""夏后代山。""太行、王屋二山，方七百里，高万仞。"

　　从文化属性来看，山缠绕着浓郁的人文气息。中国古代典籍中有许多咏"山"的名句。"如山如阜，如冈如陵"（《诗·小雅·天保》），"生于山阜，处于室堂"（《荀子·赋》），"为山九仞，功亏一篑"（《尚书·旅獒》），"山重水复疑无路，柳暗花明又一村"（陆游《游山西村》），"千山鸟飞绝，万径人踪灭"（柳宗元《江雪》），"白日依山尽，黄河入海流"（王之涣《登鹳雀楼》），"会当凌绝顶，一览众山小"（杜甫《望岳》），"国破山河在，城春草木深"（杜甫《春望》），"空

山不见人，但闻人语响"（王维《鹿柴》），"明月出天山，苍茫云海间"（李白《关山月》），"相看两不厌，只有敬亭山"（李白《独坐敬亭山》），"种豆南山下，草盛豆苗稀"（陶渊明《归园田居》），"青山遮不住，毕竟东流去"（辛弃疾《菩萨蛮·书江西造口壁》），"不识庐山真面目，只缘身在此山中"（苏轼《题西林壁》），"山河破碎风飘絮，身世浮沉雨打萍"（文天祥《过零丁洋》），"人闲桂花落，夜静春山空。月出惊山鸟，时鸣春涧中"（王维《鸟鸣涧》），等等。

由于山与社会、人类的生活息息相关，因此，山由自然之山升华为人文之山。我们从下面的名词就能够领略到山的人文风貌：山灵（指山神）、山长（指科举时代的书院主讲及总领院务者）、山主（指寺院的主持）、山关（指依山而建的城堡）、山头（指绿林好汉占据的山寨），等等。

水是山的伴侣。水源往往诞生于山中。如长江之源，位于昆仑山脉和青海、西藏交界处的唐古拉山脉两大山脉之间；黄河之源，位于青海省巴颜喀拉山腹地。水是地球上最常见的物质之一，是包括人类在内所有生命生存的重要资源，也是生物体最重要的组成部分之一。水在生命演化中起到了重要的作用。地球是太阳系八大行星之中唯一被液态水所覆盖的星球。水是地球表面数量最多的天然物质，它覆盖了地球71%以上的表面。

关于"水"，《辞源》释曰：①水。②泛指水域，如江河湖海，与"陆"对称。③水灾。④五行之一。⑤星名。⑥官名。⑦旧时银的成色有高低，以水为平，俗称为水，如贴水、申水。⑧姓。

《辞海》释曰：①氢和氧的最普通的化合物，化学式H_2O。是动植物机体所不可缺少的组成部分。水能溶解许多物质，是最重要的溶剂。②江河湖海的总称，对陆地而言。如：水陆交通；跋山涉水。③河流。如汉水，湘水。④一切液汁的通称。如：口水；泪水；药水；汽水。⑤五行之一。⑥太阳系八大行星之一。我国古代又叫"晨星"，是最接近太阳的一颗。⑦旧指银子的成色，转为货币兑换贴补金及汇费之称。如：贴水；汇水。⑧指用水洗过的次数。如：这件衣服才洗过一次水。⑨[水族]我国少数民族名。主要聚居在贵州省三都水族自治县，其余分布在荔波、从江、独山等县和广西北部毗邻地区。⑩姓。明代有水苏民。

人类很早就开始对水产生了认识，东西方古代朴素的物质观中都把水视为一种基本的组成元素，水是中国古代五行之一；西方古代的四元素说中也有水。从文化属性来看，由于水对生命的重要意义以及它的独特特性，古往今来，在文学、神话、艺术等文化的各个领域中，经常会出现带有特殊寓意的水的形象和借代。因为水与生命、人类息息相关，水被赋予深厚的人文内涵。中国古代典籍中不乏说"水"的词句。"五行一曰水"（《尚书·洪范》），"水，准也"（《说文》），"水，准也。准，平也。天下莫平于水"（《释名》），"积阴之寒气为水"（《淮南子·天文》），"凡平原出水为大水"（《左传·桓公元年》），"水曰清涤"（《礼记·曲礼》），"冰，水为之，而寒于水"（《荀子·劝学》），"刘豫州王室之胄，英才盖世，众士慕仰，若水之归海"(宋·司马光《资治通鉴》)，"在水之湄"(《诗·秦风·蒹葭》），"去来江口守空船，绕船月明江水寒"(唐·白居易《琵琶行(并序)》），"水府幽深，寡人暗昧，夫子不远千里，将有为乎？"(唐·李朝威《柳毅传》），"刘备、周瑜水陆并进"(宋·司马光《资治通鉴》)，"故尧禹有九年之水，汤有七年之旱"(汉·晁错《论贵粟疏》)，"曰：天地有法乎？曰：水旱疾疫，即天地调剂之法也"(清·洪亮吉《治平篇》)，"假舟楫者，非能水也，而绝江河"(《荀子·劝学》)，"匠人建国，水地以县"(《周礼》)，等等。

　　由于水对生命的重要意义以及它的独特特性，在文学、神话、艺术等文化的各个领域中，经常会出现带有特殊寓意的水的形象和借代。而许多汉字词汇，亦用水来表意。如水口(渡口)、水汊(河的支流)、水谷(山间河沟)、水尾(江河的末端)、水脉(水路、地下的伏流)、水潦(因雨水过多而积在田地里的水或流于地面的水)、水铫(烧水用的小型器具)、水落归槽(比喻心里踏实安定)、水喷桃花(比喻脸色好看)、水陆杂陈(山珍海味一齐陈列出来)、水郭(傍水之城郭)、水馆(临水的馆舍或驿站)、水志(记载河道水系的书籍)、水牒(指记述河道水系的文献)、水老鼠(专在船上偷窃的贼)、水事(关于江河水利的事宜)、水禁(有关河川方面的禁令)、水陆(佛教中的水陆道场)、水宿(水上宿夜，水中住宿)、水礼(果饵等礼物)、水备(防止水患的设施)、水墉(防洪墙)、水虞(古代官名，掌管川泽的政令)、水官(掌管治水、征收鱼税的官)、水客(跑码头的商人，也指人贩子)、发水(发财)、水事(指驾船、泅水之类的事情)、水帖(网络论坛上没有太大价值的帖子)、灌水(发水帖的行为)、潜水(网络里经常指隐身登陆及不说话)，等等。

在中国山水体系里，同样有着物质层面的山水（自然之山水）与精神层面的山水（人文之山水），两者犹如中国文化与哲学之本元"太极"。

自然之山水，有形，属性阳，但在自然之山水中亦存在人文之意蕴，无形，属性阴，即自然山水中的文化符号——祭祀、宗教、游览、审美、创作、科研等活动。

人文之山水，无形，属性阴，但在人文之山水也存在固体之形态，属性阳，即人文山水中的固体形态——建筑、摩崖石刻、道路、书籍等实物。

自从人类诞生之后，山水被不断地赋予文化内涵，从而形成不断发展的山水文化。盘古开天辟地主要是在造山生水，而盘古神话本身就是古老的山水文化。中华各民族多有创世神话，那些创世英雄们最初的工作是开辟世界，天地山川便是他们的杰作。天地开辟之后，大神们开始制造人类和万物。从著名的女娲造人以及各种中华民族人类起源神话中我们可以看到，人类万物起源多与山川有关。人类在叙述天地万物诞生的时候，山水文化也就随之诞生了，并且随着人类对自然认识的不断深入，山水文化也在不断地发展变化，从而形成几乎涉及人类生活方方面面的与生命息息相关的文化。

山水的本意是"山上流下来的水"或者"山中之水""山阿之水"等，是自然界山与水的本源形态。《辞源》释曰：①山与水，自然景物。②山水画的简称。随着人类审美情趣的成长，"山上流下来的水"在经过审美筛选之后逐渐延伸为山清水秀的自然风景。人类从简单的温饱生存发展到小康生活，山清水秀的自然风景成为人们的观赏对象，此时，山水又指游山玩水。人们不仅到大自然中观赏奇山秀水，还要将之记录下来，于是，诞生了山水绘画艺术。此时，山水便有了绘画艺术的专有名词——山水画。许多大户人家为了能够时常看得见山、观得到水，干脆把山水搬到身边，于是，模仿山水的园林诞生了。山水的"本源形态→风景→游山玩水→山水画"，呈现山水由"自然静态→动态→艺术静态"的演变。这便是山水文化发展的总体倾向。相关文献中有大量描述。如："山水暴出，漂溺宅舍"（《南齐书·高逸传·徐伯珍》）、"咸亨四年七月，婺州大雨，山水暴涨，溺死五千馀人"（《新唐书·五行志三》）、"古今之为鬼，非他也，有天鬼，亦有山水鬼神者，亦有人死而为鬼者"（《墨子·明鬼下》）、"烟销日出不见人，欸乃一声山水绿"（唐·柳宗元《渔翁》）等等。又如："百嶂千峰古桂州，向来人物固难俦。峨冠共应贤能诏，策足谁非道艺流。经济才猷期远器，纵横礼乐对前旒。三君八俊具乡秀，稳步天津最上头。桂林山水甲天下，玉碧罗青意可参。士气未饶军气振，文场端似战场酣。九关虎豹看勍敌，万里鲲鹏仦剧谈。老眼摩挲顿增爽，诸君端是斗之南"（宋·王正功）、"出为永嘉太守。郡有名山水，灵运素所爱好，出守既不得志，遂肆意游遨"（《宋书·谢灵运传》）、"后陈茂才云渠来谈，县西山水之胜，皆远在数十里外，以暑不及游，因同游县东之松窦"（清•恽敬《重修松窦庵记》）等等。再如："李子山水人，而常寓城郭"（宋•王安石《赠李士云》）、"聊为山水行，遂此麋鹿性"（宋•苏轼《径山道中次韵答周长官》），等等。

山水文化，"自然静态→动态→艺术静态"，恰似太极的阴阳轮回。而山水文化诞生与繁荣的重要节点，正是山水文化中的阴阳奇点。

山水文化的自然节点，是山水文化产生与发展的基础，是山水文化的有形奇点，属阳。

如五岳：泰山、华山、衡山、恒山、嵩山。东岳泰山，位于山东泰安市，为中国五岳之首，古称"岱宗"，因是历朝统治者祭天的场所而被尊为"五岳独尊"，其在中国的政治、文化历史上地位崇高。泰山山麓的岱庙为泰山第一名胜，天贶殿是岱庙主殿，殿内东、西、北三面墙壁画有《泰山神启跸回銮图》。岱庙内陈列的沉香狮子、温凉玉、黄蓝釉瓷葫芦瓶誉为泰山镇山"三宝"。西岳华山，位于陕西华阴市。华山以险峻著称，素有"奇险天下第一山"之誉。华山五峰为南峰落雁、东峰朝阳、西峰莲花、中峰玉女、北峰云台。峰上回心石、千尺幢、百尺峡、擦耳崖、苍龙岭均为名闻天下的极险之道。华山脚下西岳庙是历代帝王祭祀的神庙，创建于西汉，至今仍保存着明、清以来的古建筑群，因其形制与北京故宫相似，有"陕西故宫"之称。因武侠小说大师金庸先生笔下东邪、西毒、南帝、北丐、中神通5位旷世绝顶高手"华山论剑"，华山风头盖五岳。南岳衡山，位于湖南长沙以南的衡山县。衡山以古木参天风景秀丽，奇花异草四时郁香而著称。祝融峰之高、藏经楼之秀、方广寺之深、水帘洞之奇，称为衡山四绝。南岳庙是衡山最大殿宇。北岳恒山，位于山西浑源县。恒山以幽静著称。相传4000年前舜帝巡狩四方，见此山势雄伟，遂封北岳。恒山分东西两峰，双峰对峙，浑水中流。山上怪石争奇，古树参天，苍松翠柏之间散布着楼台殿宇，恒山景观之最为悬空寺，建于恒山金龙口西崖峭壁上。据恒山志记载，始建于北魏晚期（约公元6世纪），全寺有殿琼楼阁40间，在陡崖上凿洞插悬梁为基，楼阁间以栈道相通，风景优美，别具一格。中岳嵩山，位于河南登封市。嵩山以峻闻名。嵩顶有峻极峰，是嵩山最高峰。嵩山东端中岳庙，是中国最早的道教庙宇。嵩岳寺塔始建于北魏，为中国现存最古老的砖砌佛塔。嵩阳书院是中国宋代四大书院之一。嵩山西部北麓少林寺，是中国佛教禅宗发源地，也是中国少林拳的发源地。

如道教四大名山：武当山、青城山、龙虎山、齐云山。武当山，又名太和山，位于鄂西北的丹江口市境内，位列中国"四大道教名山"之首，又是武当武术的发源地。武当山山势奇特，雄浑壮阔，有72峰、36岩、24涧、3潭、9泉，构成了"七十二峰朝大顶，二十四涧水长流"的秀丽画境。山间道观总数达2万余间，其规模宏大，建筑考究、文物丰富的道观建筑群已被列入世界遗产名录。青城山，古称丈人山，又名赤城山，位于都江堰市西南15公里处，其36座山峰，如苍翠四合的城郭，故名青城山。青城山林木青翠，峰峦多姿，素有"青城天下幽"之誉。青城山为中国道教发祥地之一，相传东汉张道陵(张天师)曾在此创立五斗米道，因此，历代宫观林立，至今尚存38处。著名的有建福宫、天师洞、上清宫等，并有经雨亭、天然阁、凝翠桥等。龙虎山，是我国典型的丹霞地貌风景，也是中国道教发祥地之一。位于江西鹰潭市西南郊20公里处。道教文化、碧水丹山、崖墓群构成龙虎山自然、人文景观"三绝"。有天师府、上清宫、龙虎山、悬棺遗址和仙水岩等。齐云山，古称白岳，与黄山南北相望，风景绮丽，素有"黄山白岳甲江南"之誉，因最高峰廊崖"一石插天，与云并齐"而得名。齐云山有36奇峰、72怪岩、24飞洞，加之境内河、湖、泉、潭、瀑，构成了一幅山清水秀、峭拔明丽的自然图画。有洞天福地、真仙洞府、月华街、太素宫、香炉峰、小壶天、方腊寨、五青峰、云岩湖等。齐云山碑铭石刻星罗棋布，素有"江南第一名山"之誉。该山道教始于唐乾元年间(公元758~760年)，至明代兴盛。

如佛教四大名山：五台山、峨眉山、九华山、普陀山。普陀山，位于杭州湾以东约100海里，是舟山群岛中的一个小岛，全岛面积约12.5平方公里。相传为观音菩萨的道场。普陀山作为佛教圣地，最盛时有82座寺庵、128处茅棚，僧尼达4000余人。现今保存20多所寺庵，主要有普济、法雨、慧济三大寺。普济禅寺始建于宋，为山中供奉观音的主刹，建筑总面积约11000多平方米。法雨禅寺始建于明，依山凭险，层层叠建，周围古木参天，极为幽静。慧济禅寺建于佛顶山上，又名佛顶山寺。九华山，位于安徽省青阳县城西南20公里处，方圆120平方公里，为黄山支脉。相传为地藏王菩萨的道场。九华山古称陵阳山、九子山，因有九峰形似莲花，唐天宝年间(公元742~756年)改名九华山。九华山古刹林立，现有寺庙80余座，僧尼300余人。唐代诗仙李白三次游历九华山，王安石写下"楚越千万山，雄奇此山兼"的诗句。峨眉山，位于中国四川省峨眉山市境内，面积154平方公里。相传佛教于公元1世纪即传入峨眉山。目前，有报国寺、伏虎寺、清音阁、洪椿坪、仙峰寺、洗象池、金顶华藏寺、万年寺等寺庙近30座，寺庙中的佛教造像有泥塑、木雕、玉刻、铜铁铸、瓷制、脱纱等，造型生动，工艺精湛。如万年寺的铜铸"普贤骑象"，堪称山中一绝，还有贝叶经、华严铜塔、圣积晚钟、金顶铜碑、普贤金印，均为珍贵的佛教文物。峨眉山佛教音乐丰富多彩，独树一帜。峨眉山武术作为中国武术三大流派之一享誉海内外。五台山，位于山西省五台县境内，方圆五百余里，由东台望海峰、西台挂月峰、南台锦绣峰、北台叶斗峰、中台翠岩峰环抱而成，五峰高耸，峰顶平坦宽阔，如垒土之台，故称五台。相传为文殊菩萨的道场。汉唐以来，五台山一直是中国的佛教重地，现有台内寺庙39座，台外寺庙8座，其中显通寺、塔院寺、文殊寺、殊像寺、罗睺寺五大禅寺最为著名。显通寺建在台怀镇的灵鹫峰下，它是五台山历史最悠久的佛寺，始建于东汉永平年间，唐武则天时改称华严寺，明太祖时重修，赐额大显通寺。清代又重修，形成今天的规模。塔院寺原是显通寺的塔院，明代重修舍利塔时独立为寺，寺内以舍利塔为主，舍利塔是一座藏式白塔，故又名大白塔。中国共有珍藏释迦舍利子的铁塔19座，五台山的一座慈寿塔就藏在大白塔内。此塔居于台怀诸寺之前，高大醒目，一向被看作是五台山的标志。文殊寺始建于北魏，历代重修。

山水文化的人文节点，是山水文化产生与发展的推力，是山水文化的无形奇点，属阴。

自然崇拜是山水文化的基本人文节点。自然崇拜是人类社会早期十分盛行的文化事象。中华各民族先民在与自然界交往过程中，由于对大自然缺乏科学认识，从而把天、地、日、月、星、山、石、海、湖、河、水、火、风、雨、雷、雪、云、虹等天地万物及自然变迁现象等视作与人类同样具有生命、意志甚至比人类更具有超然能力的对象而加以崇拜。在我们的先民看来，天地万物及自然变迁现象所表现出来的生命灵性和奇特能力，会对他们的生活产生影响，因此，把它们当作自然神加以崇拜，借以寄托人们对自然的精神和心理的祈求。自然崇拜与人类社会存在着密切关系，人类原始部落群体因其生活环境不同而具有不同的自然崇拜对象及活动形式，一般都崇拜对本部落及其生存地区的社会生产与生活影响最大或危害最大的自然物和自然力，并且具有近山者拜山、靠水者敬水等地域及气候特色，反映出人们祈求风调雨顺、人畜平安、丰产富足的实际需要。从考古发掘的甲骨文和文献记载来看，在人类社会初期，自然崇拜现象就十分普遍。在甲骨文卜辞中，山神很多，有多处对于大山崇拜和祭祀的记载，并且出现了多山合祭的现象。成书于春秋战国时代的《山海经》所记载的400多座山中，都有不同规格的祭祀。《史记·封禅书》引《周官》："天子祭天下名山大川，五岳视三公，四渎视诸侯，诸侯祭其疆内名山大川。"在当时，祭祀山水已分等级，帝王祭祀五岳、四渎，地方官祭祀地区性的名山大川，老百姓祭祀当地的名山水。在诸多山神崇拜对象中，名山、大川逐渐成为大自然的代名词。中国古代居民居住分散，民族众多，所崇拜的自然物也很多，而且与居住的环境有很密切的关系。例如，居住在沿海地区的居民，多崇拜海神；居住在河流两岸的多崇拜河神；居住在林木山间的又多崇拜山神和树神。原始人思维中灵魂无处不在，无时不有的观念，也明确地反映在中国古代的祭祀制度上。《礼记·祭法》云："燔柴于泰坛，祭天也。瘗埋于泰折，祭地也。埋少牢泰昭，祭时也。相近于坎坛，祭寒暑也。王宫，祭日也。夜明，祭月也。幽宗，祭星也。雩宗，祭水旱也。四坎坛，祭四方也。山林、川谷、丘陵，能出云，为风雨，见怪物，皆曰神。有天下者祭百神。"

在普遍自然崇拜中，山水文化逐渐进入文人视野，古代先哲从哲学的高度阐释人与自然的关系。如，老子认为："人法地，地法天，天法道，道法自然。"庄子提出："天地与我并生，而万物与我为一。"孔子则说："智者乐水，仁者乐山。"老庄哲学"天人和谐"的核心思想与孔子"乐山智水"的山水观，对后世产生很大影响。

泰山封禅是山水文化特殊的人文节点。封禅，是古代帝王祭祀天地的一种礼仪活动。封禅是一种表示帝王受命有天下的典礼。封禅起源于春秋、战国，当时齐、鲁儒生为适应兼并争霸趋于统一的形势而提出的祭礼。他们认为泰山是世界上最高的山，人间的最高帝王应当到这座最高的山上去祭至高无上的上帝。泰山是齐、鲁的分界，于是就把齐、鲁祭泰山的望祭扩大为统一帝国的望祭，并定名为"封禅"。封是祭天，禅是祭地。封禅活动有史实记载的是秦始皇于公元前219年，登泰山顶祭天，在泰山脚下小山梁父祭地，并命丞相李斯刻石纪功。从此，封禅活动便成为封建社会的国家大典。山岳崇拜是世界各民族共有的文化现象，泰山崇拜则可以作为中国山岳崇拜的代表，从多方面窥见中华民族山岳崇拜及其山神信仰的本质。

泰山原为普通的山。"泰山岩岩，鲁邦所詹。奄有龟蒙，遂荒大东。至于海邦，淮夷来同。莫不率从，鲁侯之功。"那时，泰山在巡守制度中的地位与五岳中的其他四岳的地位是一样的。"天子五年一巡守。岁二月，东巡守，至于岱宗，柴而望祀山川，觐诸侯，问百年者就见之。命太师陈诗，以观民风；命市纳贾，以观民之所好恶，志淫好辟；命典礼考时月，定日同律，礼乐、制度、衣服正之。山川神祇有不举者为不敬，不敬者君削以地；宗庙有不顺者为不孝，不孝者君绌以爵；变礼易乐者为不从，不从者君流；革制度衣服者为畔，畔者君讨；有功德于民者，加地进律。五月，南巡守，至于南岳，如东巡守之礼。八月，西巡守，至于西岳，如南巡守之礼。十有一月，北巡守，至于北岳，如西巡守之礼。归假于祖祢，用特。""岁二月，东巡守，至于岱宗，柴，望秩于山川。肆觐东后，协时月正日，同律度量衡，修五礼，五玉，三帛，二生，一死，贽，如五器，卒乃复。五月南巡守，至于南岳，如岱礼。八月西巡守，至于西岳，如初。十有一月朔巡守，至于北岳，如西礼，归，格于艺祖，用特。"后来，泰山被称为"岱"，意为"岱山""岱宗"，"海、岱惟青州""河东曰兖州，其山镇曰岱山"，泰山逐渐演变为具有"太山"性质的山，成为五岳之首，国家封禅之地。在帝王的封禅大典中，泰山的地位便凸显出来。"封禅"一词，始见于《史记》，但比较简略。唐代张守节在《史记正义》中对"封禅"做过如下解释："此泰山上筑土为坛以祭天，报天之功，故曰封。此泰山下小山上除地，报地之功，故曰禅。言禅者，神之也。《白虎通》云：'或曰封者，金泥银绳，或曰石泥金绳，封之印玺也。'《五经通义》云：'易姓而王，致太平，必封泰山，禅梁父，何？天命以为王，使理群生，告太平于天，报群神之功。'。"

在帝王巡守和封禅泰山的过程中，泰山只是作为一个自然实体而存在，巡守和封禅的主要目的是对天、对地的告祭，泰山只是告祭的场所。在长达数千年的巡守和封禅仪礼的举行过程中，泰山也因为它的特殊位置而完成了"神灵化"和"人格化"的过程。在"泰山神人格化"逐渐确立之后，从唐代开始，随着对泰山神不断的加封，开启了"泰山神"的国家化和帝王化的倾向，"泰山神灵"的地位在国家和民众中最终得以确立。唐代武则天垂拱二年(686年)七月初一日，封东岳为神岳天中王；武则天万岁通天元年(696年)四月初一日，尊为天齐君；唐玄宗开元十三年(725年)，封泰山为天齐王。从传说时代就在泰山上举行封禅这种典章制度上最隆重的大典，到宋代之后的帝王致祭泰山；从泰山作为人间帝王与上天沟通的场所，到对泰山封王、封帝，兼封其妻子儿女，在数千年的历程中，泰山完成了其神灵化和人格化的过程。泰山神的人格化，使其具备了中国民俗神灵所具有的一般性质，同时，其安邦定国、通天告地的显赫本领，又使其具有了普通神灵所不具备的威力。历代帝王对泰山的加封和推崇，必然对民众的泰山信仰起到推动作用，加快了泰山信仰在地域上的扩布，也为奉祀以泰山神灵为主神的民间信仰组织泰山香社的出现奠定了基础。

比德思想将山水文化的人文节点推至哲学的层面。早在先秦时期，人们对山水的感情和审美已趋于成熟。《诗经》"泰山岩岩，鲁邦所瞻""嵩高维岳，峻极于天"等歌颂自然山水美的诗句，表明我国民间山水审美已达到较高水平。老子、庄子所提出的"天人和一"思想，深深地影响着后世文人墨客的山水观。而孔子认为山水的形象与人的美德相通，君子比德，于是，提出了"仁者乐山，智者乐水"，人与山水"比德"。"比德"二字取意亲近自然、亲近山水之德行。"比德"充分体现着自然审美的丰富而又深刻的内涵，蕴含自然之美与人的精神相统一，尽显和谐之美，这种比德思想深深影响着我国山水审美意识。自先哲"天人和一""仁者乐山，智者乐水"之后，在对自然美的欣赏上，常将之与人的品德相联系，认为其与人品同值性。自然山水、花草树木被比于君子之德，以人的伦理道德观看待自然，将自然现象看作人类精神品质的对应物。特别值得一提的是，松、竹、梅被称为"岁寒三友"，人们将之比德于君子、丈夫、英雄，寓意正直长青，崇高敬仰。而梅、兰、竹、菊被誉为"四君子"，通过"与梅同疏、与兰同芳、与竹同谦、与菊同野、与莲同洁"把自然植物与人性品德紧密联系在一起。

宗教活动山水文化的人文节点与精神紧密结合。人类处于自然崇拜的文化时期，敬畏自然，相信山川有超凡神力，在编创山水神话传说的同时，开始了山川祭祀活动。古代山川祭祀文化遗风在今天还能够寻到痕迹，如：都江堰清明放水节祭祀河神的活动，广西北部山区苗族立村建寨要举行安龙仪式，祭祀管理山川的龙神，等等。随着国家的出现，帝王祭祀山川成为国家公祭，泰山封禅使自然崇拜发展为政教结合。从此，山川被赋予更深的政治文化内涵，"五岳""四渎"便形成了。道教与我国山水文化的形成和发展也有密切关系。道教诞生于山，发展于山。东汉顺帝时，张道陵创道教于四川鹤鸣山，之后曾在四川青城山、江西龙虎山等清幽之处修道炼丹，传道于世。道教宣扬修道成仙，通过自身的清修，可以进入超凡脱俗的"仙境"。八仙传说就是道教修仙最好的诠释。在道教神仙系统里，有天仙、地仙和人仙。天仙以玉皇大帝及其臣子为代表，那是通过万年修行才得道升天。居住在地上十洲三岛、洞天福地的地仙更接近人类生活。自古以来，那些洞天福地如：四川青城山、江西三清山和龙虎山、山东崂山等，均成为人间的胜境，道侣期荫仙风栖息，游人仰慕名胜寻迹。亭台楼宇，摩崖石刻，构成山水文化的直观表象。自从佛教传入中国后，就逐渐与山水结下不解之缘。山林幽深，云雾缭绕，古寺枯禅，修身养性。中国佛教名山数以百计。佛因山而显赫，山以佛而著名。山西五台山、四川峨眉山、江西九华山、福建普陀山等，形成举世闻名的佛教名山。这些佛教名山让历代的建筑家、雕塑家、绘画家、书法家及各色艺人、能工巧匠创造杰作，历代高僧、名士、文人、学者留下遗迹。佛教信仰对中国山水文化的形成和发展影响深远。

二、由游而生、伴旅而养：中国山水文化的嬗变

山水文化就是蕴涵在山水中的文化沉积，是人化的山水，由游而生、伴旅而养。我国山水文化发端于自然崇拜。人们在游历自然的过程中产生了思考。在我们的先民眼里，那些自然界的事物诸如日月星辰、山川石木、鸟兽鱼虫、风雨雷电等等，都表现出与人类相同的生命、意志、情感，甚至还有超越人类的灵性和神力，它们都能对人类的生活产生影响。于是，我们的先民在与自然界相处过程中把它们精神化，形成了万物有灵的精神信仰。人们崇拜自然，敬畏自然，并由此产生一系列的文化活动，这种活动堪称人类文明的活化石，今天文明仍能寻其踪迹。如泰山石敢当、龙神信仰、树石寄拜等。这一原生型崇拜形式延续至今，成为我国分布广泛的民间宗教信仰。自然崇拜有较强的地域性特征。自然崇拜对象及相关的活动形式往往与自然环境紧密相连。近山者拜山，靠水者敬水。居住在沿海地区的居民，多崇拜海神；居住在河流两岸的多崇拜河神；居住在林木山间的又多崇拜山神和树神。把自然界事物神话，其目的是祈求风调雨顺，保佑人

畜平安。自然崇拜具有泛物性。关于自然崇拜发展为自然宗教，费尔巴哈在《宗教的本质》一书指出："对于自然的依赖感，再加上那种把自然看成一个任意作为的、有人格的实体的想法，就是献祭这一自然宗教的基本行为的基础。"正是由于我们的先民把自然界的日月星辰、山川石木、鸟兽鱼虫、风雨雷电等自然事物当作有生命力的神灵加以顶礼膜拜，使得人类在自然宗教文化力的推动之下，去探寻日月星辰、山川石木、鸟兽鱼虫、风雨雷电那些自然事物与人类之间的关系，从而形成了逐渐走向成熟、理性与科学的自然观与文化。对以山水为主体具象的自然事物开始有了新的认识、新的思考。在探寻自然界的过程中，人们开始发现山水能够愉悦人们的视觉，之后是感觉，这种愉悦逐渐进入人类的知觉。于是，人们在把它们作为一种自然神来加以顶礼膜拜的同时，不再完全认为大自然千姿百态、变化无穷，具有超人的力量。面对大自然曾经有过的强烈而又普遍的恐惧心理不复存在。人们开始以一种前所未有的欣赏眼光来看待大自然，日月星辰、山川石木、鸟兽鱼虫等等自然界事物被作为美的对象来看待。

人类在自身漫长的生活实践中，逐渐由自然崇拜的山水感知迈入作为美的对象来看待的山水审美。山水文化由萌芽逐渐走向成熟。为比德山水的产生奠定了基础。殷商时期，农业文明取代狩猎文明，社会经济及其文化获得长足发展。农业收入是商王朝的主要财源。出现在卜辞之中的谷物名称，有禾、黍、稷、秜（稻）等。商代奴隶主贵族饮酒之风极盛。商人除经营农业之外，也饲养着牛、马、猪、羊、鸡、犬等家畜。青铜冶铸业在商代获得了重大进展。由于农业生产的需要，商代已有了较完善的历法。甲骨文也是在这一时期诞生的。雕塑艺术在商代已经发展到较高的水平，在许多青铜器上面，装饰有绚丽的花纹。商代的雕塑品不仅局限于铜器，有些玉、石、陶、骨、角、牙的制品上也雕刻出精美的花纹。商代也是我国音乐艺术发展的重要时期。商代乐器，在殷墟发现的有埙、磬和革鼓、铜铙。甲骨文中有"舞"字，像人身上挂上饰物婆娑起舞之状。此时，在人们眼里，山水不再令人畏惧，相反它们已有了愉悦的价值。而到了春秋时期，尽管受到万物有灵观念下山水崇拜的影响，但是自然山水成为歌咏的对象。在《诗经》中，人们借山水"兴"（寄托）、"比"（比喻）所要歌咏的人和事。"彼泽之陂，有蒲与荷。有美一人，伤如之何""蒹葭苍苍，白露为霜。所谓伊人，在水一方"。以山水寓情、以山水抒情、以山水言情，春秋时期诞生的"比德山水"，标志着山水文化的成熟。孔子等先哲认为山水体现了仁者、智者的美好品德："智者乐水，仁者乐山"，表明人们不再服从与畏惧自然，而是开始从山水中获得审美享受，并且与人类美好品德相联系。这是山水文化发展中非常重要的环节，体现先秦山水美学观的重要特点。

我国本土宗教道教诞生，推动山水文化进入"逍遥游"。道教为我们建构了一个完整的神仙系统。道教对山水文化的繁荣起到了重要的促进作用。道教认为名山是神仙居所，故上山修炼，以求成仙得道。道教把老子奉为教主，并尊称太上老君。对于世界的认识，老子主张"玄览"，即"不出户，知天下；不窥牖，见天道。其出弥远，其知弥少。"为达到"玄览"境界，须"致虚极，守静笃"。老子的"致虚极，守静笃"成为道士们最高修道法则。老子之后的庄子，继承和发扬了老子的学说，他致力于追求一种个人精神上的绝对自由境界，以达到人化自然的"逍遥游"，成为"真人"。具体做法是："堕肢体，黜聪明，离形去知，同于大通"，这就是有名的"坐忘"。庄子的思想，对后世的道教神仙学说产生了巨大的影响，为道教创立庞大的神仙体系奠定了理论基础。庄子继承了老子的"道"论，他说："夫道有情有信，无为无形，可传而不可受，可得而不可见，自本自根。未有天地，自古以固存，神鬼神帝，生天生地。"但庄子对道的解说又与老子有一定程度上的区别。庄子将"道"视为一种主观认识上的东西，从而与老子认为"道"是一种客观独立自存的精神实体有很大的区别。道教徒多于僻静的山林中炼丹修道。最典型的是道教创始人张道陵(张天师)曾在峨眉山修道，并留下著作《峨眉山灵异记》。那些追求长生不老的道人和信奉神仙存在的芸芸众生孜孜不倦地访遍天下名山大川，创造出丰富多彩的山水文化。特别需要提到的是，汉武帝也是推动我国山水文化发展的帝王。汉武帝坚信世间存在"神仙"。为求长生不老，他派遣许多方士踏访名山大川求仙寻药。这还不够，他一方面亲自祀灶炼丹；另一方面建筑甘泉宫、建章宫、蜚廉观、益寿观等高台楼馆和通天台以迎神仙。他甚至在建章宫北边挖"泰液池"，建蓬莱、方丈、瀛洲等仙岛，以此表达对神山、仙岛仰慕与渴望。汉武帝时曾多次封禅和祭祀山川、巡游海内。一代圣帝的如此举动，对山水美的发掘与山水文化的发展起到重大的推动作用。

佛教传入中国后，正值魏晋玄学之风盛行。在当时，佛学被视作与黄老方术差不多的神仙学说，佛的形象十足的神仙状："佛身长一丈六尺，黄金色，项中佩日月光，变化无方，无所不入。""恍惚变化，分身散体，或存或亡，能小能大……蹈火不烧，履刃不伤，在污不染，在祸无殃，欲行则飞，坐则扬光。"佛教的灵魂不灭、三世轮回、因果报应等思想，对中国社会上至帝王、下至百姓产生广泛的影响。佛教则要求信徒彻底转变自己的世俗欲望，通过苦修以求解脱。要实现"自我解脱""自我净化"，就必须远离尘世。传说佛祖释迦牟尼就是在山野里的一棵菩提树下静坐冥思了七天七夜之后，才达到涅槃的最高境界而成佛。因此，佛教一进入中国，也便自然地与道教的栖居山林相契合，选择僻静清幽之地建立庙宇，习静修行，以求佛果。《清凉山志》载：东汉永平年间(公元58~75年)，印度高僧摄摩腾、竺法兰东渡来华，于五台山建造大孚灵鹫寺。"天下名山僧占多"，出于教义和修身养性，佛徒们把名山胜境作为超脱尘俗的"佛国仙山"进行宗教活动。

魏晋南北朝时期,在神仙文化的作用下,士大夫、文人阶层纷纷把游山览水作为生活新风尚,自然山水逐渐成为独立的审美对象。士人、诗人、画家、官宦等常常聚集于名山大川之中,观赏山水、清淡玄理、吟诗作画。道士、僧侣们创建庙宇、悟道参禅,那些山川也因此成名,受到社会各界的追捧。可以这么说,我国名山大川的开发建设,一开始便因为士人、诗人、画家、官宦和道士、僧侣的积极介入而赋予深厚的人文内涵。这一时期,山水审美从"比德"阶段进入了"畅神"境界,自然山水已独立地进入人们的审美视野,自然景观已成为人们情感观照的重要对象。优美的自然风景激发了士人、诗人、画家、官宦、道士、僧侣们的灵感,他们悟之于胸腹,发之于笔端,开辟了中国山水文化的新纪元——在中国文学史上产生了山水诗文,在中国书画史上诞生了山水书画,在中国音乐史上出现山水音乐,等等。在那些畅游山水、抒发情怀的士人、诗人、画家、官宦、道士、僧侣们的推动下,魏晋南北朝时期诞生了崭新的山水美学、山水文学、山水绘画、山水园林以及渗透在名山大川之中以寺庙宫观为代表的山水人文景观。

唐宋时期,中国进入封建社会的黄金时代,经济发达,文化繁荣,宗教隆盛,大批文人墨客、书画家、旅行家,在踏遍天下名山大川的同时,将山水之情抒之于文,发之于画,山水诗文与山水书画把中国山水文化推上了历史高峰,并在当时社会中产生了巨大的影响。唐宋时期不仅是文人墨客好游览名山大川,寻常百姓也盛行踏青游览、朝山进香。在这股前所未有的文化风潮推动下,自然山水之间如雨后春笋般涌现寺庙、宫观等宗教建筑和摩崖石刻、书院、亭台楼阁等文化休闲场所。那些为修道、拜佛所建的道观、寺院在成为山水组成部分的同时,也作为世人游览观赏的对象。如凝圆寺,"地形高显,下临城阙,房庑精丽,竹柏成林,实是净行息心之所也。王公卿士来,游观为五言者,不可胜数。"历代不少诗人甚至皇帝曾为道观、寺院写诗赋文、作铭题赞。如:谢灵运的《石壁立招提精舍》《石壁精舍还湖中作》,陈后主的《同江仆射同游摄山栖霞寺》。在他们的推动下,自然山水转变为人文山水。同时,神州处处纷纷评出地方"八景""十景"作为地方名片,它们与传统的五岳、五镇、四海、四渎,道教的"三十六洞天""七十二福地",佛教的"四大名山"等构成了中国特有的的人文名山名水系统。特别值得一提的是,这一时期诞生了风景名城,如杭州、苏州、桂林等。"上有天堂,下有苏杭""桂林山水甲天下"等标志性的词句在社会广为流传。

明清时代,在沿袭文人墨客好游览名山大川,寻常百姓也盛行踏青游览、朝山进香的风尚的同时,人们更重视风景区的建设,人文景观建设成为重点。我们在许多风景名胜区看到的历史人文景观大多是明清时代的作品。在这一时期,在山水文化建设上有突出贡献的是风景区建设的理论总结。如明代在武当山建设的同时，建设者将所经历的规划设计、施工建设的实践过程进行理论总结，编写成园林建设理论专著《园冶》。

清末以后，随着现代自然科学的传入，山水文化增添了新的内容——用地质、地貌、植被、野生生物、水文气候、生态等现代自然科学来研究山水。从此，自然山水不仅是人们的审美对象，更是科学的研究对象，从而使我国古老的山水文化进入与科学相结合的新时代。

三、坐地日行八万里，巡天遥望一千河：中国山水文化的空间

中国山水文化的空间浩瀚无垠。山水文化始于足下，登峰造极于"玄览"——不出户、知天下的"逍遥游"。所谓上山为仙、下山为人。此时的山水，已经由具象转化为意象。山水文化的空间获得无限的延伸。

山水文化发端于"游山水""观山水"。人们在游山玩水中观察（观赏）山水。这一阶段处于山水文化的基础领悟，为下一步"描绘山水"做准备。

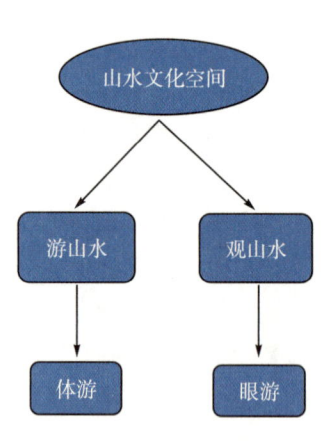

在"游山水""观山水"之后，人们逐渐在心中有了山水的印记。于是，在游山玩水的过程中，诞生了以山水为表现对象的山水哲学、山水诗文、山水绘画、山水园林、山水传说、山水神话、山水民俗、山水音乐等。它们都是"心之旅"与"逍遥游"的具体表现。

```
                    ┌──────────┐
                    │山水文化空间│
                    └──────────┘
                 ↙       ↓       ↘
            ┌──────┐ ┌──────┐ ┌────────┐
            │观山水│ │游山水│ │描绘山水│
            └──────┘ └──────┘ └────────┘
               ↓        ↓         ↓
            ┌────┐   ┌────┐    ┌────┐
            │体游│   │眼游│    │心游│
            └────┘   └────┘    └────┘
```

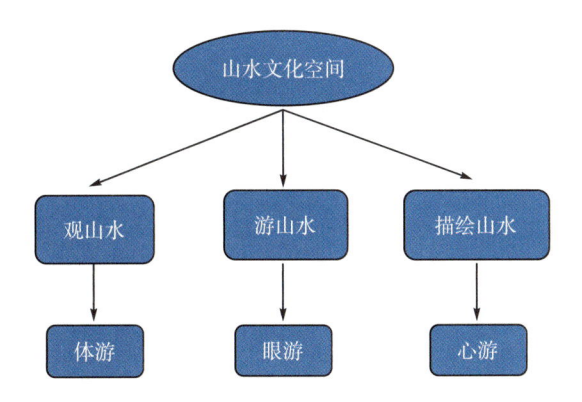

面对山水，古代圣贤发出："智者乐水，仁者乐山"，反映了先哲对"山水"的认知与对"山水"所蕴含的文化内涵的总结。

山水是恒定的，唯有人类的思维会随着社会的发展与见识的增进而改变。当那些恒定的山水进入人类思考的范畴，它们被赋予灵性而成为"文化"，并逐渐积淀。从"智者乐水，仁者乐山"到"逝者如斯夫""性，犹湍水也，决诸东方则东流，决诸西方则西流。人性之无分于善不善也，犹水之无分于东西也""不积跬步，无以至千里；不积小流，无以成江海""求木之长者，必固其根本；欲流之远者，必浚其泉源；思国之安者，必积其德义"，等等，山水为我们提供了丰富的思想文化源泉，使"智者"有了激发思想火花的灵感。

这里要特别指出的是，影响中国传统文化几千年的易学，其最核心的阴阳学说实际上是从山（阳）与水（阴）的相互关系而演化来的。易之哲学乃阴阳之学。它将自然界与人类社会的运动变化归结为阴、阳两种势力的消长，这是人类社会最为原始的"对立统一"的理论思想，揭示出了宇宙自然乃至人类社会的一切运动变化规律。把阴阳当作一切具体事物共同的、最基本的两种对立的性质提出来，并用"—"和"- -"两个极为抽象的符号表示，开中华哲学之先河，从此，影响中华哲学数千年的发展。19世纪著名的德国哲学家黑格尔说道："中国也曾注意到抽象的思想和纯粹的范畴。古代的《易经》（论原则的书）是这类思想的基础。《易经》包含着中国人的智慧（是有绝对权威的）。"

儒家钟情于水。他们认为，水代表"德"，是天地万物最普世的品格，人需要崇尚水之德。《论语》《孟子》等儒学经典多有阐述水与行仁、为政与心性的关系。如孔子在《论语》里论述水与行仁的关系："知者动，仁者静。知者乐，仁者寿。"如孟子论述水与为政的关系："为政不难，不得罪于巨室。巨室之所慕，一国慕之；一国之所慕，天下慕之。故沛然德教，溢乎四海。"孟子借水喻人性："人性之善也，犹水之就下也。人无有不善，水无有不下。今夫水搏而跃之，可使过颡；激而行之，可使在山。是岂水之性哉？其势则然也。人之可使为善，其性亦犹是也。"

道家将水比作"道"，崇尚水"无为而无不为"、以柔克刚、柔中见刚、柔隐于刚的德行。水被老子喻为上善："上善若水"。世上万物生长都离不开水，然而它却极其低调，在方为方，在圆为圆，顺然而成，依势而流。水特性构成了老子道家思想的核心。《老子》《太一生水》《管子》等道学经典著作阐述水与天地、自然、人类、事物间的密切关系。在《老子》中，水是"道体"，道是"水用"。在《太一生水》里，天地生成过程中，水是关键："太一生水，水反辅太一，是以成天。天反辅太一，是以成地。"而《管子》更是第一次明确提出水是"万物之本原"。

文人墨客对水更是独有钟情。从孔夫子站在河边感慨"逝者如斯夫"，他们不断发出千古回音："抽刀断水水更流，举杯消愁愁更愁""浪淘尽，千古风流人物"，等等。这些流传千秋的诗句及其隐含的人生哲理，都与作者对生活乃至人生的理解相关。孔夫子通过"逝者如斯夫"表达对生命短暂易逝、年华匆流不再的感慨。诗仙李白享尽都城长安繁华，之后失落，由此而不满现实，以"抽刀断水水更流，举杯消愁愁更愁"来抒发内心的愁情。南唐后主李煜文才八斗，政才平庸，吟诗作对兴头之时失国成为阶下囚。面对人生，以诗抒怀："问君能有几多愁，恰似一江春水向东流。"而诗仙李白"一生好入名山游"，许多名山胜水都有他留下的诗篇，为山水诗创作开拓了广阔天地。李白的山水诗可以说是中国古代山水诗之冠。李白山水诗的语言特点是自然明朗。更为重要的是，李白面对不同的山水，在不同的情境下用不同风格的语言写不同形态的山水。如"日照香炉生紫烟，遥看瀑布挂前川。飞流直下三千尺，疑是银河落九天。"唐宋八大家之一的柳宗元，一生衷情山水，写下大量的山水诗文。柳宗元的山水诗文"一切景语皆情语"。面对山水，柳宗元绝非单纯游赏，而是将自己的阅历与自然山水融为一体，万千"情语"在他的笔端化作至味"景语"，融会了浓郁的儒、佛、道思想，夹杂着人生百味。柳宗元的山水文创作，影响了宋代及之后的诸家，他们各辟蹊径，使中国山水文的发展异彩纷呈。自柳宗元开创山水游记抒写人生感怀的文风之后，这类游记逐渐为人们所普遍重视。这类游记重考察、写实。作者不畏艰辛，跋山涉水，探索山水的"真"。在郦道元《水经注》、陆游《入蜀记》等基础上，大旅行家徐霞客的《徐霞客游记》使之达到前所未有的巅峰，实现地理考察与文学描绘完美融合。读《徐霞客游记》既能品味美妙传神的景物描写，又能通过作者的笔触与之一道体味攀登跋涉之后到达佳境的心境，更能被徐霞客"志在问奇于名山大川"的精神所激励。

与文人以文字描绘山水不同，画家的加入，给描绘山水增添无限亮色。我国的山水画家既重视"外师造化",又强调"中得心源",主张采山川之灵性,从大自然的莫测变幻中探寻画理和画法,留下了丰富多彩的、富有民族特色的山水艺术遗产。战国时期,丝织品和壁画上已呈现山水画雏形。此时的山水在画面上作为人物背景而存在,"人大于山""水不容泛"是其主要特征。北魏壁画和东晋顾恺之的传世摹本《女史箴图》《洛神赋图》就是很好的例证。唐代画家、绘画理论家张彦远总结:"其画山水,则群峰之势,若细饰犀栉,列植之状,则若伸臂布指。"魏晋南北朝至隋唐逐渐摆脱山水作为人物画的背景而发展成为独立的画科。其中起重要作用的画家是东晋时期的顾恺之和隋时代的展子虔。顾恺之博学多才,工诗赋、书法,尤善绘画。精于人像、佛像、禽兽、山水等,时人称之为三绝:画绝、文绝和痴绝。顾恺之与曹不兴、陆探微、张僧繇合称"六朝四大家"。顾恺之作画,意在传神。顾恺之在绘画理论上成就突出,他在《魏晋胜流画赞》《论画》《画云台山记》等画论,提出了传神论、以形守神、迁想妙得等观点,主张绘画要表现人物的精神状态和性格特征,重视对所绘对象的体验、观察,通过形象思维,即迁想妙得,来把握对象的内在本质,在形似的基础上进而表现人物的情态神思,即以形写神。顾恺之的绘画及其理论上的成就,在中国美术史上占有极其重要的地位。其中,《画云台山记》堪称山水画的基础理论,其"山有面则背向有影。可令庆云西而吐于东方。清天中,凡天及水色尽用空青,竟素上下以映日。西去山别详其远近,发迹东基,转上未半,作紫石如坚云者五六枚,夹冈乘其间而上,使势蜿蟺如龙,因抱峰直顿而上。下作积冈,使望之蓬蓬然凝而上。次复一峰,是石。东邻向者,峙峭峰。西连西向之丹崖,下据绝涧。画丹崖临涧上,当使赫巘隆崇,画险绝之势。天师坐其上,合所坐石及廕。宜涧中桃傍生石间。画天师瘦形而神气远,据涧指桃,回面谓弟子。弟子中有二人临下到身大怖,流汗失色。作王良穆然坐答问,而超升神爽精诣,俯盼桃树。又别作王、赵趋,一人隐西壁倾岩,余见衣裾;一人全见室中,使轻妙泠然。凡画人,坐时可七分,衣服彩色殊鲜微,此正盖山高而人远耳。"的论述,一直影响着我国山水画的发展。展子虔与东晋、南朝的名家顾恺之、陆探微、郑法士并列为"四大家",在中国绘画史上承前启后,堪称一代宗师。隋唐时,山水画已逐渐发展成为绘画中独立、成熟的一支。但用以引证的画作目前只有展子虔的《游春图》,它是存世的山水卷轴画中迄今发现年代最早、保存最完整的画作,对后世山水画的发展影响深远。《游春图》的出现,使山水画由"人大于山,水不容泛"进入"青绿重彩、工整细巧"的崭新阶段。这种绘画技法称为"青绿法",又由于画面效果金碧辉煌,又称"金碧山水"。《游春图》变六朝墨勾色晕法为勾线填色、重彩青绿法,开创了中国山水画的全新画法。唐代山水画形成两大流派,一派是青绿山水,亦称"北宗山水",该派以李思训、李昭道父子为代表,他们在继承隋代展子虔绘画技法的基础上发展成为工细巧整、金碧辉映的风格。"李思训……用金碧辉映为一家之法，后人画着色山水往往以他为宗，被一致推崇为'国朝山水第一'。""山水树石，笔格遒劲，湍濑潺湲，云霞缥缈，时睹神仙之事，窅然岩岭之幽。""着色山水，用金碧辉映，自成一家法。"李思训的山水画获得极高的评价。《宣和画谱》卷十记载李思训的画17件，但遗存难寻。《江帆楼阁图》是目前李思训唯一现存的传世作品，该画章法严谨，设色浓丽，场面恢宏。全图用笔勾斫变化，重视轻重缓急，代表唐代早期山水风格。李昭道在继承其父风貌的基础上，进一步发展了青绿山水精妙细腻的绘画特色，特别是在对水的描绘方面有新的创造。他首创"海景"绘画，其代表作为《明皇幸蜀图》和《春山行旅图》。《宣和画谱》将李昭道评为"山水画第一人"。另一派是水墨山水，亦称"南宗山水"，该派以吴道子、王维为代表。吴道子被后世尊称为"画圣"，被民间画工尊为祖师，其笔法奔放，超妙出群，具有独特风格。"自顾陆以降，画迹鲜存，难悉详之。唯观吴道玄之迹，可谓六法俱全，万象必尽，神人假手，穷极造化也。所以气韵雄壮，几不容于缣素；笔迹磊落，遂恣意于墙壁；其细画又甚稠密，此神异也。""吴道子笔法超妙，为百代画圣。早年行笔差细，中年行笔磊落挥霍，如莼菜条。""得自然之数不差毫末，出新意于法度之中，寄妙理于豪放之外，所谓游刃余地，运斤成风，盖古今而来，一人而已。""吴道子应诏图嘉陵山水，他人累月不能就者，乃能一日而成，此又速以取势之明验也。山形树态，受天地之生气而成，墨渖笔痕讬心腕之灵气以出，则气之在是亦即势之在是也。气以成势，势以御气，势可见而气不可见，故欲得势必先培养其气"，他创造了笔简意远的山水"疏体"。王维不仅是唐代著名诗人，还是山水画发展中占有重要地位的画家，其融诗、画为一体，开创了中国绘画"诗画同体"风格。王维的泼墨法，把线扩展到面，以墨代彩，突出了墨色的作用，放大了表现空间，大大丰富了中国画的表现力。五代是我国山水画发展的重要时期，涌现出荆浩、关仝、董源、巨然、赵干、卫贤等画家。领军人物为荆浩。"盛唐以后山水画上长时期的努力与酝酿，它的成果终于在荆浩的作品中显现了。他是集了众长，他是诱起宋代山水画特别发达者之中的一人。"荆浩对中国山水画的的发展做出过重要贡献，他第一个将勾填、勾染法变成了"皴法"，使中国山水画技法发生重大变革，他总结了唐代山水画的笔墨得失："吴道子有笔而无墨，项容有墨而无笔，吾将采二子之所长，成一家之体。"荆浩对中国山水画的最大贡献在于开创了全景式山水画绘画技法，使画境界雄阔，景物逼真，构图完整。由荆浩开创，经关仝、李成、范宽等人完善的全景山水画，推动了山水画的发展。宋代，山水画空前兴旺鼎盛，画坛山水画名家辈出。其中代表人物为董源、巨然、李成、范宽、郭熙。在风格上，山水画分为"北派"与"南派"。北派得秦陇山水之骨法而雄强挺拔,以李成、范宽、郭熙为代表。南派得江南山水之灵秀而淡墨轻岚,以董源、巨然为领袖。董源、李成、范宽被誉为"北宋三大家"。李唐、刘松年、马远、夏珪被誉为"南宋四家"。其中,"南宋四家"把北派雄强挺拔的笔法与南派清润浑厚的墨法融为一体,开创水墨苍劲的新画风。值得一提的是,山水画的许多绘画技法始创于宋代。以皴法而言,董源、巨然创披麻皴,范宽创雨点皴,米芾创米点皴,李唐创大斧劈皴;以笔墨而言,干笔、湿笔、破墨、积墨、泼墨俱备;以布局而言,全景、边角都用。山水画理论也在宋代成熟。荆浩的《笔法记》,初步建立山水画的理论体系。郭熙的《林泉高致》、刘道醇的《山水纯》,补充了荆浩理论,使之日臻完备。文人画也在此期兴起,"画是无声诗,诗是有声画",倡导山水画讲意境、重神韵,对山水画的发展具有极其深远的影响。元代是山水画的重大转变期。五代以前,山水画的表现色彩为主;宋代,色彩、水墨交相辉映;元代,则以水墨为主。元初,赵孟頫以书法入画,以单纯墨色体现画面的效果,丰富了山水画的笔意,使山水画逐渐过渡到文人画。被称为"元四家"的黄公望、王蒙、倪瓒、吴镇等倡导以意为上、形为次,轻视理法,重视意趣,强调借画抒情,笔墨情趣,道法自然,诗书画印结合,意法心源,不求形似,而求画中现我。黄公望因《富春山居图》而影响最大。其50岁后始画山水,师法赵孟頫、董源、巨然、荆浩、关仝、李成等,晚年大变其法,自成一家。其画注重师法造化,常携带纸笔描绘虞山、三泖、九峰、富春江等地的自然胜景。以书法中的草籀笔法入画,有水墨、浅绛两种面貌,笔墨简远逸迈,风格苍劲高旷,气势雄秀。其著《写山水诀》阐述画理、画法、布局及意境,有《富春山居图》《九峰雪霁图》《丹崖玉树图》《天池石壁图》《溪山雨意图》等传世,其中尤以《富春山居图》出名,代表其绘画最高成就。明代山水画流派纷繁,风格多样。因趋于模仿古人笔墨而鲜有创见。但在摹古之中却也总结了前人的经验心得,系统整理了绘画遗产。前期,浙江画派领军画坛,戴进为其代表,师承南宋马远、夏珪画风;中期,吴门画派领军画坛,以沈周、文徵明、唐寅、仇英"明四家"为代表,师承董源、巨然。晚期,画坛以临摹前人为能事而几乎全面复古,以董其昌为代表,他从理论到实践系统地提倡复古。清代山水画是由"复古"到"写生"的转变,我国山水画实现再生。清初,复古之风依旧,以"四王"王翚、王时敏、王鉴、王原祁为代表,之后,"在野派"画家走进山野写生,一扫临古之陈风,而开创写生山水之新径。以"四画僧"弘仁、髡残、朱耷、石涛为代表。"四画僧"深入新安江、黄山写生创作。"四画僧"不拘一格的画风将清代山水推向新的高峰。其中石涛成就最为显著。他半世云游,饱览名山大川,既采前人之长,又写生活之真,画了许多与众不同的山水画。他在所著的《石涛画语录》中,提出"太古无法""笔墨当随时代""借古开今""一画论""搜尽奇峰打草稿"等一系列创见，开山水画坛新风。现代山水画，百花齐放，名家荟萃，胡佩衡、贺天健、高奇峰、赵望云、黄宾虹、齐白石、傅抱石、张大千、刘海粟、李可染、关山月、石鲁、钱松喦、陆俨少、陈子庄、黄秋园、黄叶村等，均为我国山水画发展做出了重大贡献。

山水园林是中国山水文化的空间的独特形态，它将无限微缩于方寸之间，而方寸之间又给人无尽想象空间，大到无极，小至无微。我国的园林主要由假山、水体、花木、亭台楼阁、水榭回廊共同组成，是一件综合文化艺术品。我国园林十分讲究诗情画意的活化、审美意境的物化、视觉空间的意化与思维方式的无限延伸相结合，从以建筑为主体转向以艺术为主体。园林造景，常以临摹山水实景为基础，"得景随形""借景有因""有自然之理，得自然之趣""虽由人作，宛自天开"。历史上不少文学艺术大师同时也是山水园林的创作者，如陶渊明、王羲之、谢灵运、孔稚圭、王维、柳宗元、白居易、欧阳修、倪云林、计成、石涛、张涟、李渔等。山水园林以咫尺山水彰显自然风光，营造出小山水、大自然的意境，丰富了中国山水文化的内容，同时建立了一个"坐地日行八万里、巡天遥看一千河"的"逍遥游"基座。

四、从畅游山水到乐山乐水：旅游借山水而升华

早在先秦时期，人们就崇尚"山水之乐"。逍遥游的祖师爷庄子对世人说："山林欤！皋壤欤！使我欣欣然而乐焉。"(《庄子·知北游》)。随着道家思想影响增强，山水之乐与修身悟道结合一体，于是，"踟蹰畦苑，游戏平林，濯清水，追凉风，钓游鲤，弋高鸿。讽于舞雩之下，咏归高堂之上。安神闺房，思老氏之玄虚；呼吸精和，求至人之仿佛。"(《乐志论》)

魏晋南朝时期的玄学之风盛行，士大夫阶层多将游赏自然风光与回归人之本性连为一体，"少无适俗韵，性本爱丘山"(《归园田居·其一》)。在他们看来，"道法自然"，山水为自然之道的载体。于是，山水便成为士大夫们恣意遨游的逍遥世界，游山玩水、吟诗赋词成为一种文化时尚与生活方式。"昔神人在上，辅其天理，知溟海之禽，不以笼樊服养；栎散之质，不以斧斤致用，故能树之于广汉，栖之于江湖，载之以大猷，覆之以玄风，使夫淳朴之心，静一之性，咸得就山泽，乐闲旷，自此而箕岭之下，始有闲游之人焉……彼闲游者，奚往而不适，奚待而不足？故荫映岩流之际，偃息琴书之侧，寄心松竹，取乐鱼鸟，则淡泊之愿于是毕矣。"(《闲游赞》)。在士大夫们的推动下，"山水之乐"向更广的社会层面发展。

隋唐及宋，儒道释思想互补交融，"山水之乐"成为主流文化，读书人以是否行"山水之乐"作为风雅清高的重要标志："君子之所以爱夫山水者，其旨安在？丘园养素，所常处也；泉石啸傲，所常乐也；渔樵隐逸，所常适也；猿鹤飞鸣，所常亲也；尘嚣缰锁，此人情所常厌也；烟霞仙圣，此人情所常愿而不得见也。"（《山水训》）。山水成为"士"的精神家园，他们通过旅游而获得自在逍遥的精神愉悦。逐渐，游览山水成为"仁智之乐"："至于玩芝兰则爱德行，睹松竹则思贞操，临清流则贵廉洁，览蔓草则贱贪秽，此亦古人因物而兴，不可不知。"（《御制避暑山庄记》）

"山水之乐"对我国山水文化产生了深刻影响，孕育出山水诗文、山水书画、山水传说、山水音乐、山水园林等以及富有中国特色的山水审美——追求自然之美与人与自然和谐。

从畅游山水到乐山乐水，旅游借山水而升华，实现从足游到心游的转变。

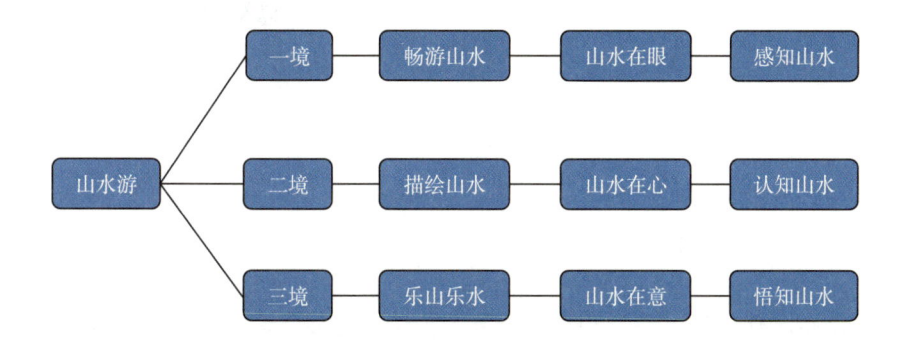

```
                ┌─ 一境 ─ 畅游山水 ─ 山水在眼 ─ 感知山水
       山水游 ──┼─ 二境 ─ 描绘山水 ─ 山水在心 ─ 认知山水
                └─ 三境 ─ 乐山乐水 ─ 山水在意 ─ 悟知山水
```

山水文化对当代旅游业的推动是巨大的。高度浓缩桂林山水文化的一句话——"桂林山水甲天下"，成为桂林山水最好的"推销员"。黄山因为现代画坛大师刘海粟的十次"山水之乐"并留下珍贵画作而成为"一品黄山"。张家界让世人认知并痴迷，皆因著名画家黄永玉的"山水之乐"。20世纪80年代，一首歌曲《太阳岛上》让松花江上的那座小岛成为经久不衰的旅游热点。也同样是20世纪80年代，一部电影《少林寺》令近似荒废的千年古刹焕发勃勃生机。

可见，山水文化对旅游的影响是巨大的！

生态文明视域下的荒野概念本土化解读

马晓芬

作者简介：马晓芬，女，山东滕州人。西南林业大学地理学硕士，师从于叶文教授，研究方向为荒野空间、旅游规划等。

引　　言

经济全球化，学术理论和环保理念的传递也更加迅速。荒野概念在全球环保的理念中不断蔓延，越来越受关注，并被各个国家逐步引入区划实践，逐渐形成了一种荒野环境。随着我国现代化进程的不断推进，基于生态文明理念和特殊国情，通过梳理荒野概念的缘起、发展和应用，将国外的荒野概念中国化，提出适合我国国情的荒野概念，显得尤为必要。

一、荒野概念的缘起和发展

随着工业文明的不断发展，工业化、城市化过程中暴露出来的问题越来越严重：自然环境被大肆破坏，人与自然彻底分离，失去了完整性的人类面临着种种精神困惑，丧失前进的方向。在这一现实背景下，强调要"寻归荒野"的19世纪浪漫主义文艺思潮应运而生。这一思潮将荒野诗化为"未受污染的、纯朴的、美好的自然状态"，并以此作为抨击"邪恶的工业世界"的武器。

"荒野"（wilderness）是美国现代史上一个重要的概念。19世纪40年代，美国自然主义思想家亨利·梭罗提出荒野是"世俗世界的保留地"。20世纪40年代，美国生态伦理学家奥尔多·利奥波德指出荒野是"人类从中锤炼出所谓文明的原材料"。20世纪60年代，美国著名环境史学家罗德里克·纳什又提出荒野是一种"思想状态"，即人类看待自然的态度。总体来看，荒野是一个与文明相对的概念，类似于中文意义上的"纯"自然。

二战结束后，美国迎来大众休闲活动的高峰，一些户外休闲活动增进了人们对自然多元价值的认知，越来越多的美国民众赞同和支持保护荒野。生态学的普及使民众对荒野的内涵有了更深刻的认识，但汽车的普及、经济开发和州权运动却给荒野带来前所未有的威胁。荒野协会、塞拉俱乐部等自然保护组织建立协作联盟，著文宣传、积极发动民众支持荒野保护。1964年，美国国会通过的《荒野保护法案》（The Wilderness Act）指出："与那些已经由人和人造物占主要地位的区域相比，荒野通常被认为是这样一种区域，它所拥有的土地和生物群落不会受到人类所强加给它们的影响，在那里人类是访客，不是主宰者。"这个描述被认为是西方对于荒野最权威的定义。美国以此为基础制定了荒野保护的国家政策，初步建立了由完整法律认可的"国家荒野保护体系"，这是荒野保护的重大胜利。此后美国又先后通过了几部荒野立法，其中最重要的是1980年通过的《阿拉斯加国家利益土地资源保护法》。该法案立法周期长达十年，据此建立了美国历史上最大的荒野保护区，旨在保护一个"完整的生态系统"，体现了美国人希望实现文明与荒野共存的梦想。

在世界自然保护联盟(IUCN)5级6类全球保护地分类体系中，荒野保护地(Ib)是介于严格的自然保护区(Ia)与国家公园(II)之间的保护地类型，其重要意义仅次于主要用于科研的严格的自然保护区，并给出了一个被普遍接受的荒野定义："荒野是大部分保留原貌，或轻微被改变的土地或海洋区域，保存着自然特征和感化力，没有永久的或明显的人类聚居点。该区域被保护和管理，以保存其自然状态。"美国历史上围绕荒野保护的辩论、斗争和博弈不断推动美国人荒野思想的演变。美国人之所以要保护荒野，从小视野来看是要保护荒野的多重价值，从大视野来看是要平衡文明与荒野的关系，破解文明过度扩张、压缩荒野空间的问题。随着荒野不断被重视和关注，人们对荒野的理解越来越广泛，而非最基本的荒芜之地，如图1所示。

美国《荒野保护法案》：
相对于人类和人造物占据着的景观，荒野是土地及其生物群落不受人类控制的区域，在那里人类是不做停留的访客。

世界荒野基金会：
地球上仅存的最完整、最不受干扰的野性自然区域——这些最后的、真正的野性区域，人类不对其进行控制并且没有开发道路、管线或其他工业基础设施。

《荒野保护地：IUCN-Ib 类自然保护地管理指南》：
从文化角度对"荒野"做了进一步说明：荒野是人类文化的一个重要维度。

1964年　1994年　未知　2009年　2016年　至今

IUCN：
大面积的、保留原貌或被轻微改变的区域，保存着自然特征和感化力，没有永久的或明显的人类聚居点。

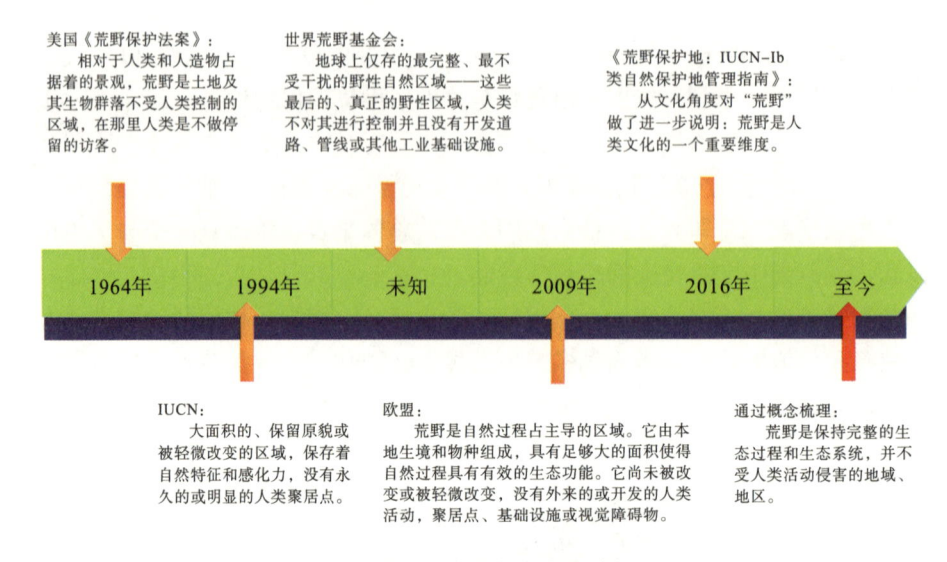

欧盟：
荒野是自然过程占主导的区域。它由本地生境和物种组成，具有足够大的面积使得自然过程具有有效的生态功能。它尚未被改变或被轻微改变，没有外来的或开发的人类活动、聚居点、基础设施或视觉障碍物。

通过概念梳理：
荒野是保持完整的生态过程和生态系统，并不受人类活动侵害的地域、地区。

图1　荒野概念发展过程

二、国内外荒野研究现状

（一）国外研究现状

作为学术概念的"荒野"源于西方学者对工业文明的反思，经过长期的积累，西方学者对"荒野"的研究已经形成了成熟的理论体系和学科结构。哲学、环境伦理学、生态学、深层生态学、地理学等都对荒野进行了不同视角的探索。

美国环境伦理学家戴维·贾丁斯曾指出："一方面，荒野是个令人恐惧而应尽量避免去的所在，是上帝放弃而魔鬼占据之所。另一方面，荒野代表着脱离了压迫，若不算福地的话，也至少是可建立福地的临时天堂。"戴维·贾丁斯（2002）的这种说法同时也在一定程度上说明了17世纪英国清教徒到达由哥伦布发现的北美新大陆时所持有的一种信念。在殖民地和后殖民地时期，荒野大多被作为作家们笔下所赞美和敬畏的对象，例如，在乔纳森·爱德华兹和爱默生的很多作品中都体现出荒野的美。爱德华兹认为，物质世界的美远远抵不上精神世界的美，在他看来，精神世界的美最主要就是来源于自然，这种美胜过一切人造物。

作为在美国资源与荒野保护运动中倡导自然主义保护的代表人物，梭罗指出"我们所谓的荒野，其实是一个比我们的文明更高级的文明"，"在社会中你找不到健康，只有在自然中才能找到健康。"（Buell，1995）至此可以看出梭罗认为自然是独立的，生活在其中的人类仅仅是作为它的一个有机组成部分而存在。与梭罗一样，环境伦理学家约翰·缪尔(1999)也极力赞美自然，但是除了对自然单纯的热爱，缪尔对自然更有着一种像对神一样的敬畏，在他的思想深处，自然是美丽、神圣而不可侵犯的。他曾为了研究荒野而在其中生活五年，并通过在这段时间对于荒野的美及其神性以及它所具有的独一无二净化人类心灵的价值的考察，提出建立国家公园和森林保护区以保护荒野的设想。缪尔在《我们的国家公园》中写道："我用尽浑身解数来展现我们的自然山林保护区和公园的美丽、壮观与万能的用途，我持有这样一种观点：'号召人们来欣赏它们、享受它们，并将它们深藏心中，这样对于它们的长期保护和合理利用就可以得到保证。'"可以看出，为了倡导人们保护荒野，他甚至采用了一些人类中心主义的论据来试图说明荒野对于文明和精神的价值。

除了针对荒野概念本身，西方学者还从深层生态学的角度研究荒野，肯定荒野的内在价值。对于荒野的内在价值，很多倡导自然保护主义的学者都进行过论证，例如，罗尔斯顿就论证了多种荒野的价值，如"历史价值、支撑生命的价值、稳定性和自发性的价值、使基因多样化的价值、多样性和统一性价值等等"（霍姆斯·罗尔斯顿，2005)。对于罗尔斯顿的这一价值理论，深层生态学家们持肯定的态度，虽然他们考察荒野的视角也是整体主义的，但是在这种考察过程中却更加关注通过荒野确立人类对自然的认同意识。这些深层生态学家普遍认为：现代人若想真正走向成熟的文明，就一定要到荒野中去"认识和体验荒野"，因而，深层生态学者对于荒野保护都十分地重视，绝大多数的深层生态学者都对荒野保护的问题做出过相关的论述。针对荒野对于人类的重要性，著名的西方深层生态学家德维尔和塞欣斯就曾指出："体验荒野是培养谦恭美德的过程。从这种体验中可以发展一种观念，即荒野作为自然整体的一部分，其中的山川、河流、鱼熊等存在有权按照自身的方式生活。这种体验过程能够促使人从大地的征服者角色向作为大地共同体中的普通一员的方向转变。"

随着深层生态学的发展，按照深层生态学的理论来指导的荒野保护在美国等西方国家取得了较好的效果，但是《荒野法案》所规定的荒野概念和由这个概念引导的荒野保护范式被推广到世界上的其他国家，尤其是相对落后的第三世界国家时，这一概念又引发了更大的争议，这种做法甚至被冠以"生态帝国主义"之名。印度社会学家瑞玛禅卓·古哈在《激进的美国环境主义和荒野保护：一个第三世界的评论》一文中，揭示了第三世界与西方发达国家在荒野保护前提上的根本差异。他认为，与西方国家不同，第三世界国家最重要的问题是如何提高生活质量，而不是为了休闲娱乐和旅游的目的来保护荒野，对于荒野的关注不应该超过对第三世界贫困国家的人们基本生存的问题。

西方荒野概念由来已久，可以说，在西方对于荒野的研究已经成为一种文化传统，经历了三个多世纪的发展，西方荒野概念经过专家学者们的激烈探讨和社会各界的共同努力，已经形成体系并逐渐走向成熟。然而，在荒野概念的发展过程中可以看到，在其发展的重要阶段，很多专家学者都将研究的重点放在荒野概念中对"人"的考察，这种以点盖面的考察方式在一定程度上忽略了对荒野其他方面的研究。诚然，从因其具有其他物种所不具备的极强的改造自然的能力的角度看，人的确是荒野中的一种特殊存在，对于人的考察是研究荒野的一个十分重要的方面。但是，这种不均衡的研究视角导致了20世纪西方环境伦理学界对于荒野概念研究的主要内容的偏颇，并且在一定程度上强化了将自然与人二分的现象，忽视了对荒野中其他存在以及人类与这些非人类存在关系的考察，这就使得这一阶段的荒野概念处在一个在一定程度上扭曲的视角下发展，虽然单纯地促进了对荒野中"人"的研究，但是从整体上来说，还是导致了荒野概念发展的相对滞缓。

在西方现有关于荒野的研究中，除了针对既存的荒野概念的辩论，还有一些其他对于荒野概念的看法，如美国中央华盛顿大学环境史专业教授托马斯·韦洛克(2009)就指出了现有的比较流行的五种荒野观：缪尔等人认为的神圣避居地、物种保护地，印第安人所认为的真正的文明，清教徒所认为的原生美景和荒凉状态，现在美国大部分人所认为的不包含印第安人的纯净的荒野地带。世界自然保护联盟认为，荒野是受法律保护、有足够面积保护原始自然成分的永久性自然地区。这些地区可以提供物质的和精神的享用。在这样的地区，没有或不准有长期人为活动的迹象以便让自然过程不断演变。

(二)国内研究现状

在我国国内，一些学者也从生态学的角度论述了荒野的内在价值，他们认为自然和非人类物种为人类提供了一切生活和生产资料，并且作为欣赏对象满足人们美感的需求，从这些角度看它们所表现出的是为人类服务、被人类使用的工具价值。但是无论是横向上的生命的网络格局，如从物种层次到生态系统层次到生物圈层次，还是纵向上的生命的进化线系，都体现了自然界及其生物的内在价值。在面对荒野保护的东西方差异时，我国学者雷毅和李小重(2005)认为荒野保护应该注意东西方差异和公正性，荒野保护问题上的争论实际上折射出环境伦理领域各国理论家们思维方式和话语垄断，深层生态学目前仍在推行"全球思维，全球行动"的自然保护范式，这在一定程度上强化了"美式""西式"的荒野保护范式。

随着我国环境伦理学的发展，荒野必然被纳入环境伦理学家们研究的范围，对于荒野概念的考察也必将经历一定的过程，但是鉴于荒野概念在西方的发展经验，我国学者可以在研究中注意从更宏观的角度出发考察荒野，而非拘泥于其中某一个方面，这就使得随之而来的对于荒野的保护实践能够尽量避免由于理论偏颇而导致的不良后果。同时，鉴于之前由于将荒野概念完全照搬引入印度和非洲国家等第三世界国家后产生的一系列问题，在将西方荒野概念与中国荒野保护实际工作相结合的时候，也更应该注意中国与西方国家国情的不同，针对我国国情做出合理的修正，这也将成为我国环境伦理学家们探讨的一个重要内容。

雷毅教授认为荒野是指受人类干扰最小或未经开发的地域和生态系统。叶平教授(2004)认为荒野是一种与文化相对立的存在物，荒野保护的前提是人类是否能够承认和尊重它们所具有的内在价值。清华大学卢风(2010)认为，荒野是充满野物的地方，在其中生存的一切只遵循严格意义上的自然法则，如弱肉强食的"丛林原则"。清华大学的曹越等(2017)对我国荒野分布进行了图像呈现，并做了基础研究和解读。王惠(2008)在文化研究中提出了荒野的三个维度：时间、空间、心理。

(三)荒野研究述评

不同的学者和机构对荒野的理解都不同，仍然没有形成统一的定义，如表1所示。

作为自然界中一种重要存在，荒野与人类休戚相关。在西方，环境伦理学家对于荒野的研究和保护早在19世纪就已经开始。在众多学者的共同努力下，时至今日，西方对荒野的研究已经发展到一个较为成熟的阶段。对于我国来说，对荒野理论的研究才开始起步，学者们更多的是关注荒野保护的实践，借鉴或者照搬西方的做法，在理论层面的研究比较欠缺。国内将荒野保护与自然保护混为一谈，并且在保护实践中"无理论而先实践"，这种本末倒置的做法，是一种不科学的非正常现象。

我国现有的荒野研究主要基于哲学、文学、环境伦理学等方向，还有部分学者从户外游憩角度对荒野进行了研究，但是仅限于简单描述，没有具体的概念定义和区域界定。王晖和田国行(2014)在《游憩机会谱在森林公园游憩中的应用与研究》中以洛阳市白云山森林公园为研究对象，从影响游憩体验的角度遴选出自然程度、可进入性、设施供给等7个环境因子作为分类指标，将研究区域划分为原始区域、半原始无机动车区域、半原始有机动车区域、乡村区域和城镇区域，探讨了游憩机会谱在森林公园游憩规划中的应用,是一种荒野界定方法,却并没有结合荒野定义,而是从旅游开发的视角来看待荒野概念。

表1 荒野概念汇总表

学者	概念或理论
美国生态伦理学家奥尔多·利奥波德	人类从中锤炼出所谓文明的原材料
美国著名环境史学家罗德里克·纳什	荒野是一种"思想状态",即人类看待自然的态度
《荒野保护法案》	与那些已经由人和人造物占主要地位的区域相比,荒野通常被认为是这样一种区域,它所拥有的土地和生物群落没有受到人们所强加给它们的影响,在那里人们是访客而不是主宰者
IUCN	荒野是大部分保留原貌,或轻微被改变的土地或海洋区域,保存着自然特征和感化力,没有永久的或明显的人类聚居点。该区域被保护和管理,以保存其自然状态
美国环境伦理学家戴维·贾丁斯	一方面,荒野是个令人恐惧而应尽量避免去的所在,是上帝放弃而魔鬼占据之所。另一方面,荒野代表着脱离了压迫,并且若不算福地的话,也至少是可建立福地的临时天堂
亨利·戴维·梭罗	我们所谓的荒野,其实是一个比我们的文明更高级的文明。在社会中你找不到健康,只有在自然中才能找到健康
罗尔斯顿	论证了多种荒野的价值,如"历史价值、支撑生命的价值、稳定性和自发性的价值、使基因多样化的价值、多样性和统一性价值等等"
雷毅	荒野是指受人类干扰最小或未经开发的地域和生态系统
叶平	荒野是一种与文化相对立的存在物,荒野保护前提是人类是否能够承认和尊重它们所具有的内在价值
卢风	荒野是充满野物的地方,在其中生存的一切只遵循严格意义上的自然法则,如肉弱强食的"丛林原则"
王惠	荒野的三个维度:时间、空间、心理

三、生态文明概念的提出

(一)生态文明的产生

工业文明以人类征服自然为主要特征,世界工业化的发展使征服自然的文化达到极致,一系列全球性的生态危机说明地球再也没有能力支持工业文明的继续发展,需要开创一个新的文明形态来延续人类的生存,因此"生态文明"的概念应运而生。某种意义上说,农业文明是"原始文明",工业文明是"破坏文明",生态文明则是"绿色文明",促使经济、政治、文化、体制朝更加绿色健康的方向发展，从而促使精神家园得以保留。

生态文明概念是我国及全球经济和生态环境发展的必然产物，生态文明建设是关系中华民族永续发展的根本大计。2007年党的十七大报告提出：建设生态文明，基本形成节约能源资源的保护生态环境的产业结构、增长方式、消费模式。2015年9月21日，中共中央、国务院印发《生态文明体制改革总体方案》，阐明了我国生态文明体制改革的指导思想、理念、原则、目标、实施保障等重要内容，提出要加快建立系统完整的生态文明制度体系，为我国生态文明领域改革作出了顶层设计。

（二）生态文明的内涵

随着经济的发展和社会的进步，人类的需求也在不断变化，尤其是当发展以破坏环境为代价时，自然性和原生性就成为一种精神需求而被推崇。自然资源的有限性决定了人类物质财富的有限性，人类必须从追求物质财富的单一性中解脱出来，追求精神生活的丰富，才可能实现人的全面发展。生态文明基于人类对物质文明的反思，是人类遵循人、自然、社会和谐发展这一客观规律而取得的物质与精神成果的总和，是以人与自然、人与人、人与社会和谐共生、良性循环、全面发展、持续繁荣为基本宗旨的文化伦理形态。从外延上看，生态文明包括生态意识文明、生态制度文明、生态行为文明。

四、荒野概念的中国化内涵

对于美国人的欧洲祖先来讲，他们无视美洲大陆土著的文化传统，把当地的土著人视为野蛮人，认为其祖先是在荒无人烟之地立国，使自然之地变成文明之地。因此，"荒野"在美国的定义之中有故土的内涵，是没有文化传统的空间，一种返璞归真的体现。在我国传统文化中，山水（自然）是生存之本，依山傍水是最佳的生存，也是风水观里的福地，这就造就了山水（自然）与人密不可分的中国传统文化。

随着社会和经济的发展，人与自然的关系发生着变化，从一开始由于生产力低下敬畏自然到后来利用科学技术征服自然，再到现在的与自然互利共生。在人与自然的关系上，中西方的发展历程是相似的，不同的是每个时期存在的时间长短，以及对环境保护的认知，在这个过程中，西方国家较早进入工业文明阶段，他们对于荒野的关注也较早。由于特殊的文化传统和基本国情,关注人与自然共存性的生态文明概念在中国得到了高度认可和大力推广。在生态文明的视角下,源于西方学术界的荒野概念有其特定的含义,包括人在荒野环境中存在的合理性和文化性;自然的原始性和发展性;人和自然和谐共处的原则性,核心是中国传统文化中的"天人合一"。

参 考 文 献

曹越,龙瀛,2016. 胡线与中国的荒野格局[J]. 中国国家地理,10:162-164.

曹越,龙瀛,杨锐,2017. 中国大陆国土尺度荒野地识别与空间分布研究[J].中国园林,33(6):26-33.

戴维·贾丁斯,2002. 环境伦理学[M]. 林官名,杨爱民,译. 北京:北京大学出版社:178-179.

霍姆斯·罗尔斯顿,2005. 哲学走向荒野[M]. 刘耳,叶平,译. 长春:吉林人民出版社,203.

雷毅,李小重,2005. 荒野保护与第三世界:深层生态学的困境[J]. 南京林业大学学报,(2):15-19.

卢风,2010. 荒野、城市与文明[J]. 环境教育,(2):32.

纳什,1999. 大自然的权利:环境伦理学史[M]. 杨通进,译. 青岛:青岛出版社,43,118.

王晖,田国行,2014. 游憩机会谱在森林公园游憩中的应用与研究[J]. 北方园艺,(2):85-88.

王辉,刘小宇,王亮,等,2016. 荒野思想与美国国家公园的荒野管理——以约瑟米蒂荒野为例[J]. 资源科学,38(11):2192-2200.

王惠,2008. 荒野哲学与山水诗——关于西方生态哲学与中国山水诗的跨界研究[D]. 苏州:苏州大学.

叶平,2004. 生态哲学视野下的荒野[J]. 哲学研究,(10):64-69.

约翰·缪尔,1999. 我们的国家公园[M]. 郭明倞,译. 长春:吉林人民出版社,2,74.

托马斯·韦洛克,史红帅,2009. 创建荒野:印第安人的移徙与美国国家公园[J]. 中国历史地理论丛,24(4):146-154.

Devill B,Sessions G,1985. Deep Ecology:Living as if Nature Mattered[M]. Salt Lake City:Peregrine Smith Books:110.

Forman D,1995. From scenery to nature[J]. Wild Earth,5(4):9-16.

Buell L,1995. The Environmental Imagination:Theoreau,Nature Writing,and the Formation of American Culture[M]. Cambridge:Harvard University Press:213.

Cuha K,1989. Radical American environmentalism and wilderness preservation:a third world critique[J].Environmental Ethics,(2):71-83.

The WILD Foundation. What Is a Wilderness Area[R/OL]. http://www.org/main/low-wild-works/policy-research/what-is-wilderness-area[2011-04-13].

气候变化的旅游影响：福利还是弊损

李 山　史正燕　张粮锋　蔚丹丹　张伟佳　罗 轶

第一作者简介：李山，男，1974 年生，四川西昌人，博士，副教授，主要从事旅游地理学与旅游气候学的研究，特别是对区域旅游合作、旅游气候福利进行了系统性探索。曾任中国地理学会青年工作委员会副主任(2000.12~2008.12)，兼任中国地理学会旅游地理专业委员会委员(2004.12 至今)和人文地理专业委员会委员(2010.09~2014.09)。主持 1 项国家自然科学基金和 2 项教育部人文社科基金，参与 1 项 973 项目(任务负责人)和 4 项国家自然科学基金项目，参与或主持了 10 多个区域、城市和景区的旅游规划编制。发表学术论文 30 余篇，翻译教材 1 部，担任 1 部专著副主编，并获得省部级奖励 3 项，全国学会奖励 3 项。

一、引　　言

工业革命以来，伴随着人类活动排放温室气体的增加，全球气候变化(变暖)已经成为一个不争事实(IPCC，2014a)。气候变化对人类和生态系统产生着广泛而深远的影响，1990 年 IPCC 发布第 1 次评估报告后，学术关注热度骤增并持续至今(Pang et al.，2013)。与此同时，旅游业作为全球经济构成日益重要的力量(2015 年综合贡献占到全球 GDP 的 10%、就业的 1/11、出口贸易的 7%)(UNWTO，2016)，且对气候变化具有与生俱来的高度相关性和敏感性(例如气候条件本身即是旅游吸引物，气候环境影响旅游设施布局，气候差异引发旅游流季节性等)，这促使气候变化与旅游的相关议题在 IPCC 第 1 次评估报告中就开始受到关注，并在 2007 年第 2 届气候变化与旅游国际大会(International Conference on Climate

Change and Tourism)后快速成为研究热点(Fang et al., 2017)。

气候"既是有益于人类的一项重要自然资源,又可能导致自然灾害"(《世界气象组织第二个长期计划草案(1988~1997)》),其变化带来的影响同样也就有利有弊(秦大河等,2012;陈宜瑜等,2005),既可能是福利也可能是弊损(张伟佳,2016),这需要进行多维定量测度,才能对气候变化的影响形成全面而准确的认识。目前,定量测度主要从两个维度展开,一是测算气候变化对一、二、三产业等实物产量的行业影响(王铮和郑一萍,2011;吴绍洪等,2014;Travel Research International,2009),二是测算气候变化对 GDP 等货币价值的综合影响(IPCC,2014a;Stem,2006;Hsiang et al.,2017)。然后,无论是实物产量还是货币价值,都属于经济福利的内容(Sumner,2004),对非经济福利(例如受教育水平、健康营养、居家环境等)的定量测度尚显薄弱,难以全面反映气候变化的总体社会福利效应。实际上,气候变化的一个重要而直观的影响是导致人体冷热感的平均态变化,即气候舒适度福利的改变(张伟佳,2016),对旅游活动(旅游者和旅游业)而言,则意味着旅游气候舒适度福利的改变。因此,作为非经济福利的重要构成,气候舒适度福利和旅游气候舒适度福利的定量测度,是对气候变化福利效应的完善和丰富,具有重要的理论价值和实践意义。

二、气候舒适度评价:通用模型与专门模型

气候舒适度是为了从气象学角度,评价不同天气/气候条件下人体的舒适状态,根据人类机体与大气环境之间的热交换而制定的生物气象指标(李山等,2016),是人类活动和人居环境的重要影响因子(Büntgen et al.,2011;Shindell et al.,2012;Serrao-Neumann et al.,2014)。气候舒适度刻画的是一种热舒适性(thermal comfortableness),这种热舒适性被 ANSI/ASHRAE(2010)界定为人体对热环境(thermal environment)满意程度的意识状态。因此,在气候舒适度(热舒适性)评价时,主要考虑影响人体"冷热感"的 6 个相关要素,即温度(temperature)、热辐射(thermal radiation)、湿度(humidity)、风速(air speed)等 4 个环境因子(environmental factors),以及活动水平(activity)和着装情况(clothing)等 2 个人体因子(personal factors),而忽略空气质量、声响、照度等非热环境因子或其他理化生(物理、化学和生物)污染物的影响(ANSI/ASHRAE,2010;Mieczkowski,1985)。正是基于环境因子的差异界定,气候舒适度有了狭义和广义的理解;而针对个体因子的不同考虑,其评价模型适用领域也出现了通用和专门的分野(表1)。

表 1 气候舒适度及其评价模型的领域矩阵

气候舒适度	广义理解：即人体热舒适或人体舒适度		影响因素（人体因子）
	狭义所指	—	
评价模型领域 — 通用模型领域	气候舒适度或人体热舒适	人体热舒适	标准情景
评价模型领域 — 专门模型领域	旅游气候舒适度(例如海滩休闲) 养生气候舒适度(例如森林养生) 体育气候舒适度(例如跑马拉松) ……	睡眠热舒适，车内热舒适， 商场热舒适，餐饮热舒适， 体育热舒适(例如打篮球) ……	专门情景
影响因素（环境因子）	室外(自然)环境	室内(人工)环境	—

狭义上看，气候舒适度评价的热环境主要针对室外的(或自然的)天气/气候状况，并不包括建筑物内、汽车内等室内的(或人工的)微气候条件，故而以气候舒适度(或天气舒适度)指称；但在广义上，气候舒适度即是热舒适，涵盖了室内外的各种自然和人工环境(宏观气候背景与微观气候条件)，因此又可称为人体热舒适或人体舒适度(human thermal comfort)。就人体因子(活动与着装)的影响而言，一般将便装和静坐(或慢行与站立)作为人体热舒适评价的标准情景(参考情景)，从而发展出众多经典的通用模型(评价指数)(Siple and Passel，1945；Fanger，1967；De Freitas，1979；Tout，1980；Höppe，1999；Psikuta et al.，2012)；同时，根据不同的人体活动类型，旅游气候舒适度(Mieczkowski，1985)、体育气候舒适度(季泰等，2015)、睡眠热舒适(Chen et al.，2017)、车内热舒适(Alahmer et al.，2011)等一些专门情景下的气候舒适度(人体热舒适)研究也受到越来越多的关注。

三、旅游气候舒适度：影响因素与评价模型

通用气候舒适度评价模型虽然也被广泛使用在旅游气候舒适度的评价中，突出了温度、湿度、风速和辐射等4种热环境因子带来的热效应(Siple and Passel，1945；De Freitas，1979；Tout，1980)。然而，旅游者的气候(天气)舒适感并不局限在"热效应"，正如《徐霞客游记》开篇所言"癸丑之三月晦，自宁海出西门，云散日朗，人意山光，俱有喜态"，一种"云散日朗"的天气会给大多数游客和旅游活动类型带来"俱有喜态"的审美舒适感。实际上，旅游气候舒适度的评价，除了冷热性(thermal)外，还受到以降水和大风为代表的物理性(physical)气象因素，以及以阳光和云量为代表的美学性(aesthetic)气象因素的显著影响(De Freitas，1990)，需要发展专门的评价模型来进行测度。

Mieczkowski(1985)较早地将降水(P)、日照(S)、风速(W)等气象因子作为分项变量纳入旅游气候舒适度的评价中,与热效应(ET,分为白天和全天两个热舒适指数)进行组合,提出了旅游气候指数(tourism climate index,TCI)这一针对旅游活动的综合性专门评价模型。Morgan 等(2000)针对 TCI 各分项变量在权重赋值上的主观性局限,通过对海滩旅游者的问卷调查给以一定的修正,并借此建立了海滩气候指数(beach climate index,BCI)。De Freitas 等(2008)将 TCI 中的气象因子概括为冷热性、美学性、物理性3个方面,根据问卷调查结果将"热、云、雨、风"进行阈值条件组合,在 De Freitas(1990)的基础上提出了一个"第二代"的旅游气候指数(climate index for tourism,CIT)。Yu 等(2009)认为传统模型中"日平均"气象数据的时间粒度较粗,难以反映一天中气象状况非均匀分布的特点,故而在 TCI 和 CIT 基础上提出一个基于"小时"气象数据的改良旅游气候指数(modified climate index for tourism,MCIT)。Scott 等(2016)则调整了 TCI 中各分项变量的评价标准和权重赋值,并将 TCI 评价的时间粒度从"月"提高到"日",从而在 TCI 基础上构建了一个度假气候指数(holiday climate index,HCI)。上述典型旅游气候评价模型的细节,可以参考史正燕(2016)的硕士学位论文(表2)。

表2 旅游气候评价模型比较

	TCI	BCI	CIT	MCIT	HCI
变量个数	5	4	3	4	4
变量构成	CID、CIA、P、S、W	TS、P、S、W	T、P、A	PT、W、SW、V	T、A、R、W
气象参数类型	T、RH、P、S、W	T、RH、P、S、W	T、P、A	T、W、visibility、significant weather	T、RH、P、S、W
简易度	简单	不易	不易	较易	简单
应用领域	观光旅游	海滩、沙滩	3S	专项旅游	度假旅游
适用范围	大范围	海滩等	海滩等	旅游地	大范围或度假地

来源:史正燕(2016)
T-热舒适子指数;A-云层子指数;R-降雨子指数;Ts-热感指数;RH-相对温度

四、中国案例:福利大于弊损

(一)模型与数据

考虑到 TCI(Mieczkowski,1985)和 HCI(Scott et al.,2016)的简洁易用和广泛影响,本文拟在这两个指数中选择一个[式(1)和式(2)],对中国大陆的旅游气候舒适度进行评价。

$$TCI = 2 \times (4 \times CID + CIA + 2 \times P + 2 \times S + W) \quad (1)$$

$$HCI = 4 \times TC + 2 \times A + 3 \times P + W \quad (2)$$

式(1)中，CID 为白天热指数，CIA 为全天热指数，P 为降水量，S 为日照时数，W 为风速；式(2)中 TC 为白天热指数，A 为云量，P 为降水量，W 为风速。为了确定最终的评价模型及验证模型的有效性，本文分别用 TCI 和 HCI 计算了不同舒适水平标准下，上海 1971~2010 年的月平均旅游气候舒适日数(图1)。

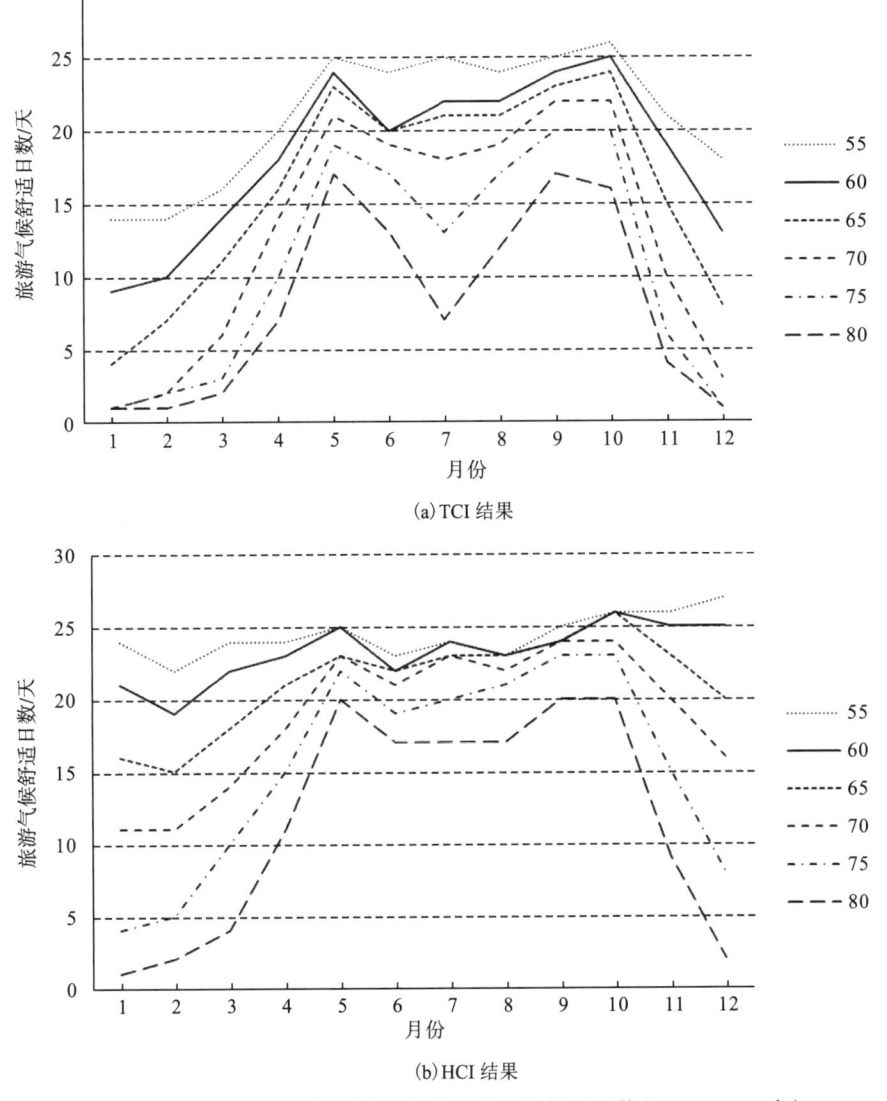

(a) TCI 结果

(b) HCI 结果

图1　上海市不同舒适水平标准下的月均舒适天数(1971~2010 年)

上海案例显示：①多数标准下，上海旅游气候舒适日数的峰值是 5 月和 10 月，比较符合日常经验感知；②HCI 的计算结果中，5～10 月的差异没能得到有效识别，特别是 7 月和 8 月等日常经验中的不舒适月没有在计算结果中得到突显；③TCI 的计算结果中，7 月的不舒适得到突显，但这种突显的标准是 TCI 数值需要在 70 以上，传统 TCI 认为 60 开始就可判别为"好"（good）的标准或许需要一定的调整。

综合考虑，本文选择传统的 TCI 模型（Mieczkowski，1985），根据国家气象科学数据共享服务平台（http：//data.cma.cn）提供的中国大陆 775 个基本（基准）气象站点 1971～2010 年的地面日值气象资料，对中国大陆的旅游气候指数开展计算和空间分析。

（二）现状格局

计算结果（表 3）显示，中国（不含港澳台，下同）全年平均旅游气候舒适度为 51.7（根据以各气象站点的泰森多边形面积为权重），其中夏季（6～8 月）最高，冬季（12 月～次年 2 月）最低，春季（3～5 月）和秋季（9～11 月）处于中间。夏季成为中国国内旅游的最佳时节，冬季气候则不利于国内旅游的开展，这也是造成中国国内旅游流季节性的重要成因。

表 3 中国全年和四季的旅游气候指数（TCI）平均值（1971～2010 年）

	全年	春	夏	秋	冬
简单平均	54.9	60.4	77.0	60.8	22
加权平均	51.7	56.8	78.1	54.9	17.7
插值平均	51.5	56.8	77.9	54.7	17.6

空间插值显示，总体上看，年均旅游气候舒适度呈现南高北低的空间格局，纬度地带性明显；最高值出现在海南岛和川滇交界处，最低值出现在青藏高原，黄山、泰山、庐山等的旅游气候舒适度低于周边区域，显示出一定的海拔地带性特点。

（三）年际变化

为了探索中国大陆 1971～2010 年的旅游气候舒适度变化趋势，本文计算了前后

20 年的旅游气候指数(泰森多边形面积加权方法计算)差值,即用 1991~2010 年的平均旅游气候指数减去 1971~1990 年的平均旅游气候指数(表 4)并进行空间插值。

表 4 中国旅游气候指数(TCI)的历史变化(1971~2010 年)

时间尺度	全年	春	夏	秋	冬
TCI 的两阶段差值 (1991~2010 年均值减去 1971~1990 年均值)	1.4	1.2	0	2.1	2.3

表 4 结果显示,1971~2010 年,中国旅游气候指数(TCI)后 20 年比前 20 年增加了 1.4,四季中只有夏季保持不变,而春季、秋季和冬季的旅游气候舒适度都是增加的,秋冬两季的增幅相对突出。1971~2010 年,全国大部分地区的旅游气候指数是增加的,其中陕西和湖南表现为两个突出的增长中心;环渤海和天山周边区域呈现出下降趋势。因此,气候变化总体上增加了中国大陆的旅游气候舒适度,就旅游业而言,或许带来了更多的福利而不是弊损。

五、结论与展望

(一)结论

本文将气候舒适度评价的模型归纳为通用模型和专门模型等两个大类,并就旅游气候舒适度评价这一专门模型的发展进行文献综述和效度比较,在此基础上选择了旅游气候指数(TCI)作为评价模型,基于 1971~2010 年基本(基准)气象站点的日值地面数据,对中国大陆的旅游气候舒适度展开计算分析。研究发现:①中国大陆旅游气候舒适度的纬度地带性和海拔地带性特点突出,且季节性明显;②就旅游气候舒适度而言,全球气候变暖总体上给中国带来的是福利而不是弊损。

(二)展望

本文从旅游气候舒适度福利的视角计算评价了气候变化带来的影响,丰富了气候变化旅游影响的福利核算。未来的研究中可以进一步关注:①不仅评价舒适度(舒适程度),也要评价舒适期(时间长短),并且是从"日"这一更小的时间尺度上开展;②积极探索如何在评价模型中纳入雾霾等污染因子对旅游气候舒适度的影响;③进一步优化评价模型和评价标准,以适合中国的区域气候和人群特点。

参 考 文 献

陈宜瑜，丁永建，佘之祥，等，2005. 中国气候与环境演变评估(Ⅱ)：气候与环境变化的影响与适应、减缓政策[J]. 气候变化研究进展，1(2)：51-57.

季泰，袁伟琪，李登峰，等，2015. 环境参数对运动人体热舒适性影响的理论模型与实验研究[J]. 体育科学，35(3)：67-72.

李山，孙美淑，张伟佳，2016. 中国大陆1961—2010年间气候舒适期的空间格局及其演变[J]. 地理研究，35(11)，2053-2070.

秦大河，丁永建，穆穆，等，2012. 中国气候与环境演变：2012——第二卷影响与脆弱性[M]. 北京：气象出版社.

史正燕，2016. 中国大陆旅游气候舒适度的空间格局及其演变[D]. 上海：华东师范大学.

王铮，郑一萍，2011. 全球气候变化对中国粮食安全的影响分析[J]. 地理研究，20(3)：282-289.

吴绍洪，黄季焜，刘燕华，等，2014. 气候变化对中国的影响利弊[J]. 中国人口•资源与环境，24(1)：7-13.

张伟佳，2016. 中国大陆气候舒适期福利的空间格局及其演变[D]. 上海：华东师范大学.

Alahmer A, Mayyas A, Mayyas A A, et al., 2011. Vehicular thermal comfort models: a comprehensive review[J]. Applied Thermal Engineering, 31(6): 995-1002.

ANSI/ASHRAE, 2010. Thermal Environmental Conditions for Human Occupancy. Atlanta: American Society of Heating, Refrigerating and Air-Conditioning Engineers, Inc.

Büntgen U, Tegel W, Nicolussi K, et al., 2011. 2500 years of European climate variability and human susceptibility[J]. Science, 331(6017): 578-582.

Chen Y, Zhang Y F, Tang H L, 2017. Comfortable air speeds for young people lying at rest in the hot-humid area of China in summer[J]. Building and Environment, 124: 402-411.

De Freitas C R, 1979. Human climates of Northern China[J]. Atmospheric Environment, 13: 71-77.

De Freitas C R, 1990. Recreation cliamte assessment[J]. International Journal of Climatology, 10: 89-103.

De Freitas C R, Scott D, McBoyle G, 2008. A second generation climate index for tourism (CIT): Specification and verification[J]. International Journal of Biometeorology, 52(5): 399-407.

Fang Y, Yin J, Wu B H, 2017. Climate change and tourism: a scientometric analysis using CiteSpace. Journal of Sustainable Tourism, DOI: 10.1080/09669582, 1329310.

Fanger P O, 1967. Calculation of thermal comfort: introduction of a basic comfort equation[J]. Trans ASHRAE, 73(2): 1-4.

Höppe P R, 1999. The physiological equivalent temperature—a universal index for the biometeorological assessment of the thermal environment[J]. Int J Biometeorol, 43: 71-75.

Hsiang S, Kopp R, Jina A, et al., 2017. Estimating economic damage from climate change in the United States[J]. Science, 356(6345): 1362.

IPCC, 2014a. Climate change 2014: Impacts, adaptation, and vulnerability. Part A: Global and sectoral aspects[M]. Cambridge: Cambridge University Press.

IPCC, 2014b. Climate Change 2014: Synthesis Report. Contribution of Working Groups I, II and III to the Fifth Assessment Report of the Intergovernmental Panel on Climate Change [Core Writing Team, R. K. Pachauri and L. A. Meyer (eds.)]. IPCC, Geneva, Switzerland, 40-41.

Mieczkowski Z, 1985. The tourism climatic index: A method of evaluating world climates for tourism[J]. The Canadian Geographer, 29(3): 220-233.

Morgan R, Gatell E, Junyent R, et al., 2000. An improved user-based beach climate index[J]. Journal of Coastal Conservation, 6(1): 41-50.

Pang S F H, Mckercher B, Prideaux B, 2013. Climate change and tourism: An overview[J]. Asia Pacific Journal of Tourism Research, 18(1): 4-20.

Psikuta A, Fiala D, Laschewski G, et al., 2012. Validation of the Fiala multi-node thermophysiological model for UTCI application[J]. Int J Biometeorol, 56: 443-460.

Scott D, Rutty M, Amelung B, et al., 2016. An Inter-Comparison of the Holiday Climate Index (HCI) and the Tourism Climate Index (TCI) in Europe. Atmosphere, 7(6): 80.

Serrao-Neumann S, Schuch G, Harman B, et al., 2014. One human settlement: A transdisciplinary approach to climate change adaptation research. Futures, 65: 97-109.

Shindell D, Kuylenstierna J C I, Vignati E, et al., 2012. Simultaneously mitigating near-term climate change and improving human health and food security[J]. Science, 335(6065): 183-189.

Siple P A, Passel C F, 1945. Measurements of dry atmospheric cooling in subfreezing temperatures[J]. Proceedings of the American Philosophical Society, 89(1): 177-199.

Stem N, 2006. Stem Review on the Economics of Climate Change[R]. Report to the Prime Minister and the Chancellor of the exchequer on the economics of climate change.

Sumner A, 2004. Economic Well-being and Non-economic Well-being: A Review of the Meaning and Measurement of Poverty. London: United Nations University World Institute for Development Economics Research.

Tout D G, 1980. The discomfort index, mortality and the London summers of 1976 and 1978[J]. International Journal of Biometeorology, 24(4): 323-328.

Travel Research International. The Impact of Climate Change on the Tourism Sector. http://www.mif.uni-freiburg.de/isb/ws3/report.htm, 2009-09-30/2017-11-03.

UNWTO, 2016. UNWTO Tourism Highlights, 2016 Edition. http://www.e-unwto.org/doi/book/10.18111/9789284418145, 2016-07/2017-11-03.

Yu G, Schwartz Z, Walsh J E, 2009. A weather-resolving index for assessing the impact of climate change on tourism related climate resources[J]. Climatic Change, 95(3): 551–573.

生态旅游牌示设计的"环境适应法"

张天新

作者简介：张天新，男。清华大学建筑学本科，北京大学人文地理学硕士，东京大学都市工学博士。现任北京大学建筑与景观设计学院副教授，专业领域为城市设计、风景区规划、遗产保护、旅游规划，曾主持或参与丽江古城的旅游与保护、楠溪江国家风景区的总体规划等研究和实践项目。《城市规划》杂志特约审稿专家，国外城市规划学术委员会委员，《北京规划建设》特约编辑，"叶山品鉴"专栏作者，日本北海道大学文化资源管理研究会(Web-Journal of Tourism and Cultural Studies)国际学术委员、审查委员，加拿大麦吉尔大学(McGill University)、康考迪亚大学(Concordia University)访问学者。

生态旅游中的解说和标识系统，是自然环境与景观之外的人工附加物。在自然教育日益受到重视的今天，它既不可或缺，也需要深入探讨如何更好地与环境融合。目前对此方面的研究有很多，各国、各地区、各类自然公园中的实践也不少，但是仍然缺乏完善而有效的解决途径，失败的案例比比皆是。

本文试图在归纳和整理解说、标识系统、各类牌示设计经验与教训的基础上，得到更多关注。在自然公园的生态旅游中，野外的光线、温度、湿度、风力等都在瞬息万变的条件下，如何才能让牌示设计更好地适应游客的需求？通过加拿大一些自然公园中牌示设计的具体案例，总结出牌示设计的"环境适应法"，主要落脚于空间、景观、气候、行为四个方面。空间适应，是挑选合适的地点设置牌示。景观适应，是保护自然公园的景观特征，避免喧宾夺主。气候适应，是适应自然公园多变的、极端的气候，在各种条件下能够长期耐用。行为适应，是满足使用者行为心理上的特殊需求，更好地为游客提供服务。

一、布局和落点上的"空间适应法"

把牌示系统作为自然公园立体空间的一部分,通过三维空间的适当利用,达到牌示与自然空间融合、救残补缺、提升空间完整度的效果。主要包括规避、补缺两种方法。

"规避法":避开主要的景观视廊,避免对标志性景观的视觉干扰。对于群山远景的观赏,一般做法是采用"低设规避",即把带有峰峦名称标注的鸟瞰图设在观景的水平视线之下,既便于对照观看,又不遮挡视线。对于其他重要的景观对象,则可以采用"侧设规避",即放在主景侧旁,避开对主要观赏路径上主要观赏点和观赏角度的视觉遮挡,从而最大限度地保持景观的完整度,又不降低牌示解说的效果。

"补缺法":解说设施是野外环境中自然教育的必备要素,好的牌示设计不仅要规避好的景观,还可以提升某些地段的环境质量,为景观增添魅力。挑选相对单调、杂乱的景观背景下设置牌示,会起到点景、提神的作用。

案例分析:

图1的牌示放在河流一侧,遮挡了最具活力的主景,应该转移到静态的森林一侧,对景观的干扰相对较小。

图2的牌示起到对远山的群峰进行对照解说的作用,虽然没有遮挡主要景观,但是牌示的大小还可以进一步压缩,使其更加紧凑、精致。

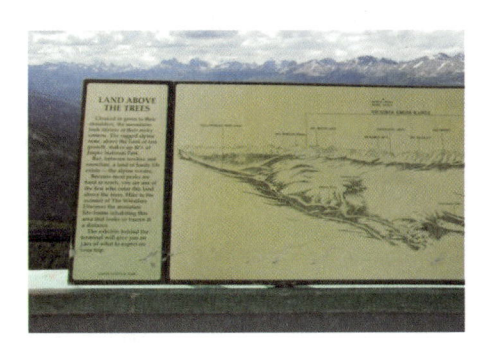

图1　　　　　　　　　　　　　图2

图3(a)的牌示过高,遮挡了从步行道观赏雪山的视线。好在图3(b)中人眼高度的孔洞构成了从中窥视雪山的趣味性视觉互动装置,取得了特殊的体验效果,

也构成了某种程度的补偿。

(a)　　　　　　　　　　　　　　　(b)

图 3

　　图 4 的牌示放在景观不太特殊但是游人必经的交叉口，符合信息提供最大化和景观上的"填漏补缺"原则。

　　图 5 中，低于路面的溪流峡谷是主要景观吸引物，牌示放在路边，虽然起到了同角度解说的作用，但是遮挡和破坏了最有魅力的观赏对象，得不偿失。

　　图 6 中的牌示解说放在相对景观贫乏的地段，增加了场所的趣味和内涵，但是形态上的处理还值得进一步推敲。

图 4　　　　　　　　图 5　　　　　　　　图 6

二、形态和色彩上的"景观适应法"

　　通过对牌示形态、色彩等要素的精细设计，把牌示系统作为自然公园景观的一个有机组成部分，避免喧宾夺主、破坏整体协调，从而提升了景观品质。

　　"色彩适应法"：包括两种途径，一是"低调法"，即牌示的版面基调采用低纯度、低彩度的配置，不会造成过大的视觉干扰，这是比较安全常用的方法。二是"高调法"，即除了单色以外，采用多色共用、冷暖并置、浓淡渐变等方法，让牌示系统更好地融合于多种色彩变幻的野外自然环境。比如加拿大蒙特利尔的激流岛自然公园，就采用了冷暖色并置的方法，即一个版面上同时采用冷色和暖色的并置和柔性过渡，这种做法特别适合加拿大的特殊景观和气候：秋天的红叶、冬天的冷肃，都在解说牌上有所反映，让解说牌在不同的季节里都可以与背景环境更好地融合。

"外形适应法"：说明牌的外框轮廓除了采用常见的方形以外，还可以采用曲线、多角几何形、错落的有机形态等，不会显得过于生硬，从而与自然环境取得协调和呼应。文字上也是一样，可以采用高低、左右的错落布置，避免过于生硬的大段文字。

"联想适应法"：通过某种形态对自然要素的模拟、象征，达到与周边环境的协调。如加拿大的某国家公园说明牌，采用了六角形轮廓，可以让人对岩石、晶体有所联想，给解说牌赋予了更强的自然特征。

"光效适应法"：采用透明或半透明的玻璃材质，透出后面的自然背景，或采用抛光金属、石材，反射出周边的自然景观，这些都能让牌示与环境更好地融为一体。当然，这种情况下，如何避免眩光、让字体清晰化、可认读，就成为必须解决的一个问题。

案例分析：

图7的牌示中，背景、字体、照片均采用简素的黑白配色，与质朴的背景融为一体。图8、图9、图10的牌示采用了多种色彩、有机轮廓、自由布局，与自然环境背景之间显得亲和。

图7　　　　　　图8

图 9 　　　　　　　　　　　　图 10

图 11 的牌示中，一块大的版面分成三块大小不等的部分，中间有细微的漏缝，透出自然的背景，让牌示不至于显得过分庞大和呆板。

图 12、图 13 的牌示轮廓做成六角形，且有高低错落变化，让人有对岩石结构的联想。

图 11 　　　　　　　图 12 　　　　　　　图 13

图 14 是同一块牌示上冷暖色并置的案例，适合寒暑季节交替明显的地区。
图 15 的"脚印"形状与背景的石块之间构成了某种内在的呼应和协调。

图 14 　　　　　　　　　　　　图 15

图 16 的牌示被精细的、带有工业感的黑框包围，构成了与自然的对比，但是并不显得突兀。

图 17 的牌示虽然外轮廓是方形的，但是在左侧放了深色的海蚀崖照片，与周边深色的自然环境构成和谐的过渡，同时给予白色牌示以自然形态的轮廓，形成让牌示自然融入的效果。

图 16　　　　　　　　　　　　图 17

三、材料和质感上的"气候适应法"

由于自然公园中的解说牌示暴露在野外多变的环境下，会面临暴晒、高寒、高湿度、大风等多种极端气候，很容易损坏。为此，必须采取措施让牌示能够拥有持久的可使用状态和良好的可读性，以减少浪费、降低成本。可以采取如下几种方式。

"自然材料法"：采用自然材质，如竹、木、石等，材料要求环境亲和度高，符合生态和景观要求。

"模拟材料法"：自然材料的一个问题是容易磨损，耐久度不高。为此，采用金属等高强度的人工材料或通过涂色和质感处理形成的仿自然材料成为更普遍的选择。仿旧的人工复合材料，往往可以既持久，又有自然剥蚀的韵味。

案例分析：

图 18 的牌示外框支撑体比较粗糙，与版面自身的平整精细形成对比，构成了向自然环境的良好过渡。

图 19 中，露水从外框缝隙渗入玻璃覆盖的牌示表面，破坏了整体认读效果。

图 20 的牌示悬挂在石头上，金属框边与石头的冷色一致。字体和外框均采用凸雕手法，与石头的凹凸不平暗相呼应。

图 18 　　　　　　　　　图 19 　　　　　　　　　图 20

图 21、图 22 的木质牌示悬挂在块石支撑起的未经修饰的原木上，色彩、边框做了一定的特殊处理，形成了突出而又协调的效果。

图 21 　　　　　　　　　　　　　　　图 22

四、内容与角度上的"行为适应法"

自然公园的使用者是多层次的，以野营、背包客、生态爱好者等为主，同时有业余爱好者、孩童、老人等多种类型。各类游客到自然公园里来，体验、学习、挑战极限是主要目的。必须仔细研究自然公园旅游者的行为特点和需求，有针对性地做好设计。

"内容调配法"：大多数生态旅游的游客都拥有一定量的自然知识储备，因此，牌示解说不适合过于基本的知识，应该有一定的深度，同时以图文并茂的方式满足大众科普的需求。由于野外活动的时间有限，特别是各种极端气候影响，观看解说牌的时间不宜过长，解说内容应简洁、明了，知识点要突出。

"角度调配法"：由于野外风大等因素，特别是在冬季，解说牌的角度必须慎重考虑，让观者目视的方向避开主风向，同时还要防止炫光，避免阳光直射造成视觉干扰。此外，在高寒地带设置解说牌，还需要考虑降雪的影响，解说牌面角度尽量直立，以保证下雪时不被遮挡。

案例分析：

图 23、图 24 的牌示中，光线反射构成的炫光、树木落下造成的阴影等降低了解说牌示的可读性和体验效果。

图 23

图 24

通过以上空间、景观、气候、行为四个方面的"环境适应法"，自然公园的牌示系统能够更好地与环境融合，适应自然观赏、体验、教育的需求，避免恶劣环境的干扰，更符合人的行为心理，更持久、更精细地为游人服务。

Hong Kong Wetland Park:
The Management Perspective of Stakeholders

作者简介：黄志恩，博士，香港理工大学酒店及旅游业管理学院，中国内地硕士班课程主任。黄志恩博士的主要研究方向为酒店业领导艺术、生态导游和湿地公园。有广泛的行业工作经验，涉及旅行社、邮轮公司和主题公园。曾获香港理工大学酒店及旅游业管理学院"优秀教学奖"。是国际生态旅游协会(The International Ecotourism Society, TIES)会员，香港凤园蝴蝶保护区名誉顾问，亚洲生态旅游联盟(Asian Ecotourism Network, AEN)委员。获得全球可持续旅游委员会(Global Sustainable Tourism Council, GSTC)的正式培训师资历。

Abstract: Sustainable tourism and ecotourism development literature emphasizes the importance of stakeholders throughout the planning process. However, there appears to be a lack of literature covering the daily operations of stakeholders and ecotourism. The focus of this research is to examine the management perspective of stakeholders using the Hong Kong Wetland Park (HKWP) as a case study. We look at the structure and management of the HKWP as well as the importance of balancing different stakeholder interests for successful management. We discuss the implications and lessons learned from this case study.

Key words: Stakeholders; Ecotourism; the HKWP

---

① The viewpoint concerning the management of the HKWP is based on a personal in-depth interview. It does not necessarily represent the official view of the Park.

Acknowledgments

The author would like to thank all the staff of the HKWP for their help. Without their support and the latest updated information, the author could not have finished writing this case study.

Stakeholders' perspectives

Sustainable tourism and ecotourism development literature emphasizes the importance of stakeholders throughout the planning process (Gunn and Var, 2002). In addition, Black and Crabtree(2007) stated that in comparison with mainstream tourism, ecotourism involved a wider range of relatively small stakeholders: "They may include tourism enterprises, tourists (consumers), the staff at all levels of the government including protected area managers, non-governmental organizations, and development agencies. This diversity can be problematic in terms of the quality of ecotourism since different stakeholders often perceive or demand very different outcomes from their involvement."

There appears to be a lack of literature covering the daily operations of stakeholders and ecotourism. The focus of this research is to examine the management perspective of stakeholders and the importance of balancing different interests of stakeholders for successful management, using the HKWP as a case study.

The HKWP

A manager from the HKWP stated that the "Hong Kong Wetland Park is a world-class ecotourism facility combining conservation, education and tourism objectives" (Lam, 2006). The aims of the HKWP Project are: 1) to diversify the range of tourism attractions; 2) to diversify the visitor experience on natural heritage and wildlife; 3) to foster public awareness, knowledge and understanding of the inherent value of wetlands; 4) to marshal public support and action for wetland conservation.

The HKWP has a 60-hectare ecological mitigation area to compensate for the habitat loss due to Tin Shui Wai's new town development(See Figure 1 for The HKWP Master Layout Plan). The park provides a buffer zone between Tin Shui Wai and Mai Po Inner Deep Bay Ramsar Site, and is a millennium capital works project promoting ecotourism as well as being a special area under the Country Parks Ordinance.

The design of the HKWP incorporates eight "Green Concepts";

A green roof and the orientation of the building allow the main building envelope to achieve energy-efficient performance;

The geothermal system for air-conditioning saves up to 25% of energy over a conventional cooling tower;

Natural light is provided through a skylight in the central atrium and external toilets;

Circulation ramps throughout the ground and first-floor galleries provide convenience for disabled visitors and minimize the use of mechanical lifts;

Low capacity, six-liter water closets are used to reduce toilet water consumption;

A recycled brick wall on the south aspect mitigates the effects of solar gain to the building;

Sustainable timber sources are used throughout the whole project as vertical and horizontal louvers to provide shade for the buildings and the external landscape works;

Predominantly native plant species requiring less maintenance and water consumption are used for landscaping work.

The HKWP has won different awards related to its good design (Lewis, 2007; Tang & Zhao 2008). It was opened to the public on May 20, 2006 and in the first five months it attracted over 600,000 visitors. Visitor numbers have been very steady over the years. According to the HKWP 2017 statistics, the total number of visitors in 2017 was 488,319, a 6.26% increase from 2015. Locals accounted for 89.44% and tourists 10.56% of visitor numbers, of whom 75.77% were individual visitors. There was round 9% more female than male visitors. In terms of age distribution, the largest group (79.97%) was aged between 18-65, and the smallest group (5.1%) was aged above 65. In terms of tourism source markets, 82% were from China, 6% from other Asian countries, and 12% from long-haul markets and others (Australia, Europe, USA, Canada, etc.).

The HKWP 2014 Exit Survey showed that 21% of visitors found the most interesting area to be the Mangrove Walk. Overall, visitors quite enjoyed the exhibitions of the HKWP—52% rated five and four points for enjoyment. Further figures showed that the successful running of the HKWP with 96% of visitors expressing a preference to return, and 94% indicated that they would recommend the HKWP to relatives and friends.

A visit to the HKWP allows for a better understanding of the park, as does the perusal of its website (http://www.wetlandpark.gov.hk/tc/index.asp). This website provides a wealth of information, including free teaching resources. For example, "Hong Kong Wetland Park—Factsheet No 1; Hong Kong Wetland Park—A Place to Demonstrate Conservation and Sustainable Practice" (https://www.wetlandpark.gov.hk/tc/download/teaching-resources) are very good introduction to the park.

How is the HKWP being managed?

Primarily, the park is managed through the different units of the organization (Figure 2). Altogether, there are five major units: exhibition, education & community, operations, environmental protection, and marketing & administration.

The environmental protection unit is one of the most important units as the main job of the park is to protect the area's wetland and natural environment. Within the environmental protection unit, there are two sub-units: gardening & environment and wild animals. The former covers planning for plant requirements within the park. For example, in order to attract more butterflies, the park will provide more plants to attract them. However, there is no guarantee of success, and therefore monitoring is another important aspect of this department.

The HKWP works with external organizations such as universities to assist with monitoring activities and to exchange ideas. Research students from the Chinese University of Hong Kong, the University of Hong Kong and the Hong Kong Technology University work with the park. The HKWP staff also work with the Bird Watching Association and other environmental organizations.

The exhibition unit manages the 10,000 square meters of the exhibition center within the park's 61 acres[①]. The most important function of this center is for education and it is loved by many tourists, in particular from the Chinese mainland. The park provides general scientific education for students. The main duty of the exhibition unit is exhibition maintenance. The HKWP includes exhibitions of living animals (including a crocodile) and provides a suitable environment for them to live. It is important that the staff are able to care for these animals appropriately, and therefore some staff travel overseas to learn the necessary knowledge and skills.

The education & community unit is mainly responsible for education and encompasses three sub-units: the school program, the outside visit program and the

---

① 1 acre= 4046.8564224 m^2.

volunteers.

1) Many schools (secondary, primary and kindergarten) visit the HKWP, which arranges guided tours for them, as well as training courses for teachers to enable them to take their students to the park.

2) The outside visit program unit mainly organizes school talks concerning wetland and environmental protection and also visits public libraries. University students tend to visit the park on their own.

3) The volunteers unit is a big group, serving mainly as tour guides and also supporting the HKWP in environmental protection. Volunteers also organize workshops, for example, in paper folding and pin making (see Figure 3 and Figure 4 photos for some posters of innovative workshops). The HKWP has always had a group of volunteers, and recruits new volunteers every year through its website. Every volunteer has a fixed number of hours of training and assessment, depending on the level. There is a detailed assessment for tour guiding but for ordinary volunteers, for example, those helping out with paper folding workshops, the assessment requirement is more simple. There is a recognition program for volunteer hours served every year, using a system of gold, silver and copper awards to recognize volunteer contributions and work. The recognition program is useful in encouraging the current volunteer base, and also to motivate their friends, through word of mouth to join the park as well. Volunteers contribute significantly to the HKWP in providing more guided tours, especially during the weekends.

There is an interesting program for volunteers from primary schools, which is the part of the school-park partnership program rather than the volunteer program. The children may not complete a lot of work but the HKWP sees it as an educational process. Furthermore, tourists love to interact with the children, creating a win-win situation. The HKWP is providing the concept of environmental education to children from a young age.

The operations unit is responsible for the day-to-day running of the HKWP, including cleaning, security patrol and law enforcement. The HKWP is a designated area under Hong Kong Law Section 208.

The marketing and administration unit is involved in promotion both locally and overseas. The main target customers of the HKWP are local residents. Chinese mainland is a big market for the HKWP. Local residents account for around 85% of visitors with 10% from other parts of China and 5% from other areas. Therefore, the main promotion strategy is local, with marketing to attract tourists and visitors. From consultant surveys the HKWP is aware that many local citizens visit the HKWP, and the key strategy is to attract repeat customers. A first step is the development of new products, particularly for family groups looking for a safe, comfortable and relaxing place close to nature. Therefore, during winter and summer, the HKWP offers new experiences to customers, organizing and promoting themed exhibitions and activities.

Promotion is mainly through social media, such as Facebook and Weibo, as well as outdoor advertising on buses and trams and at bus and tram stations. Transport is a useful advertising tool as it covers different parts of Hong Kong. In terms of external markets, the HKWP has tried to advertise at Hong Kong Airport. For the Chinese mainland market the HKWP uses a more aggressive strategy as the market size is very big. The Chinese mainland tourists visiting Hong Kong for the first time will rarely come to the HKWP, unless they are nature lovers. Tourists who have been to Hong Kong a few times and are looking for new attractions, are more likely to come. Therefore, the HKWP targets tourists coming to Hong Kong for the second or third time, by putting advertisements in Shenzhen MTR (Mass Transit Railway), newspapers, and expensive residential areas (e.g., in lifts or lobbies), to raise awareness of the park in Hong Kong. In addition, the HKWP sends leaflets to schools and organizes talks with travel agents to attract more educational tours. As many educational tours come to Hong Kong, the HKWP hopes to add the wetland park to their itinerary.

Staffing

The HKWP has over 70 full-time staff, all belonging to the public servant category; some are government contracted, while some are non-government contracted. There are about 30 part-time staff, also belonging to the public servant category, working in different departments of the HKWP. Their main task is helping the shift duty colleagues on leave. Other contract out-sourcing work includes cleaning, security and gardening.

There are two different types of staff development. Firstly, government regular training programs provided by the government training department—a wide range of courses such as language and communication and how to handle difficult customers. Secondly, the HKWP also organizes training courses in the park every year, depending on need. The HKWP invites external organizations to provide these training courses, for example, in understanding tourists with different cultural backgrounds, such as from Islamic countries. The HKWP considers such training to be very important.

Stakeholders

The staff of the HKWP explained that he does not have an academic definition of "the concept of stakeholders," and considers stakeholders to be all persons interested in wetland parks, and individuals or organizations concerned in the HKWP. The composition of stakeholders may change over time and the macro-environment may also change. Therefore, the HKWP needs to be aware of changes and to balance and adjust the relationships accordingly. Mainly the stakeholders are made up of: a) nature and photo lovers(organizations); b) educators and students (organizations); c) tourism-related workers(organizations); d) local community (organizations); e) visitors and tourists with different interests (overseas, China), and f) related government policy departments.

It is interesting to note that there is something like a commercial organization and park partnership. Because the HKWP is a government organization, it cannot take direct donations from outside. Instead, the HKWP works closely with some commercial organizations, for example, the Hong Kong and Shanghai Banking Corporation Ltd. (HSBC). The HSBC has its own volunteers trained by the HKWP to assist in tour guiding. Rather than the HKWP tours, they will sponsor an underprivileged family or low-income group to visit the HKWP. HSBC will provide the volunteer and funding for this type of tour, a form of CRS (Corporate Social Responsibility) program. In this way, the park provides an indirect service to the community.

Is there any pressure to meet financial objectives, such as through commercial attractions? The interviewee explained that as this is a government project, the main objectives are for protection, education and tourism. Protecting the environment is the core business of the HKWP. The main expense besides salaries, is the spending on protection, with a lot of the HKWP's resources spent in this area. There is a large area (61 acres) to protect. The HKWP does not aim to make a profit, but there are internal guidelines such as the need to provide a certain percentage of income contribution every year. However, this is not rigid, and as the main objective is protection and education, the government subsidy is appropriate.

How to balance the different interests of stakeholders?

This is not an easy task and requires patience. It is important that the HKWP works under a framework that is lawful, reasonable and empathic. As a government department, it is essential that the HKWP works according to the law. Should any stakeholder request the HKWP to do something beyond the framework of law, the HKWP definitely will not do it. It is a challenging job to follow lawful, reasonable and empathic principles.

The strategy of the HKWP is to listen and understand the thoughts and concerns of different stakeholders. There is the need to collect data and analyze them before making any decision, after which the HKWP will prioritize and balance different interests. Sometimes the HKWP requires negotiating skills for this stage. It also needs to communicate the HKWP's thoughts with different stakeholders and to explain why a certain decision has been reached. The HKWP hopes that through such a process of consultation and communication, a good balance of interests among different stakeholders can be maintained.

For the successful management of the park, there needs to be successful management of different stakeholders. For example, some deep-green activists prefer to do nothing to the environment, and to leave the place as it is. At the same time, as a tourist attraction, the HKWP needs to be suitable for a family to enjoy and have fun. Therefore, across a spectrum from doing nothing to making it like an amusement park, there is the need to find a middle point for both sides. This is a good example of the challenges faced by the HKWP. Another example can be seen in the current opening hours which are from 10:00 to 17:00. Most tourists are satisfied with this arrangement, but there are some who request the HKWP to open earlier or close later. These opening hours provide time for wild animals to find food and rest, and the HKWP needs to balance the need of tourists as well as the needs of the wildlife. Therefore, the animals are also one of the stakeholders of the HKWP, with their rights also needing to be protected.

Strategic planning meeting with stakeholders

The Hong Kong Wetland Park: "Our Next 10 Years" Strategic Brainstorming Session was held on January 20, 2017 (Figure 5). The objective of this brainstorming session was to seek stakeholders' views on future positioning and development strategies for the HKWP over the next 10 years. It represented the views of the key stakeholders. Some initial findings from this meeting were:

- At the opening of the HKWP, the three main objectives of protection, education and tourism were equal.
- When there are different views among these three objectives from stakeholders, the HKWP tries to keep a balance, but sometimes it is difficult to do this.
- In 2013 the HKWP appointed a consultant to do a survey of views from citizens and stakeholders. The consultant concluded that the HKWP should focus more on protection and education, for the reason that if the HKWP does well in these two areas, tourism (e.g., educational tours and family group tours) will follow. Therefore, protection and education should have a higher priority or weighting.
- The strategic brainstorming session in January 2017 seemed to show that focusing on these two areas is the right direction for the HKWP, confirming the previous thinking.

After the last strategic meeting, the HKWP also appointed a consultant to conduct telephone surveys. The consultant collected the views of mainly local residents. The results from the consultant, together with results from the strategic meeting, are still in the process of analysis.

Implications and lessons learned from this case

There are several lessons that we might learn:

- The HKWP is clear about its key objectives and is seeking opinions from different stakeholders through different channels, such as consultant surveys and strategy meetings with key stakeholders.
- The HKWP understands the importance of working closely with different stakeholders and knows how to balance their interests based on the guiding principles and core values of the park. Major decisions are made through a process of collecting objective facts and data analysis. In addition, two-way communication between stakeholders and the HKWP is an important process of this balancing act.
- Although this is a project run by a government department, it is still operated in an open and innovative manner.

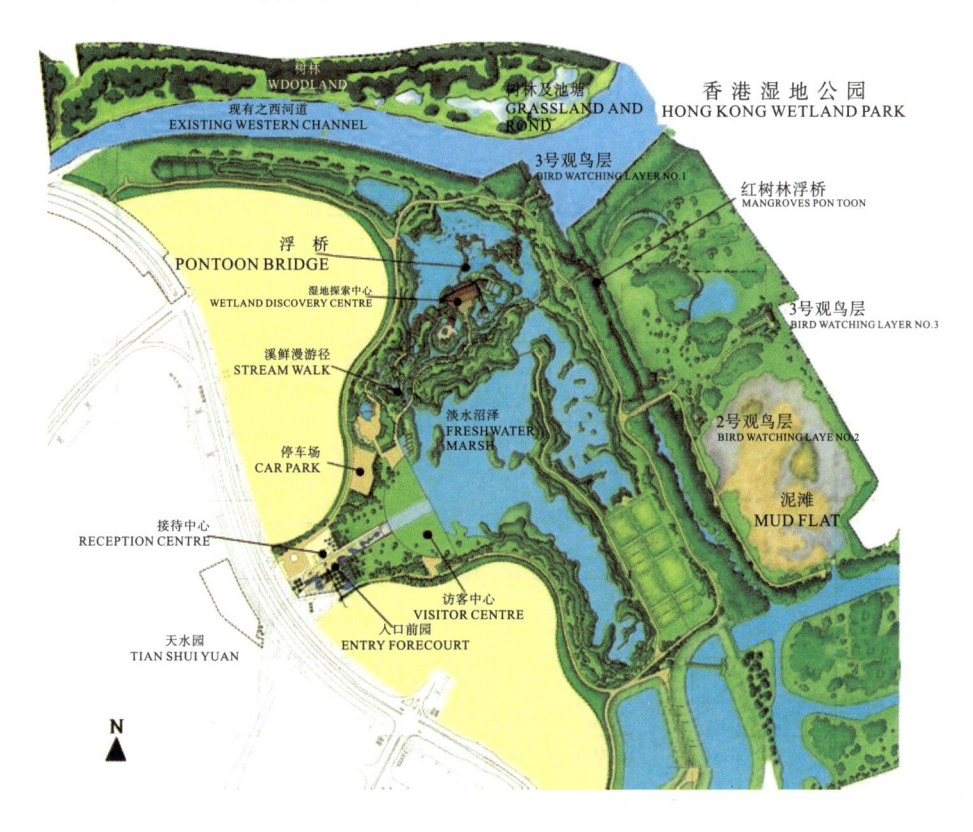

Figure 1 The HKWP Master Layout Plan

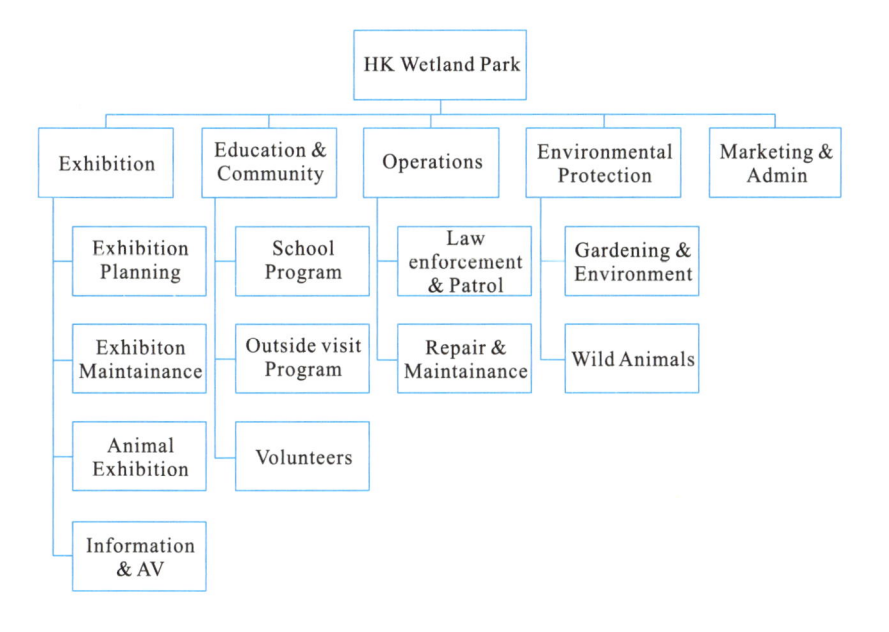

Figure 2 The Organizational Structure of the HKWP

Figure 3 The Example of Innovative Workshop to Attract Visitors:
Coin Bag Decoration Workshop

Figure 4　Plant Zentangle Inspired Art Workshop

Figure 5 The Hong Kong Wetland Park: "Our Next 10 Years"
Strategic Brainstorming Session on January 20, 2017

References

Black R, Crabtree A, 2007. Stakeholders' perspectives on quality ecotourism.//Black R, Crabtree A. Quality Assurance and Certification in Ecotourism. Oxfordshire: CAB International, 136-146.

Lam E, 2006. Lecture powerpoint given to the Hong Kong Polytechnic University students in November 1, 2006.

Gunn C A, Var T, 2002. Tourism Planning: Basics, Concepts, Cases. 4th ed. New York: Routledge.

Lewis A H, 2007. Hong Kong Wetland Park: a multi-disciplinary exercise in sustainability. Urban Space Design, (1):36-41.

Tang X, Zhao X, 2008. Ecological planning design of Hong Kong Wetland Park. Urban and Rural Planning Landscape Architecture and Virescence, 26(3): 119-123.

Timur S, Getz D, 2008. A network perspective on managing stakeholders for sustainable urban tourism. International Journal of Contemporary Hospitality Management, 20(4): 445-461.

俄罗斯国家公园建设历程
与生态旅游发展的法律依据

张光生

作者简介：张光生（1963—），男，安徽天长人。1993~2000年在俄罗斯留学，主要跟随导师从事生态旅游、生态建设和生物多样性保护等方面的研究。2000年10月毕业于俄罗斯科学院，获得俄罗斯最高学术委员会颁发的哲学（地理学）博士学位。现为江南大学校长办公室主任，江南大学环境科学与工程系教授。中国生态学会理事，中国生态学会旅游生态专业委员会主任，中国第四纪科学研究会第三届教育与普及专业委员会委员，全国农产品加工产业发展联盟专家委员会委员，全国休闲农业与乡村旅游星级示范创建行动专家委员会专家，水利部国家水利风景区评审专家，教育部环境科学与工程教学指导委员会委员，教育部工程教育专业认证专家委员会专家，江苏省旅游学会副会长，江苏省室内污染防治学会副理事长。主要从事湖泊河流水环境治理与生态修复、环境生态学、旅游环境学的教学和研究工作，主持863计划子项目"巨紫根水葫芦在太湖流域的运用与工程实践""无锡太湖保护区土地整理与土地生态修复研究"等多项国家、省部级课题以及众多横向课题。主持和参与水利风景区、休闲农业区、旅游度假区等旅游规划项目40多项，公开发表学术论文100多篇，主编旅游系列教材13本，出版著作5部。

  俄罗斯国家公园在很大程度上是独一无二的，这不仅取决于其独特的自然和社会经济条件，更加取决于俄罗斯对国家公园非常独到的认识[①]。

  世界上国家公园的发展历史已有100多年，而俄罗斯第一个国家公园则是建

---

① 俄罗斯国家公园管理战略[EB/OL]. http://www.bsu.ru/content/page/

立于 1983 年，但是发展速度相对较快，截至 2016 年，俄罗斯已经建立了 49 个国家公园(表 1)[①]。

表 1 俄罗斯国家公园基本情况一览表

编号	名称	分布区域	面积/km²	建立时间
1	阿帕里亚	北奥塞梯共和国	549.26	1998-2-18
2	阿尔哈奈	外贝加尔边疆区	1382.34	1999-5-15
3	阿纽	哈巴罗夫斯克边疆区	4293.7	2007-12-15
4	巴什基里亚	巴斯科尔托斯坦共和国	832	1986-9-11
5	白令海峡	楚科奇自治区	18194.54	2013-1-17
6	布祖卢克针叶林	奥伦堡州，萨马拉州	1067.88	2007-6-2
7	瓦尔代	诺夫哥罗德州	1584.61	1990-5-17
8	沃德洛泽罗湖	卡累利阿共和国，阿尔汉格尔斯克州	4683.4	1991-4-20
9	外贝加尔	布里亚特共和国	2671.77	1986-11-12
10	豹之乡	滨海边疆区	2618.69	2012-4-5
11	虎啸	滨海边疆区	821.52	2007-6-2
12	久拉特库利	车里雅宾斯克州	867.5	1993-11-3
13	卡勒瓦拉	卡累利阿共和国	743.43	2006-11-30
14	凯诺泽尔	阿尔汉格尔斯克州	1392	1991-12-28
15	基斯洛沃茨	塔夫罗波尔边疆区	9.65	2016-6-7
16	库尔斯沙嘴	加里宁格勒州	66.27	1987-11-6
17	驼鹿岛	莫斯科，莫斯科州	128.81	1983-8-24
18	玛丽乔德拉	马里埃尔共和国	365.93	1985-9-13
19	梅晓拉	弗拉基米尔州	1187.58	1992-4-9
20	梅晓拉	梁赞州	1030.14	1992-4-9
21	涅奇金	乌德穆尔特共和国	207.52	1997-10-16
22	下卡玛	鞑靼斯坦共和国	265.87	1991-4-20
23	奥涅加沿海	阿尔汉格尔斯克州	2016.68	2013-2-26
24	奥廖尔林区	奥廖尔州	777.45	1994-1-9
25	帕阿纳雅尔维	卡累利阿共和国	1033	1992-5-20
26	普列谢耶沃湖	雅罗斯拉夫尔州	237.9	1988-11-26
27	贝加尔沿岸	伊尔库茨克州	4173	1986-2-13
28	普里佩什明	斯维尔德洛夫斯克州	490.5	1993-6-20
29	厄尔布鲁士	卡巴尔达-巴尔卡尔共和国	1010.2	1986-11-22
30	俄罗斯北极	阿尔汉格尔斯克州	14260	2009-6-15

---

① 俄罗斯国家公园名录[EB/OL]. https://ru.wikipedia.org/wiki/

续表

编号	名称	分布区域	面积/km²	建立时间
31	俄罗斯北部	沃洛格达州	1664	1992-3-20
32	赛柳格姆	阿尔泰共和国	1185.37	2010-2-27
33	萨马拉湾	萨马拉州	1271.86	1984-4-28
34	谢别	普斯科夫州	500.21	1996-7-1
35	斯摩棱斯克湖区	斯摩棱斯克州	1462.37	1992-4-15
36	斯莫尔尼	莫尔多瓦共和国	363.85	1995-3-7
37	索契	克拉斯诺达尔边疆区	2086	1983-5-5
38	塔加奈	车里雅宾斯克州	568.43	1991-3-5
39	塔尔汉库特	克里米亚共和国	109	2009-12-11
40	图金	布里亚特共和国	11836.62	1991-5-27
41	乌格拉	卡卢加州	986.23	1997-2-10
42	乌德盖传说	滨海边疆区	886	2007-6-9
43	赫瓦雷恩	萨拉托夫州	255.14	1994-8-19
44	恰瓦什瓦尔玛涅	楚瓦什共和国	252.47	1993-6-20
45	奇科伊	外贝加尔边疆区	6664.68	2014-2-28
46	尚塔尔群岛	哈巴罗夫斯克边疆区	5155	2013-12-30
47	肖尔	克麦罗沃州	4138.43	1989-12-27
48	舒申针叶林	克拉斯诺亚尔斯克边疆区	391.7	1995-11-3
49	尤格德瓦	科米共和国	18917.01	1994-4-23

一、俄罗斯国家公园的发展历程

Н.В.马克萨科夫斯基把俄罗斯国家公园的建设发展划分为以下几个阶段[①]。

(一)预备期或称讨论阶段(1971~1982年)

在这个阶段俄罗斯没有建立一个国家公园,但是围绕国家公园定义开展了热烈的学术讨论,具体讨论了未来国家公园的目的和任务以及与特别自然保护区域其他类型的相关性。实际上,1971年在爱沙尼亚北部就建立了第一个苏联自然国家公园,1981年苏联国家计划委员会和国家科学与技术委员会共同颁布了《国有自然国家公园标准条例》。这个时期在加盟共和国(波罗的海、外高加索、乌克兰

---

① Е.Л.Пименова.生态旅游[M].伊热夫斯克:乌德穆尔特国立大学出版社,2013.

等)已经建立了 8 个自然国家公园。

(二)开始阶段或称第一个国家公园建立阶段(1983~1990 年)

这个阶段根据俄罗斯苏维埃联邦社会主义共和国部长会议法令,1983 年 5 月俄罗斯建立了第一个国家公园——索契国家公园,其目的是保护和修复黑海沿岸独特的自然综合体,公园的东北部是高加索山脉。同年,根据俄罗斯联邦社会主义共和国政府会议法令,驼鹿岛国家公园建立于 1983 年 8 月 24 日,那里过去是大公爵和沙皇的狩猎场,1842 年曾进行了第一次森林资源清查,1909 年就有人提出了建立国家公园的想法。驼鹿岛国家公园也许是世界上唯一的在大都市内完整的森林地带,保护了自己独特的自然多样性。

同时,在这个时期俄罗斯环境保护部制订了《到 2000 年苏联自然保护区和国家公园规划》,规划到 2000 年俄罗斯建立近 40 个国家公园,并据此进行了国家公园的自然地理区划布局,而关于社会经济因素并没有考虑。1990 年底全俄共建立了 11 个国家公园。

值得说明的是,在这个阶段,国家公园已经开始成为最具价值、最受欢迎的旅游区域。

(三)快速发展阶段(1991~1994 年)

这一短暂的时期,国家公园的数量快速增加,每年都增加好几个,到 1994 年底俄罗斯国家公园数量达到了 27 个。这个时期建立的既有纯自然的国家公园,又有具有独特文化景观的国家公园。

1993 年俄罗斯政府颁布了《俄罗斯联邦国家公园规划》,规划到 2005 年建设 42 个国家公园,面积近 1000 万公顷。随后又出台了《1994~2005 年俄罗斯联邦国家级自然保护区和国家公园名录》。

这个阶段,对国家公园有了更加广泛的认识,国家公园保护的不仅仅是自然遗产和自然的一部分,还有各种历史和文化遗迹,甚至当地居民居住环境的整体。俄罗斯建立的第一个国家公园,主要依据的是北美模式,而更加符合俄罗斯实际的是欧洲类型。

(四)增长放缓阶段(1995~2001年)

1995年俄罗斯通过了《关于特别自然保护区域》的联邦法令,这是俄罗斯公园管理政策的基础性文件。

在这个阶段,俄罗斯国家公园的数量增长明显下降,开始每年增加1~2个,2000年和2001年俄罗斯没有增加一个新的国家公园,整个阶段总共只建立了8个新的国家公园。而且这些年建立的国家公园,与俄罗斯第一个国家公园相比,并没有很高的价值。

这个时期俄罗斯新的国家公园都是根据《1994~2005年俄罗斯联邦国家级自然保护区和国家公园名录》确定的,但是效率很低,仅仅实施了3年时间(1995~1997年)。

(五)现代发展阶段(2002年至今)

国家公园建设依据新的国家文件《2001~2010年俄罗斯联邦国家级自然保护区和国家公园规划》。原来的名录中只保留了4个国家公园,新的名录包括12个国家公园,计划设立的国家公园主要在远东和北极地区,具体包括海滨和哈巴罗夫斯克边疆区,有俄罗斯北极国家公园和白令海峡国家公园等。新规划的实施无疑会使俄罗斯国家公园在全国的布局更加合理。

二、俄罗斯国家公园的资源类型和功能定位

(一)资源类型[①]

关于国家公园的资源类型,俄罗斯学者有各种各样的认识和研究,但基本观念大体一致,主要归结为以下5种类型。

1. 生物圈资源

一是国家公园的建立能够在大规模的领土上保存完好的自然生态系统;二是

---

① 俄罗斯国家公园的旅游发展[EB/OL]. https://yandex.ru/search/

作为一种机制，维持地球生物圈的稳定性；三是维持气候的稳定，四是确保区域的生态平衡。

2. 科学资源

国家公园的科学资源价值主要体现在四个方面，即能够研究生态系统及其组成要素的多样性；可以作为基础研究和监测对象；能够开展长期系列观察；已通过国家公园俄罗斯生态学家的开发，并获得了国际认可的俄罗斯自然保护理论。

3. 环境教育资源

俄罗斯对环境教育工作高度重视，国家公园是开展环境教育的最佳区域之一，其环境教育资源价值主要包括：自然信息、自然资源利用、自然和人文景观、环境教育工作的成功经验、爱国主义教育、当地农村居民可持续生计的执行情况、对国家和民族的影响等。

4. 娱乐和旅游资源

国家公园具有吸引力的自然和历史文化遗址，旅游和组织发展的经验，控制娱乐不破坏生态系统和景观的保护等都彰显了国家公园独特的娱乐和旅游资源价值。

5. 美学和精神资源

原始的自然之美、独特的文化景观、公民参与的可能性等，充分展示了俄罗斯国家公园的美学和精神资源价值。面对越来越严重的城市化、人与自然的距离日益加剧，美学和精神资源是非常需要的。

(二) 功能定位

国家公园是具有特殊的生态、历史和审美价值，并能够从事自然保护、教育、科学、文化和旅游活动的自然区域。国家公园具有寻找商业机会的潜力，是生态旅游和其他旅游发展的基地，是环境训练项目的创新者，是信息源，能够保护和维持生物多样性，俄罗斯国家公园建立的目的就是保障人类可持续生存，而且应该是所有利益相关方共同合作的过程。据此，俄罗斯国家公园功能定位主要包括5个方面，即环境教育、为地方稀有种和特有种提供特别保护带、科学研究、自然资源的有效管理，以及动植物、水体、地貌景观保护。

三、俄罗斯国家公园发展生态旅游的法律依据

生态旅游发展是国家公园最具吸引力的,俄罗斯学者认为,与传统旅游相比,生态旅游具有如下特点:以自然旅游客体为优势,自然资源可持续利用,更少的资源和能源消耗,直接参与区域的社会经济发展和游客的环境教育。

在俄罗斯,"生态旅游"一词出现于 20 世纪 80 年代中期。俄罗斯生态旅游是根据自己的特点发展的,这是由俄罗斯国家的发展历史决定的。

俄罗斯国家公园旅游业的法律依据是建立了俄罗斯联邦的一系列法律以及其他规范性法律文件,其中最重要的包括:

(一)俄罗斯联邦法《关于特别自然保护区域》(1995 年 3 月 14 日 №33-ФЗ)

该联邦法明确了国家公园旅游与休闲的任务,明确了国家公园旅游与休闲的融资机制,明确了国家公园与旅游活动主体之间关系的调节。

(二)俄罗斯联邦法《关于在俄罗斯联邦旅游活动的基本规定》(1996 年 11 月 24 日 №132-ФЗ)

该联邦法给出了旅游领域的基本概念和相关定义、确定了国家领土范围内旅游业的调控机制。

(三)俄罗斯联邦法《关于私人活动许可证》(2001 年 8 月 8 日 №128-ФЗ)

该联邦法确定了经济活动的类型,确定了必须强制拥有国家许可证的经济活动的类型,确定了许可证授权机制。

此外,俄罗斯联邦土地法(2001 年 9 月 8 日)确定了国家公园及其邻近地区可能的土地用途;俄罗斯联邦法《关于环境保护》(2002 年 1 月 10 日 №7-ФЗ)确定了公民和经济实体对环境损害的赔偿责任;俄罗斯联邦政府批准了关于在国家公园开展旅游和游憩活动授予和吊销许可证的法律程序(1996 年 8 月 3 日

№916)；俄罗斯联邦政府批准了关于在国家公园开展旅游和游憩活动的土地租赁、自然客体和建筑物使用的法律程序(1996年8月3日№9267)；还颁布了俄罗斯联邦政府法令《俄罗斯联邦国家级自然保护区和国家公园的标识》(1996年10月7日№1168)。

四、结束语

从人类可持续生存的角度来看，国家公园并不是独立于社会经济之外的自然孤岛，而是实现可持续发展战略的核心和根基。

国家公园在保护自然环境、维护生态平衡和保障人类健康方面的作用可能成为引领者和中心，同时，可以利用其所有的优势，向周边地区积极传播。

国家公园是俄罗斯特别自然保护区域的类型之一。为了为后代保留自然资本，俄罗斯在国家的很多地区建立了特别自然保护区域，目前联邦特别自然保护区域面积占俄罗斯国土面积的3%，所有类别的特别自然保护区域占俄罗斯国土面积的11%。俄罗斯计划用10年时间，通过建立新的保护区，使俄罗斯特别自然保护区域占国土面积达到22%。2025年俄罗斯特别自然保护区面积将增加到1200万公顷。

新战略的实施带来特别自然保护区域组织结构的变化，引进了新的管理技术；在互利合作基础上推进与公众关系的发展；促进自然和文化遗产的合理利用；引进新的社会环境实践，特别是生态旅游。2013年俄罗斯联邦自然资源部授予了18个创新示范区，包括国家公园、自然保护区和其他在自己功能范围内积极开展新的实践活动的区域。

（本论文依托2013年度教育部人文社会科学研究规划基金项目，项目批准号：13YJA790148）

去泰国旅游不骑象就能救象吗？

崔庆明

> **作者简介**：崔庆明，副研究员，现就职于中山大学旅游学院。本科和博士阶段均就读于中山大学旅游管理专业，2015年曼彻斯特大学社会学系联合培养博士生。现在主要研究方向为：生态旅游，野生动物旅游，具身性和旅游体验。研究兴趣主要为文化视角下的人与自然关系，野生动物旅游的游客体验。博士论文主要研究了泰国大象旅游的游客体验。在 Journal of Sustainable Tourism, Journal of Tourism and Cultural Change, Tourism Recreation Research，旅游学刊等刊物上发表多篇论文。

最近泰国的大象旅游在社交媒体上经历了几轮热度。各种文章帖子、纪录片都在呼吁大家成为负责任的游客：去泰国旅行不要去骑象，不要看大象表演，不要助长人类对大象的虐待。笔者在博士阶段以泰国的大象旅游作为研究话题。作为一个旅游研究者，笔者有一些自己的看法。

去泰国旅游，不去光顾那些有骑象和大象表演的象营，就一定能救象吗？答案是未必。如果了解泰国驯服大象的历史背景和当今社会状况，就会发现事情远非表面上看起来那么简单。

一、泰国驯服大象的历史背景

泰国在很早之前就有驯服大象的历史，但是最近一次大规模驯服野象发生在19世纪末。当时的泰王与西方殖民国家签订了很多贸易协定（泰国本身并未被殖民），其中一项为出售柚木。柚木主要生长在泰北高地，这种地形使得人力伐木极为不便。于是，在山地使用大象帮助伐木、运输木材在当时成为一种普遍的做法。泰北的少数民族驯服了大量野象，并以伐木业为生。投入到伐木业的被驯服大象最多超过一万头。

1988年洪水让泰国政府明白滥伐森林的环境代价，1989年泰国政府禁止了绝大部分的伐木活动。随着这一纸禁令而来的是，大量象夫及其拥有的大象失业。大象由之前的家庭经济来源变为家庭负担。养活一头大象耗费巨大，据 *National Geographic* 的一篇文章估算要很好地饲养一头亚洲象，每天需要80美元。很多家庭抛弃了自己的大象，另外一些人带着自己的象在城市街头乞讨。那时候大象的生活状况凄惨，而在禁伐时这样的驯服大象超过2000头。

1992年泰国政府决定发展生态旅游，大象旅游是其中的重要发展项目。政府拥有的大象保护中心（Thai Elephant Conservation Center）首先将被驯服的大象投入旅游业发展中，其他私人象营随后模仿并如雨后春笋般出现。现在泰北聚集的大大小小的象营有100多个。这些象营提供大象表演和骑象等旅游活动，虽然是建立在对大象的控制基础之上，却为无业的大象提供了一种出路。大象旅游业最早并非如现在这般千夫所指，确实解决了上千头驯服大象的生计问题。

二、对泰国大象旅游业的批评

国际动物保护组织早就质疑了泰国大象旅游业。除了常见的使用象钩、锁链之外，最尖锐的两个指控是：一是泰语叫作phachan的驯服过程，即野象刚被捕捉回来需要摧毁其意志，使其服从人类，该过程在现代文明看来是极为残忍的。二是现在存在的小象偷猎与走私现象。游客更喜欢小象，但是象营里的大象生育率很低，无法满足需求。泰国已立法禁止捕猎野象，于是就从邻居缅甸走私偷猎的小象；一头健康的小象价比宝马车。20世纪90年代初的泰国被驯服的大象有2000多头，而现在有3000~4000头，数量不减反增，这值得怀疑。

但是，如果不发展旅游业，那这些大象如何喂养？

有些激进人士认为应该让野生动物回归自然，杜绝人类对大象的使用。但是让被驯服的大象回归自然会面临很多问题。第一，被驯服的大象是否有充分的野外生存能力？是否需要再自然化的过程？谁来训练它们再次适应野外环境？第二，即使可以直接放归野外，是否还有足够的自然资源供多出来的3000多头大象生存？现代社会几乎每一寸土地都是有所属的，如果执意恢复大象"自由"，它们该去哪一寸土地？如果要专门建立国家公园给它们，那么资金从何处来？按照道理，西方一些国家历史上也从大象驯化中有所获益，那么他们是否愿意无偿为这些从伐木业"退役"的大象提供帮助?

归根结底,这都会成为资金问题。如果没有办法解决资金来源,坚持让大象回归野外,最终会回到20世纪90年代初的情形。放它们自由变相成为对它们不承担责任,还可能会激化人象矛盾。如斯里兰卡,约30%的大象在国家公园里被保护起来,而剩余的70%因为资金资源问题只能在外游荡,去吃农民的作物,被农民用"水果炸弹"炸伤炸死。这肯定是所有动物保护人士不愿意看到的。

虽然发展泰国大象旅游业并不完美,但在现阶段作为一个妥协的方式,至少能够解决喂养保护大象的资金问题。

三、大象旅游发展的两种模式及其伦理

大象与旅游相结合的实践模式有多种,比如有些度假酒店会雇佣一些大象,在酒店服务之外加上一点野生动物体验,现在主要的发展模式有两种:传统象营(elephant camp)和新兴起的大象避难所(elephant sanctuary)。这两种类型的大象旅游容纳了大部分的驯服大象。

(一)传统象营

传统象营是很多游客熟知的,可以看到大象表演(踢足球、画画、奏乐等),可以骑象等。这些活动当然是建立在对大象的训练基础之上的,也是被现代环保话语所诟病的。但对于泰国一些研究大象的专家来说,这是可以接受的,这是不得不做出的"牺牲",没有经过严格训练的大象,是一个可能随时爆炸的"炸弹","野象"非常危险。

传统象营并非像大众想象的那样,是一个虐待大象的"黑暗作坊",他们对大象福利并非毫不关心。规模比较大的几个传统象营采取了一些措施来保障大象的福利。第一,大象并非从早到晚工作。一般大象从早上9:00~9:30开始工作,此时游客才会赶到景区,中午12:00~13:00没有游客的时候,大象可以休息,下午15:00~15:30象营基本就没有游客了。15:30以后一般大象被放到景区后山自由活动。第二,大的象营都有大象医院或诊所。大象保护中心有一个全国性的医院,免费为全泰国的大象治病。其他几个象营也有小的诊所。这说明象营并非对大象本身一无所知,并不是盲目地使用大象。第三,大象保护中心有一个象夫培训项目,提供为期两年的象夫培训。传统的象夫与大象的关系更像是家庭

成员的关系，是一种亲密关系。而现代象营中，很多象夫，特别是一些年轻象夫只是被象营雇佣来驾驭大象，他们与大象的亲密关系被削弱了。大象保护中心的培训项目的目的就是重建年轻象夫与大象的亲密关系。第四，游客所见到的景区内的大象，身体状况都还挺好。

但是，传统象营这种模式也并非无可指摘。第一，小象走私依然是一个灰色区域，没人知道哪些传统象营购买过非法偷猎的小象。泰国政府没有一个非常严格的小象登记制度，小象只需要在其七八岁的时候造册登记，而小象一般在其四五岁时就可以驯化。所以制度留出了空间和时间去驯化那些野象宝宝成为被驯化的小象。有些象营过分追求利润，购买野生小象，这无论如何都是说不过去的。第二，游客市场大部分集中在出名的、规模大的象营，这就意味着那些小的象营没有足够的客源，也就没有足够的收入，想必这些象营中的大象处境也不会太好。

现在的传统象营面临很强的舆论压力，新的象营模式开始陆续在清迈周边出现。

（二）大象避难所

单从名字上来判断，大象避难所会指向对大象更加友好的旅游活动。其中最出名的是位于清迈郊外的 ENP，它是由泰国本地的一个环保人士组建而成的。在 ENP 里边，没有大象表演，没有骑象，没有锁链和象钩。一日游的游客只能跟大象一起散散步，喂喂大象，给大象洗澡。一周的志愿者游客还可以为大象准备食物，清理大象粪便等等。ENP 的要价比传统象营的价格高很多，但目前来看它的经营非常成功。因为它在国际社会上的高声誉，游客源源不断，一周志愿者服务要提前几个月预订。

一些其他象营开始模仿 ENP 的经营模式。一部分象营跟 ENP 合作，采用与 ENP 相同的旅游活动，ENP 通过自己的网站来推广这些象营。另外一些直接自己独立经营，它们的旅游活动略有不同。他们也允诺没有大象表演，没有锁链和象钩，游客可以和大象亲密地待上一天，还可以骑在大象身上。这里的骑象采用一种更为亲密的方式——游客直接骑在大象身上，没有座椅。

从大象福利来看，大象避难所看起来比传统象营更加符合动物伦理。这也是为什么网上一些帖子里推荐大家去这些大象旅游景区的原因。

那么这种模式就更加可持续，更适合泰国大象的生存吗？未必！

这种模式的设计最初是为了满足一些精英游客或具有极强环保意识的游客需求。游客虽然花了更多的钱，还做了很多事情，但他们对这种体验非常满意。因为这种体验给予了游客极强的道德满足感。为了让游客更加了解大象，有更亲密的体验，大象避难所往往让大象与游客待在一起的时间很长。这导致它没有办法接待大规模的团队游客市场。为了适应更多的游客需求，ENP已经改变了它的接待方式，即缩短游客在景区的时间。但是当游客规模变得越来越大时，游客与大象接触的时间就会减少，他们了解大象就越少，让人没有惊奇的体验，这会使得大象避难所像一个只有大象的动物园。游客是否还愿意花那么高的价钱只是来看一看大象？游客是否会从这种走马观花的体验中获取道德满足感？这是一个值得怀疑和思考的问题。

这种模式同样会遇到传统象营遇到的问题：大的、知名度高的大象避难所会吸引大部分的客源，而小的、不知名的大象避难所只有少部分市场。而散落在清迈周围的小象营却拥有更多的大象。一个大的象营最多拥有 70 头左右的大象，ENP 在 2014 年只有 40 多头大象。笔者所咨询的 ENP 之外的大象避难所往往通过降低价格来吸引更多的游客，但粗略算一下它的价格，也没有办法很好地照顾大象（80 美元一天的标准），与 ENP 合作的象营的预订率也没 ENP 本身高。

因此，大象避难所这种模式虽然具有较高的大象福利，并且具有一些成功的景区范例，但认定它就是一种可持续的模式，可以大规模复制，还为时过早。

大象旅游业对大象福利的关心，需要建立在人们能够从此行业中获取利润的基础上。只有当象营赚到足够的收入时，他们才愿意也才有能力照顾好自己的大象。资金是满足大象福利的必要条件，不管是哪种发展模式都一样。而因为被驯服的大象规模巨大，无论哪一种发展模式，都会遇到经济可持续方面的问题。

四、一些评论和总结

人们去泰国旅游不去骑象、不去看大象表演，就能救这些大象吗？由上文所述得知，传统象营可能会因为没有收入而更加苛刻地对待自己的大象。当然，全体游客的抵制可能会倒逼传统象营向大象避难所转型，但是转成新的类型以后，依然会面临经济发展的问题，最后还是会演化成为大象福利的问题。

目前看来，没有完美的答案，复杂的社会历史状况让泰国大象行业只能一次次妥协。只希望泰国政府能够制定措施，严格监管所有象营的大象福利问题，并帮助小的象营获取更多的游客市场。

笔者认为也没有必要苛求游客一定要去哪些象营，不要去哪些象营。只希望游客通过自己的旅行，通过自己与大象的互动，更多地了解大象，做力所能及的事情去帮助它们。

自然保护区旅游景观规划初探
——以大理苍山花甸坝为例

王天山　　郑　寒　　赵体超

第一作者简介：王天山（1989—），男，北京人，理学硕士，现工作于中国科学院动物研究所生物多样性信息学研究组，研究方向为景观生态学和生物多样性信息学，目前主要从事中、大尺度的生态学研究，以及物种分布情况及生物物种名录的信息化工作。

通讯作者简介：郑寒（1973—），女，云南大理人，白族，博士，副教授。2001年毕业于云南大学生态学与地植物学研究所，获生态学专业硕士学位。2007年毕业于云南大学民族研究院，获民族学专业博士学位。现主要研究方向为景观生态学、乡村地理学和环境社会学，致力于西南山地的自然-文化景观保护。

一、引　　言

　　景观生态规划强调景观的资源价值和生态环境特性，其目的是协调景观内部结构和生态过程及人与自然的关系（Heber，1990；Neveh and Lieberman，1994；王军等，1999）。近年来，景观生态规划已越来越多地应用于自然保护区旅游资源开发，被看成是有效管理自然保护区景观可持续发展的途径之一（李敏，2002；王平等，2001；张林艳等，2006）。

　　本研究以位于国家级自然保护区、国家重点风景名胜区和国家地质公园苍山腹地的花甸坝为研究对象，结合旅游开发对当地影响的分析，利用3S技术对这一区域进行景观生态功能分区规划，以实现主体景观和辅助景观的划分，为这一区域的旅游开发提供依据；同时，也为景区的道路选线规划提供重要信息，以避免重要的野生生物生境斑块被分割破坏，使景观整体性更协调且不破坏景观的多样性。最后，根据上述分析提出管理建议，以促进苍山保护区旅游的可持续发展并达到自然保护的目的。

二、研究区概况与研究方法

(一) 研究区概况

研究区位于大理苍山腹地（N 25°50′~25°53′，E 99°59′~100°02′），由大花甸、小花甸、鸡茨坝、二台坡及周围环山组成（图1），总面积约 5997 hm² （杨金涛和赵体超，2012；杨金涛，2010），自然条件适宜种植木香、党参、秦归、附子、大黄等中药材，从20世纪50年代开始这里就被开发成为药材场，现驻地居民多为药材场的工作人员。除种植药材外，也有种植蒿菜、洋芋等经济作物和饲养牦牛，种植业主要集中分布在大花甸，海拔更高的小花甸则以饲养牦牛的畜牧业为主。

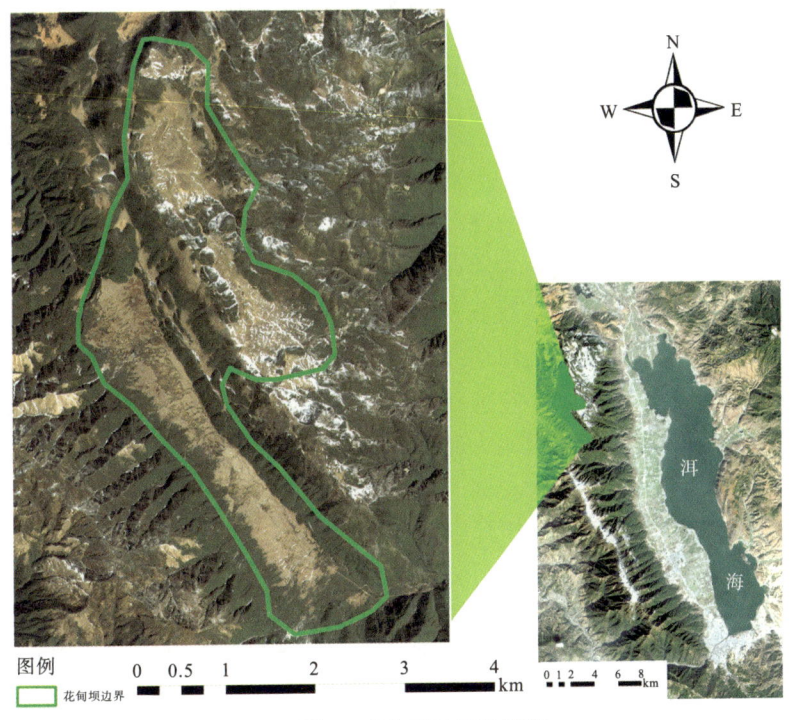

图1 花甸坝地理位置图

受大理旅游业的推动，花甸坝被地方政府列为开展苍山生物资源就地保护、科学考察及生态旅游的首选地。因此，亟须对花甸坝进行旅游生态规划，为保护区的可持续发展和自然资源开发管理提供参考依据。

（二）研究方法及数据处理

首先采取实地考察和遥感图解译相结合的方式，解读出研究区域的土地单元类别。在此基础上，根据当地的道路交通状况及农牧业现状进行旅游景观类型划分和景观生态功能分区，进而提出景观格局优化利用方案。

本研究所采用的原始遥感数据是 Google Earth 花甸坝区域图像和 2014 年 12 月的 Landsat-OLI-TIRS 遥感图。使用 Erdas 软件对图像进行相对辐射校正、波段合成和几何校正，对 2014 年的 OLI-TIES 进行监督分类。运用 Arc Map 软件完成图件空间数据库的建立，并参考 Google Earth 的高清图像进行监督分类结果的修正，结合当地的交通道路情况、经济发展模式和旅游资源情况，完成花甸坝的土地利用现状图、旅游景观类型图和生态功能分区图。

三、研究结果与分析

（一）花甸坝土地利用现状分析

根据实地考察与遥感图像解译，花甸坝的土地利用/覆盖类型（图 2）以草甸、灌木林和林地为主，兼有部分耕地（表 1）。大花甸海拔 2900m，地势平坦、面积大、水源丰富，对种植业和畜牧业发展皆有利，其北区已有大片土地被开垦成为耕地种植药材和经济作物；药材场办公驻地和居民住宅亦位于此片区，且有一条明显的主干道贯穿大花甸。小花甸和鸡茨坝海拔高 3200m，从大花甸到这两个片区要翻越一个山岭，气候相应比大花甸更寒冷，交通、气候、土壤及水文等条件的差异导致这两片区不能像大花甸一样发展种植业，但两个片区皆因当地居民在此过度放牧而零散分布有沙化土地。

图 3　花甸坝土地利用现状

从道路交通上看，全区除上述南北贯穿大花甸的主干道外，无完整的道路交通网络，仅有零散几条破碎的山间小道连接大花甸、小花甸和鸡茨坝。

表 1　花甸坝土地利用类型面积统计

土地利用/覆盖类型	林地	灌木林	草甸	耕地	水域	沙地	交通用地	住宅用地
面积/km²	8.00	5.49	9.66	0.57	0.01	0.02	0.18	0.02
百分比/%	33.40	22.90	40.32	2.36	0.06	0.10	0.77	0.10

(二)花甸坝旅游景观类型分析

生态旅游景观实质上是具有旅游吸引力的不同级别、不同特征类型的自然景观生态系统。结合花甸坝景观生态系统的特点以及遥感图像解译出的土地单元情况，以区域的主要构成因素依照主导因子原则进行景观分类，将花甸坝的生态旅游景观资源分为森林景观、草甸景观、水域景观、田园景观和灌木林景观五类(图3)。

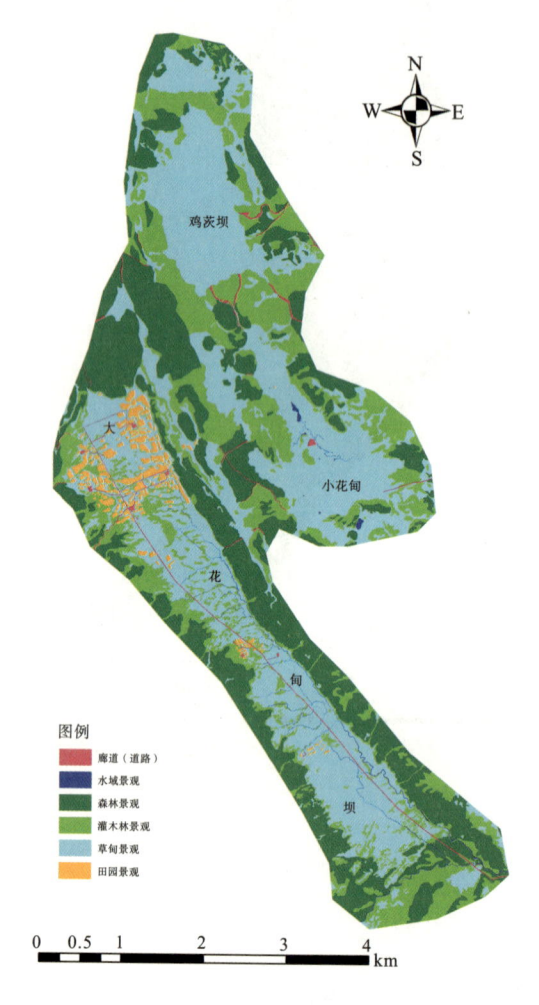

图3 花甸坝景观资源分类

研究区以森林景观、灌木林景观和草甸景观为主，可开发旅游资源较丰富，尤其是每年的6~8月，有很多具有较高观赏价值的植物在这一时期开花，景观上具有很高的美学价值。区域中的道路在此作为廊道，起着交通运输的功能，应在现有林间小路、大路的基础上合理设计游憩路线引导游客，并强化其在输送功能之外的旅游功能设计，以延长游客在主要景区的观赏时间，避免对其他区域的干扰。

（三）花甸坝景观生态功能区划分

景观功能是指景观元素间能量、物种及营养成分等的流（王仰麟，1998）。一个景观的物质循环、能量流动和信息交流与景观内部的斑块、廊道和基质的特征有着密切的关系。通常而言，旅游活动可以解释为在旅游资源景观内部的特定廊道和斑块之间所形成的一系列生态流，这种流集中体现为旅游活动所带来的人流、物流、货币流、信息流和价值流等。由此看来，对于一个旅游资源景观而言，合理地划分特定的旅游斑块及廊道是处理好该地区人地关系至关重要的环节。

对花甸坝旅游景观进行功能分区（图4），目的是通过对游客的分流管理，避免旅游活动对保护对象造成破坏，从而使旅游资源得以合理配置和优化利用。在我国，一般遵循1988年C.A.Gunn提出的国家公园旅游分区模式将自然保护区划分为核心区、缓冲区和边缘区三部分，较详细的则为划分为核心区、游憩缓冲区、密集旅游区及服务社区（梁留科和曹新向，2003）。依据《自然保护区类型与级别划分原则》（GB/T 14529—93），大理苍山洱海自然保护区属于自然生态系统类别，主要保护森林生态系统类型、内陆湿地和水域生态系统类型和地质遗迹类型。在整个保护区内，花甸坝属缓冲区和实验区范围，可以适当开展科考活动和旅游活动，但考虑到高寒山区的天然植被年生产量小、更新能力低的生态特点，以及当前花甸坝草场因载畜量过大已出现沙化的趋势，必须将人为活动控制在环境可承受的范围内，使被破坏的自然植被逐渐恢复。另外，花甸坝还是国家珍稀植物黄牡丹的集中分布区之一，黄牡丹主要分布在林下灌丛，故应保护其栖息地——森林景观与灌丛景观。在此思想指导下，分析花甸坝土地利用现状图与景观资源分类图，可以看出鸡茨坝水资源不丰富、交通不便、区域相对封闭，不是普通游客的目的地；另外，因过度放牧导致鸡茨坝草甸目前已出现多处破碎的沙化土地小斑块，应保护这一区域避免被旅游活动影响加重沙化速率；三个草甸的周边皆环绕分布成片的灌木林和森林，除从大花甸到小花甸须经过的有道路分布的小片林地外，其他林地人为活动扰动程度较小。

综上所述，鸡茨坝草甸与大片的森林景观、灌丛景观应考虑作为该区域的核心保护区，是严格受保护的区域，严禁各类资源开发活动，原则上只为工作人员的科研和保护所用，一般禁止游客进入该区域。缓冲区是依据花甸坝的廊道（道路）及人类活动影响区域而设立，主要在大花甸药材场周边、小花甸坝周边和道路两侧。这些区域人类活动频繁，是核心保护区很好的过渡区域，区内限制永久性建筑进入，同样严禁各种资源开发活动，避免游客大量进入。游憩区是游客集中活动的区域，主要是药材场场区和小花甸坝，人类活动以旅游为主，要以控制农业污染和美化工程为目标,并对各种旅游污染进行严格控制和清理。旅游服务区是游客休息的集中场所,主要为居民住宅地,为旅游者及科考队提供服务(图4)。这种分区可以保护景观尺度上的自然栖息地和生物多样性,并不危害敏感的栖息地和生物,同时又丰富了景观的多样性。

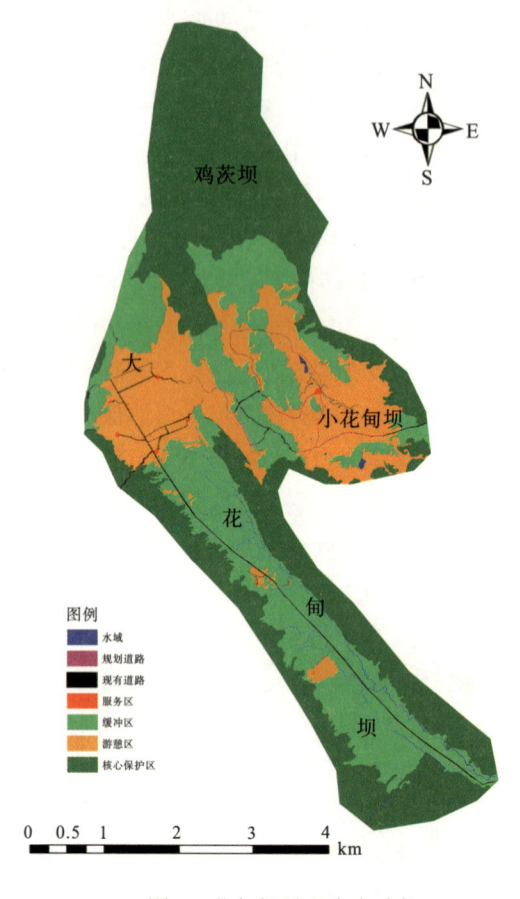

图4 花甸坝景观生态功能

四、讨论与建议

(一)制定合理的道路交通规划

(1)完善基础道路:如前所述,交通不便是制约花甸坝综合开发与保护的最主要因素,应在现有的道路交通体系基础上修复喜洲—花甸坝公路,但是应对进入花甸坝的道路制定合理的交通管制方案,严格控制外来污染源进入保护区。因此,首先要在万花溪电站前池至花甸坝九转十八弯起点段公路建设机动车停车场,严禁外来机动车入山。其次,恢复改造九转十八弯起点至药材场场部公路段,应在该路段配置保护区内部电动环保车,所有入山人员可以乘坐环保车、徒步或骑马的方式进行花甸坝游览观光,以减少交通对保护区造成的压力。最后,相关部门要切实管理好到花甸坝的道路交通秩序,及时维修保障道路通畅。这对花甸坝综合保护开发具有积极的意义。

(2)制定合理的旅游路线:旅游路线是连接各个景区斑块的廊道,区内廊道的设计不能穿越生态脆弱带,应选择具有较强生态恢复力的区域,最好是现存的自然廊道,即河流、林间小路等。连接各景区的廊道过长会淡化景观的精彩程度,过短则影响景观生态系统的正常运行,因此廊道的长短要设计适宜。区间廊道的设计,应尽力使道路的客流量与区内环境相匹配。另外,苍山管理局在做旅游开发的时候,应在路线起点处建立游客服务站,提供导游、地图、无线对讲机等服务,还应在沿途设立指路牌、休憩小驿站、应急设施等,确保游客安全,使游客更好地游览沿途风景。还应根据景区的游客接待容量和环境容纳量,合理控制每天的客流量,做到有序可控。

(二)加快基础设施建设

花甸坝可接待游客的房屋只分布在药材场,且这些房屋绝大部分是破旧的土木结构建筑,多数已属危房(杨金涛和赵体超,2012)。花甸坝基础设施不完善,难以满足今后旅游开发所带来的一系列问题。

加快基础设施建设是推进花甸坝综合保护开发的内在要求。首先,要对现有的药材场房屋进行改造,适当建设度假村,满足旅游者的需求;其次,当前花甸坝的能源供应不足,应架设电网到大花甸,充分利用太阳能资源,既可以改善生活质量,又可以减少居民上山砍柴对环境的破坏;还应该在花甸坝建立通信基站,加强与外界的信息交流,这可以极大地加快花甸坝的开发和保护进程。

(三)改善经济发展模式

花甸坝现以种植业、畜牧业为主要的经济发展模式,旅游资源的开发必将带动第三产业的发展。由此带来的契机也将会加速种植业和畜牧业的转型,因此可以打造生态观光型农业,将花甸坝具有的药材资源和高质量的自然景观资源作为依托，改进耕作方式，以农业活动为基础，农业与现代旅游业相结合（郭焕成等，2000；卢云亭和刘军萍，1995）。通过采用这一模式，药材场可向游客展示规模化栽培的木香、党参、秦归、附子、大黄等中药材种植园，以及珍稀花卉黄牡丹观光园，采用科学化的管理体系将种植业与旅游观光结合在一起进行发展。对于畜牧业，应制定合理的放牧数量，划定不同区域采用轮休方式进行养殖。这样既可以保护草地资源，又可以供游客参观，从而让游客领略在其他风景名胜地欣赏不到的自然景观文化和具有地方特色的农业种植艺术。

（四）完善管理机制

花甸坝没有建立有效的环境监测站，也没有有效的环境巡护机制，长期处于无专业人员管理的状态。有关部门应建立统一的管理机制，在花甸坝设立环境监测管理站，制定长效保障机制，制定合理有效的措施保护生物资源，严防水土流失，严防生态系统遭受干扰和破坏。在花甸坝药材场居民和旅游者中倡导保护环境的理念，做到文明生态旅游。

参 考 文 献

郭焕成，刘军萍，王云才，2000. 观光农业发展研究[J]. 经济地理，2：119-124.

李敏，2002. 自然保护区生态旅游景观规划研究——以目平湖湿地自然保护区为例[J]. 旅游学刊，17(5)：62-65.

梁留科，曹新向，2003. 景观生态学和自然保护区旅游开发和管理[J]. 热带地理，23(3)：289-293.

卢云亭，刘军萍，1995. 观光农业[M]. 北京：北京出版社.

王军，傅伯杰，陈利顶，1999. 景观生态规划的原理和方法[J]. 资源科学，2：73-78.

王平，王金亮，杨桂华，2001. 碧塔海流域生态旅游景观类型及其空间组合特点[J]. 云南地理环境研究，13(1)：60-67.

王仰麟，1998. 农业景观格局与过程研究进展[J]. 环境科学进展，2：30-35.

杨金涛，2010. 大理苍山气候与旅游资源的分析研究[J]. 民营科技，6(7)：148.

杨金涛，赵体超，2012. 大理苍山花甸坝开发、保护与可持续发展研究[J]. 绿色科技，1(2)：131-132.

张林艳，叶万辉，黄忠良，2006. 应用景观生态学原理评价鼎湖山自然保护区功能区划的实施与调整[J]. 生物多样性，14(2)：98~106.

Haber W，1990. Using landscape ecology in planning and Management//Zonneveld I S, Forman R T T. Changing Landscapes：an Ecological Perspective[M]. New York：Springer-Verlag，217-231.

Naveh Z，Lieberman A S，1994. Landscape Ecology：Theory and Application [M]. New York：Springer-Verlag.

云南省旅游经济时空演变及因素分析

王永成 刘承娇 宋子亮 崔苗茹 黄晓园

第一作者简介：王永成（1990—），男，在读硕士生，研究方向：农村与区域发展。

通讯作者简介：黄晓园，男，1979年2月生，湖北随州人，博士，西南林业大学生态旅游学院副教授，硕士研究生导师。主要从事生态旅游、农村区域发展、地理空间格局、自然保护区及森林公园等方面的研究。曾主持完成国家社会科学基金1项、云南省哲学社会科学项目3项、教育厅重点项目2项，参与省部级项目10余项。发表学术期刊论文20余篇，获云南省哲学社会科学优秀成果三等奖一项。

基金项目：云南省社科基金项目"云南旅游景区资源测度与时空格局演变研究"（YB2016019）；西南林业大学科技创新项目"云南旅游景区资源分布与时空格局演变研究"（S16012）。

2016年1月19日，国家旅游局局长李金早在全国旅游工作会议上提出了"全域旅游"的概念，将打造到处都是风景，到处都有接待服务的旅游大格局。此后，全域旅游受到全国各地广泛重视。但不同区域的旅游差异具有不平衡性，研究云南省旅游经济发展的不平衡特征，对云南省全域旅游发展具有重要意义。

近年来，国内外有关旅游经济差异的研究成果颇为丰富。国外研究起步较早，并通过建立模型等方式开展了游憩活动与地理空间的结构研究（Christaller，1964；Gunn，1988；Hills and Lundgren，1997；Weaver，1998）；国内学者陈传康较早开展了区域旅游研究（胡文海等，2015）。随后，学者们运用不同的研究方法对不同区域进行了较多研究。较多学者偏向于运用不同的指数来测算各地旅游经济发展的空间差异，如：基尼系数、标准差、变异系数、首位度、锡尔系数等（郭来喜和保继刚，1990；吴必虎和肖金玉，2012；汪德根和陈因，2011；王淑新等，2016；胡文海等，2015），这些方法使用起来简单，能够比较清楚地反映出不同区域旅游经济的绝对差异、相对差异及其动态变化趋势，但容易割裂旅游空间结构变化与影响因素之间的关系(王淑新等，2016)。随着空间数据分析方法技术的日益成熟，以及在区域旅游经济差异研究方面的应用，为旅游发展的空间定量分析提供了全新的角度(胡文海等，2015)。

针对云南省旅游经济空间差异的研究，主要突出在研究方法上。如学者们运用标准差、变异系数、基尼系数、锡尔系数及因子分析等方法分析了云南旅游经济的时空差异，并提出了云南旅游产业协调发展的途径(杜建平等，2015；张梅芬和童彦，2014；黄华，2014)。综观以上研究，旅游经济已成为旅游发展关注的重点领域。随着全域旅游的提出，区域旅游经济的时空差异和演变特征成为近年来研究的焦点。

本文在利用区域经济学研究方法的基础上，进一步采用空间数据分析法，探析云南旅游经济的时空差异和演变特征，一方面可以丰富云南旅游的研究面；另一方面也可以为区域旅游经济和云南全域旅游的进一步发展提供依据。

一、研究方法与数据来源

(一)研究方法

标准差(SD)：标准差能够反映一个数据集的总体标准偏差，即整体的离散程度，可以用来测算区域旅游经济总量的绝对差异程度。

其计算公式为

$$SD = \sqrt{\frac{\sum_{i=1}^{n}(X_i - \bar{X})^2}{n}}$$

式中，X_i 为第 i 个空间单元的旅游总收入；$\bar{X}$ 为云南省旅游的平均收入；n 为空间单元的个数。若 SD 的值越大，表示绝对差异就越大，相反，SD 值越小则代表绝对差异也越小。

变异系数(C.V)：变异系数又称"标准差率"，是标准差与样本平均值的比值，可以用来检测区域旅游经济的相对差异。由于变异系数是在标准差的基础之上计算的一个指标，所以可以消除价格变动等因素所产生的影响，有利于年际之间的比较(张梅芬和童彦，2014)。变异系数越小，表示相对差异程度越小。

其计算公式为

$$C.V = \frac{SD}{X}$$

式中，X 为样本平均值。C.V 的值越大，表示相对差异越大；C.V 的值越小，则相对差异也越小。

全局自相关：空间全局自相关根据研究对象的位置及相关属性来评价总体空间分布模式是聚类模式还是离散模式，或者是随机模式。通过计算 Global Moran's I 指数值来评价数据集中的值倾向于在空间上发生聚类，如果数据集中的值倾向于在空间上发生聚类（即高值聚集在其他高值附近；低值聚集在其他低值附近），则该指数为正数。如果高值排斥其他高值，而倾向于与低值相接近，则该指数为负值。

其公式为

$$I = \frac{n \sum_{i=1}^{n} \sum_{j=1}^{n} W_{ij}(x_i - \bar{x})(x_j - \bar{x})}{\sum_{i=1}^{n} \sum_{j=1}^{n} W_{ij} \sum_{i=1}^{n}(x_i - \bar{x})}$$

式中，$\bar{x} = \frac{1}{n} \sum_{i=1}^{n} x_i$，$n$ 为空间单元的个数；x_i、x_j 为 i 地区、j 地区的人均旅游收入。构建空间权重矩阵 W_{ij}，采用临近标准，即若 i 地区与 j 地区相邻，则 W_{ij}=**1**；否则，W_{ij}=**0**。当 $i=j$ 时，W_{ij}=**0**，Moran's I 的值域为[-1，1]。当 Moran's I 指数趋近 1 时，表示区域旅游经济在整体上存在着较强的空间正相关，表现出集聚分布的空间格局；反之，当 Moran's I 指数趋近-1 时，表示区域旅游经济在整体上存在较强的空间负相关，即在空间上呈现出离散的空间格局；当 Moran's I 指数等于 0 时，则表示区域旅游经济无空间自相关，呈现随机分布的格局。

局部自相关：局部空间自相关可以识别具有高值或低值的要素的空间聚类。通过计算 Global Moran's I 指数值来评价对象空间分布类型（聚类或异常），揭示研究区域内各空间单元与其相邻区域的关联性和差异程度。结合 Moran's I 散点图和集聚图，可将区域内局部差异的空间结构可视化，研究其空间分布规律。局部 Moran's I 指数可用来衡量两个区域之间相同要素的空间差异性。当 I 为负值时，表示要素具有包含不同值的临近要素。高值(H-H)聚类、低值(L-L)聚类、高值主要由低值环绕的异常值(H-L)以及低值主要由高值环绕的异常值(L-H)。

公式为

$$I = \frac{x_i - \bar{x}}{S_t^2} \sum_{j=1}^{n} W_{ij}(x_i - \bar{x}),$$

其中

$$S_t^2 = \frac{\sum_{i=1,j\neq 1}^{n} W_{ij}(x_i - \overline{x})^2}{n-1} - \overline{x}$$

式中，I 为局部自相关指数。当 I 为正值且较大时，i 区域与其邻域的观测值相似，空间差异小（"高-高"或"低-低"）；当 I 为负值且较小时，i 区域与其邻域的观测值不相似，空间差异大（"高-低"或"低-高"）。

(二) 数据来源

本文以云南省 16 个州市为基本研究单元，以 2003~2015 年为研究区间，选取云南省各州市各年份的旅游总收入作为主要指标。数据来源于云南省统计年鉴、云南省旅游年鉴和云南省各州市国民经济与社会发展公报。由于统计年鉴中 2003 年以前的各州市旅游收入数据缺失，所以研究时间就以 2003 年为起点。

二、云南旅游经济差异的时间演化

利用公式对各州市不同年份的旅游收入数据进行计算后，结果显示（图 1），云南省旅游经济的标准差从 2003 年的 31.36 扩大到 2015 年的 177.94，在 13 年的时间里增加了 467.41%，绝对差异呈现逐渐扩大的趋势，尤其是在 2009 年以后扩大的程度更明显。可能与 2009 年国务院下发《关于加快发展旅游业发展的意见》中指出要把旅游业培育成为国民经济的战略性支柱产业，对全国旅游业经济发展产生的推动作用有关系。这种变化可以分成两个阶段：2003~2009 年，属于缓慢扩大阶段，这时期的标准差的年均增长率仅为 9.1%。但 2010~2015 年，云南省旅游经济的绝对差异扩大的速度较快，标准差年均增长率为 28.22%，呈现急剧扩大的趋势，属于快速扩大阶段。其中 2013 年云南省也下发了建设旅游强省的意见，促进了整体旅游经济的快速提升，也促进了整体差异的扩大化。

与之不同的是，云南省旅游经济的相对差异正在逐渐缩小（如图 1），反映旅游经济相对差异的变异系数 2003 年为 1.62，到 2015 年已经下降到了 0.88。其中 2003~2005 年下降较快，虽然 2010 年有波动，但基本上表现出了平稳下降的演进轨迹，且下降的速度较为缓慢。

上述分析显示，云南省旅游经济发展的总体差异较大，而且绝对差异正在呈扩大趋势发展，说明云南省各州市不同年份的旅游收入差异增强，地区旅游经济发展呈现出较强的不均衡性；云南省旅游经济发展的相对差异表现出缓慢缩小的发展态势，说明去除价格变动等不同的影响因素以外，云南省各州市的旅游经济发展差异正在缓慢缩小，与云南省旅游经济发展的总体差异不断扩大，相对差异有所下降，但较为缓慢(张梅芬等，2014)。

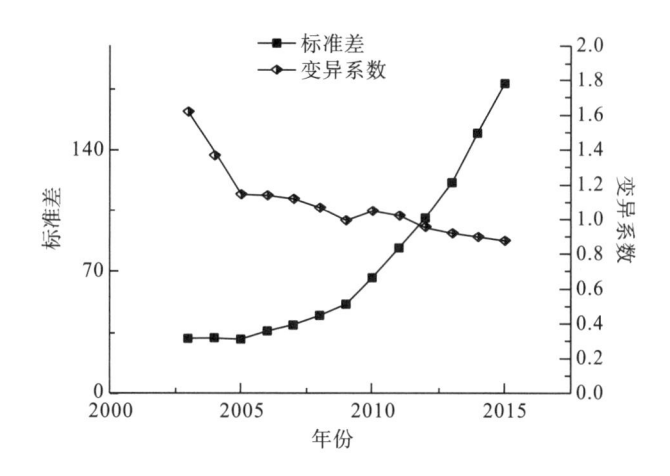

图1　2003~2015年云南省旅游经济差异变化

三、云南省旅游经济空间自相关分析

(一)全局空间自相关分析

云南省16个州市从2003~2015年的旅游经济数据处理后的结果显示：研究的13年期间，云南省旅游经济的Moran's I 指数全为负数(如表1)，而且呈波动式逐渐减小(如图2)。说明了云南省旅游经济在整体上呈负的空间自相关性，也就是在空间上表现出了离散分布的格局，这表明云南省旅游经济的整体空间相关性并不强。不仅如此，云南省旅游经济的空间关联性整体上逐渐下降，表现出离散趋势。其中，2005年有所上升，但从2011年开始，再次呈现了急剧下降的趋势，这表明云南省旅游经济的整体格局是逐渐向离散方向发展，整体的空间相关性逐渐减弱。

表1　2003~2015年云南省旅游经济全局自相关指数

年份	Moran's I 指数	P 值
2003	−0.1679	0.07
2004	−0.1884	0.05

续表

年份	Moran's I 指数	P 值
2005	−0.1884	0.07
2006	−0.1811	0.11
2007	−0.1752	0.15
2008	−0.1491	0.23
2009	−0.1484	0.18
2010	−0.1592	0.17
2011	−0.1583	0.19
2012	−0.1972	0.09
2013	−0.2091	0.10
2014	−0.2219	0.07
2015	−0.2269	0.05

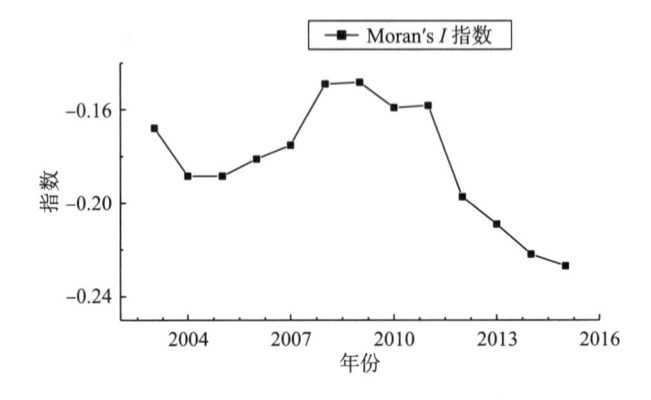

图 2 2003~2015 年 Moran's I 指数变化

(二)局部空间自相关分析

利用空间分析软件(GeoData10.11)对云南省 16 个州市从 2003~2015 年的旅游收入数据进行分析并制作出散点图(图 3)和集聚图(图 4)。

在云南省旅游经济散点图(图 3)中,第一象限为高-高聚集区,即 H-H 型,表示旅游经济发达的州市周边地区旅游经济也同样发达,相邻州市之间的旅游经济发展关联性强,而空间差异小。第二象限为低-高聚集区,即 L-H 型,表示在第二象限内的州市自身旅游经济发展水平低,但相邻区域经济发展水平高,与周边存在较大的空间差异。第三象限为低-低聚集区,即 L-L 型,代表处于该区域内的州市以及周边相邻的区域旅游经济发展水平都比较低,空间差异小。第四象限为高-低聚集区,即 H-L 型,代表自身旅游经济发展水平高,但周边相邻的区域旅游经济发展水平较低,空间差异较大。2003~2015 年,第一象限变化不大,其他多个州市从第三象限移动到第二象限(L-H 型),表明云南省旅游经济差异较大,而且有继续扩大的趋势。

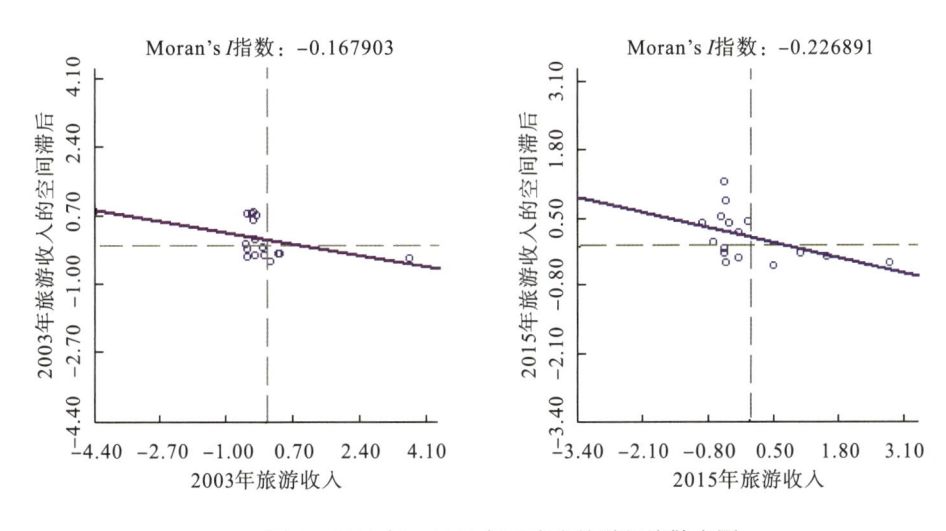

图3 2003年、2015年云南省旅游经济散点图

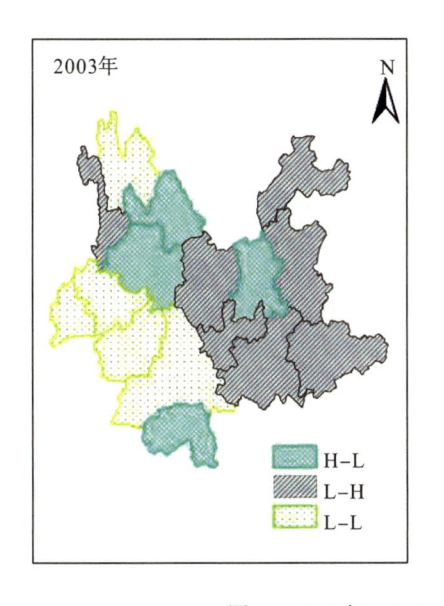

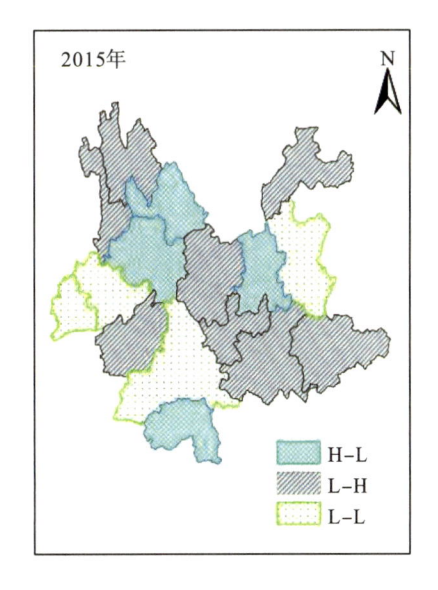

图4 2003年、2015年云南省旅游经济的空间集聚图

通过 GeoData 软件生成 2003 年、2015 年云南省旅游经济集聚图(图 4)后发现：2003 年和 2015 年，云南省都没有位于高-高聚集区(H-H)的州市；2003 年位于低-高聚集区(L-H)的州市比较多，有怒江、楚雄、红河、文山、曲靖、昭通、玉溪共 7 个地区；2015 年有 8 个州市位于低-高聚集区(L-H)，分别是红河、文山、迪庆、临沧、楚雄、昭通、怒江、玉溪。主要是因为这些州市位于昆明、大理等旅游业经济较发达的区域附近；2003 年有 5 个州市位于低-低聚集区(L-L)，分别是保山、临沧、普洱、迪庆、德宏，这些州市都处于云南西部的边缘地带，受复杂的山地地形和自身经济基础等因素影响，加上交通等基础设施薄弱，极大限制了旅游经济的发展。到了 2015 年，发生了变化，变成德宏、保山、普洱和曲靖位于低-低聚集区(L-L)。2003 年位于高-低聚集区(H-L)的州市为昆明、大理、丽江和西双版纳，到了 2015 年，仍然是这四个地区位于高-低聚集区(H-L)，随着时间的演进，基本格局没有发生明显的变化。

四、云南省旅游经济空间差异的影响因素分析

(一)旅游资源禀赋和区位

旅游资源禀赋是区域旅游经济发展先天的能量源泉，旅游资源所处的区域位置是旅游业发展的外部推动力，两者对区域旅游经济的发展和未来具有重要的影响。云南省整体上拥有丰富的旅游资源，但 A 级旅游景区主要集中在滇中、滇西北、滇南地区，因此在旅游业发展过程中呈现出了不均衡的旅游景区空间分布格局。2015 年云南省 A 级旅游景区空间数据显示，云南省大部分区域都分布了较多高质量的景区，但昭通、曲靖、文山等地可能受资源禀赋影响，A 级旅游景区不多；怒江、普洱、临沧等地受区位条件限制，A 级旅游景区分布较少。

(二)交通网络及通达度

交通是联系客源地和旅游目的地的桥梁，是旅游的通道和媒介，是构成完整的旅游功能的必要组成部分，决定着旅游流的流向、流量和流速以及旅游地开发的顺序，并深刻地影响区域旅游空间结构的时空发育过程(孙盼盼，2013)。截至 2015 年，云南省民用航空运营里程达到 316900km，铁路营业里程达到 266.08km，公路通车里程 236007 km。三大交通强化了区域之间的发展联动性，推动云南旅

游业整体发展。云南省地形复杂,公路是连接各区域的主要交通方式,其区域密度一定程度上能体现区域交通的便捷度。云南省公路密度较高的区域主要集中在滇中地区,滇西、滇西北地区比较低,怒江的交通密度在全省最低(如表2),因而导致了这些地区空间上低-高聚集,也加大了旅游经济的中西部差异。

表2 2015年云南省各州市公路交通情况表

州市	公路通车里程/km	等级公路/km	高速/km	密度/(km/100km²)
昆明	17915	15328	622	0.0083
曲靖	23896	20864	484	0.0039
玉溪	17268	16821	248	0.0041
保山	13591	10914	333	0.0032
昭通	16526	13538	346	0.0026
丽江	7243	6608	63	0.0020
普洱	20373	16002	200	0.0017
临沧	16382	13551	0	0.0030
楚雄	19050	13420	333	0.0028
红河	22721	19965	558	0.0034
文山	15814	14019	338	0.0024
西双版纳	6427	5086	90	0.0015
大理	19676	15027	376	0.0033
德宏	7934	6452	16	0.0032
怒江	5451	4499	0	0.0007
迪庆	5741	4976	0	0.0014

(三)区域经济发展水平

经济基础对于旅游目的地旅游业发展的作用表现为供给能力(汪德根和陈田,2011)。区域经济基础越雄厚,为旅游业发展提供基础设施建设、旅游配套服务设施建设的能力就越强。云南省经济发展水平较高的州市主要集中在滇中地区。大量的资金投入,完善的配套服务体系,提升了旅游经济发展水平;相比之下,经济发展水平较低的区域,受限于资金投入,旅游资源开发不足,旅游配套服务供给不够,致使旅游业发展起步晚,旅游经济发展水平不高,因此加大了云南省旅游经济发展的空间差异。

(四)旅游政策倾向

旅游发展政策直接影响到各区域旅游业的经济导向、产业定位、税收环境、基础设施投入、宣传促销和客源市场开发等,对全省各州市旅游收入差异具有现实意义(李青,2009)。云南省旅游业发展之所以能够屹立于全国旅游市场,是得益于政府对旅游业的重视以及适应云南旅游业发展的政策推动,而政策倾向又影响着区域旅游经济的发展和收入差异。如《云南省旅游产业"十三五"发展规划》着力构建一个"滇中城市经济圈"、推动四个"旅游经济带"和"五个片区"的优化建设,在抓提升、促发展的同时使全省旅游业发展覆盖到了旅游发展的边缘地区,有助于缩小各区域之间的旅游经济差异。

五、结论与讨论

(1)从时间差异来看,云南省旅游经济的绝对差异在逐渐扩大,从 2009 年以来呈现快速增长的趋势,而相对差异在逐渐缩小,但比较缓慢。这种演化格局与国内旅游环境的变化有密切关系。政府的政策引导,国内旅游业的快速发展,以及人民生活水平提高后外出旅游猎奇的需要,都促进了云南旅游业的快速进步。但与此同时,受到旅游资源禀赋、区域经济发展水平、区位条件、交通通达度等因素影响较大,导致各州市之间的旅游经济总量差距也逐渐拉大,呈现出了相对差异缩小,绝对差异越来越大的格局。

(2)从全局时空差异来看,云南省旅游经济在整体上呈现出分散的格局。具体表现为指数为负值,而且近年来指数逐渐减小,说明随着时间变化,云南旅游经济离散的趋势会加大。这表明云南省旅游经济在整体上的空间关联性比较弱,经济空间差异也比较大。

(3)从局部空间差异来看,云南省旅游经济发展过程中,昆明、大理、丽江、西双版纳一直处于高-低聚集区,经济发展水平始终处于优势地位。处于低-高聚集区的州市较多,分布在全省的大部分地区,尤其滇西北和滇东南较为集中,空间差异较大,但表现出稳定的空间演化特征。这种现象的出现与旅游政策倾向也有较大关系。

(4)基于云南省旅游经济发展呈现离散的状况,各州市旅游经济发展相关性较弱的格局,全域旅游的发展应该从全省全局入手,打破传统的旅游业发展思路,整合资源，联合发展，跨区合作发展，提升全省旅游经济发展综合实力和竞争力，把云南省建设成为一个旅游相关要素配置完备、能够全面满足游客体验需求的综合性旅游目的地、开放式旅游目的地。

参 考 文 献

杜建平，付洪利，邓远娟，等，2015. 云南省旅游经济空间差异演变[J]. 内江师范学院学报，(10)：37-43.

郭来喜，保继刚，1990. 中国旅游地理学的回顾与展望[J]. 地理研究，(1)：78-87.

胡文海，孙建平，余菲菲，2015. 安徽省区域旅游经济发展的时空格局演变[J]. 地理研究，34(9)：1795-1806.

黄华，2014. 年云南省旅游总收入差异的时空变化分析[J]. 资源开发与市场，30(1)：105-109.

李青，2009. 云南省旅游经济区域差异及其对策研究[D]. 昆明：云南师范大学.

孙盼盼，2013. 中国区域旅游经济差异的时空格局演变分析——基于2000—2011年面板数据[J]. 北京第二外国语学院学报，(7)：39-47.

汪德根，陈田，2011. 中国旅游经济区域差异的空间分析[J]. 地理科学，31(5)：528-536.

王淑新，王学定，徐建卫，2016. 西部地区旅游经济空间变化趋势及影响因素研究[J]. 旅游科学，(6)：55-67.

吴必虎，肖金玉，2012. 中国历史文化村镇空间结构与相关性研究[J]. 经济地理，32(7)：6-11.

张梅芬，童彦，2014. 云南旅游经济空间差异及协调发展途径探究[J]. 国土与自然资源研究，(4)：87-89.

赵梦元，师谦友，2016. 陕西省旅游经济的时空演进格局分析[J]. 资源开发与市场，(1)：87-90.

Christaller W，1964. Some considerations of tourism location in Europe：The peripheral region-underdeveloped countries-recreation areas[J]. Papers of the Regional Science Association，12(1)：95-105.

Gunn C A，1988. Vacationscape：Designing Tourist Regions[M]. New York：Van Nostrand Reinhold，205-208.

Hills T，Lundgren J，1977. The impacts of tourism in the Caribean，amethodological study[J]. Annals of Tourism Research，4(5)：248-267.

Weaver D B，1998. Peripheries of the periphery：Tourism in Tobago and Barbuda[J]. Annals of Tourism Research，25(2)：292-313.

推进城市林业建设，创建生态文明家园

程 程　　程希平　　叶 文

第一作者简介：程程，云南昆明人，硕士。西南林业大学地理学院助理实验师，团委书记。主要从事区域旅游开发与管理的教学与科研工作。

　　党的十八大把建设生态文明纳入中国特色社会主义事业"五位一体"总体布局，并把它作为党的重大行动纲领写入党章，这是对世界文明发展的原创性重大贡献。党的十九大报告进一步明确提出"建设生态文明是中华民族永续发展的千年大计"。生态文明建设既是目标又是手段，既是结果又是过程，核心是牢固树立尊重自然、顺应自然、保护自然的生态文明理念，实现人与自然和谐。森林是陆地生态系统的主体，林业是生态文明建设的主阵地，承担着保护自然生态系统，服务民生福祉等诸多职责。森林是建设美丽中国的核心元素和基本色调，是践行"绿水青山就是金山银山"的保障，城市林业是城市生态建设的重要组成部分，是重要绿色基础设施。早在 1972 年美国就颁布了《城市森林法》，规定城市森林覆盖率需达到 27%，商业区树冠覆盖率需达到 15%，郊区森林覆盖率需达到 50% 的要求。城市林业的建设已经成为国内外生态城市和健康宜居城市的重要指标，我国于 2012 年出台了《国家森林城市评价指标（LY/T 2004—2012）》。

　　以"森林城市""园林城市""生态文明城市"等为载体的城市林业建设，能够有效地改善城市生态环境，增加城市居民幸福指数，提升城市综合竞争力，是建设生态文明和美丽中国的生动实践，对形成绿色低碳循环发展新方式具有重要意义。但通过评价体系而挂的各种"牌匾"，其人为影响是很大的，往往也是滋生腐败的原因。

一、建设思路

深入贯彻落实国家生态文明建设、新型城镇化发展和空间规划的要求，积极践行《健康中国2030规划纲要》，坚持"以人为本、重在自然、精在特色、贵在和谐"的发展方向，以解放思想、改革创新、合理开发、永续利用，以绿色惠民、绿色富民、绿色育民为目标，完善城市林业总体布局与功能，规范城市林业建设和管理，统筹城镇森林生态系统的保护与修复，发挥森林的多功能利用，不断满足城镇居民的休闲健身需求，提升生活质量，培育生态意识，推动绿色城市发展，推进生态林业和民生林业的协同发展，并尽快制定出台《国家城市森林法》。

二、城市林业建设定位

（一）生态与环境的承载场

城市林业是统筹"山、水、林、田、湖、草"等自然要素和历史文化等人文要素，形成以森林为主体的城镇森林生态系统、生态屏障、绿肺和天然氧吧，有利于增强城镇生态承载能力，保障城镇生态安全，同时也是城市不同功能区块重要的分隔带；城市林业有利于拓展公众生态休闲空间，提供优质的生态公共产品；城市林业有利于构建良好的人居环境，提升城镇形象。发展城市林业是加强城镇生态公共基础设施建设不可或缺的内容，对于推进城镇生态文明建设、提升城镇绿色化发展意义重大。

加强对城市林业内森林资源、自然文化景观的保护，加强对珍稀树木、古树名木及野生动物的保护，促进森林生态系统功能的发挥。加强对受损森林、湿地等自然生态系统的修复，通过人工适度干预、近自然森林营造，恢复森林、湿地生态系统功能。针对退化的林木，通过森林抚育、林相改造、适地适树和适度营造风景林等手段，更新植物配置、完善森林群落结构，逐步恢复森林植被的自然性，提升森林景观的美学价值。

（二）生活与工作的缓冲带

城市林业的建设，可以让城镇居民享受到"出门见绿""抬脚就进公园"的便捷,成为城镇居民生活、工作的心理缓冲和视觉愉悦带。

(三)休闲的主要空间

亚里士多德说休闲是"一切事物环绕的中心"。城市森林内应有良好的休闲、健身设施,满足广大城镇居民日益增长的户外健身的需求,成为市民休闲运动的空间,诗和远方的载体。

(四)城市重要的避难空间

我国城市用地寸土寸金,人口高度密集,同时我国又是个自然灾害频发的国家,城市避难空间稀缺。应该把城市森林空间建成重要的城市避难空间,并且这些城市森林避难空间应该有通畅的廊道。

(五)文化与教育的展示地

充分发挥城市林业的文化教育功能,利用森林生态资源丰富、区位优势突出、受益群体广泛的有利条件,加强自然与人文科普教育设施建设,普及公众生态知识,培育公众生态道德意识。加强森林体验中心、森林教育步道、森林课堂、森林博物馆、标本馆、解说牌示等建设。充分利用原有的自然科普教育设施,开展丰富多彩的自然科普教育活动,组织开展"森林进课堂"、"自然亲子"、"自然夏(冬)令营"、自然体验、各类主题节庆和宣传等活动,重点加强中小学生人文生态教育建设,提高自然生态道德和素质。

三、对策与措施

(一)尽快制定《国家城市森林法》

国家相关部门应在《国家森林城市评价指标》《国家园林城市标准》《全国水生态文明城市创建评价标准》《国家生态文明建设示范县、市指标》等技术标准的基础上,制定《国家城市森林法》,使城市林业建设有法可依。

(二)贯彻惠民理念,发挥森林功能

把以人为核心的思想贯穿到城市林业建设的全过程中,在城市林业建设过程中,以人为本既是指导思想,更是具体要求,主要体现在森林建在哪里、建什么样的森林、如何发挥森林的功能,这三个方面都要以人为本。一言蔽之,就是把增进居民生态福祉的要求体现到规划编制、工程实施、督促检查、绩效考核等各方面,切实把森林城市建设办成顺民愿、惠民生、得民心的德政工程。

(三)健全考核机制,推进顶层设计

将城市林业发展纳入"多规合一"的城市空间规划中,作为城镇建设中公益性、基础性工程加以整体推进。同时,将城市林业建设纳入地方生态文明建设和城镇化建设的考核指标。

(四)建立全民共享,调动全民共建

不断创新形式,大力支持各行各业、社团组织、社会各界人士积极投入城市林业的建设中。积极吸纳各有识志士、专业人士等担当自然教育、环境保护的志愿者。积极倡导全民义务植树和认养林木、林地,调动社会各界参与城市林业建设管护的积极性,促进全民共建共享城市林业。

(五)保障投入稳定,创新运营机制

将城市林业建设、管护经费列入地方财政预算,保障城市林业基础设施、生态保护与建设和后期养护管理的资金投入。各级政府应扶持城市林业生态教育和生态修复等公益性设施建设,积极鼓励和引导社会资金投入城市林业建设。

(六)强化人员培训,构建科技体系

加强城市林业的基础理论和信息化建设,强化管理人员和技术人员的培训,建立起稳定的人才队伍,提高专业化建设管理水平。

(七)引导规划设计，提升建设水平

系统完善森林公园体系(城市森林公园、城郊森林公园、森林廊道等森林基质和版块)，使森林公园体系成为构成城市的基本架构，变成城市生态安全的基础。城市森林公园体系也应该是城市功能分区的重要物质支撑体系。另外，还要遵照自然规律和经济规律，通过人工方式打造出近自然的城市森林。提升城市林业规划设计质量和水平，突出自然、生态、地域文化的特色，增强规划的科学性和可操作性，引导各地城市林业有序健康发展。

(八)提高组织协调，强化科学管理

加强组织领导，健全管理体制，明确分工，落实责任，逐步建立起"政府主导、林业主管、部门协作、市场参与"的城市林业建设管理机制，调动一切资源，共同推进城市林业发展。

四、结　　语

人类是从森林中走出来的，城市是从自然中长出来的，森林从来没有像今天这样与生态、生活、生命、生存联系得如此紧密。建设生态文明，建设美丽中国，是中华民族伟大复兴的绿色之梦、美丽之梦。由于我国本来就缺林少绿，而且森林大多分布在远离城市的山区林区，很难满足城市居民"推窗见绿、出门进林"的要求。为了适应中国国情和发展阶段，推动在城市居民身边增绿，让居住环境绿树环抱、生活空间绿荫常在，更加便捷地享受造林绿化带来的好处，提升幸福指数，城市林业建设的相关工作就尤为重要，而且面对众多的生态环境问题，就必须从现在做起，保护森林，保护自然，保护生态，为迈进社会主义生态文明新时代提供助力，为国民创建天蓝、地绿、水净的美丽家园。

山区林业县践行"两山"理论的浙江实践

张建国 孟明浩 蔡碧凡 俞益武 王震 赵咪咪

第一作者简介： 张建国(1972—)，男，河南洛阳人，博士，副教授，硕士生导师，浙江农林大学风景园林与建筑学院、旅游与健康学院副院长，美丽中国设计研究院副院长，风景园林·美丽乡村研究中心副主任，浙江生态学会理事。主要从事生态旅游规划设计与景区管理、美丽乡村建设与生态产业策划、森林生态养生规划与产品开发等领域的教学、研究、科研与社会服务工作。主持《浙西南山区森林生态养生旅游区发展模式构建与示范》等省部级科研项目5项，在《经济地理》《城市问题》《中国农业资源与区划》等刊物上发表学术论文30余篇，主编《休闲农业管理人员手册》《休闲农业概论》等专著、教材3部，主持编制《德清县休闲农业与乡村旅游发展规划》《桐乡市休闲农业与乡村旅游发展规划》《浦江县农旅融合产业发展规划》《平阳县新农村建设总体规划》等规划设计项目20余项。

浙江既是"两山"理论的起源地，也是践行"两山"理论卓有成效的示范区，在十多年的发展实践中形成了一些卓有成效的经验和模式。根据《"绿水青山就是金山银山"发展示范县评价指标体系构建与实证评价》课题需要，在2015年12月～2016年1月期间，先后对浙江省林业生态文明建设中践行"绿水青山就是金山银山"理念卓有成效的安吉、磐安、遂昌等县进行了调研，以期全面了解"绿水青山就是金山银山"科学论断的主要内涵、建设体系和成效评价等基本情况。

一、浙江山区林业县践行"两山"理论的背景与意义

浙江省的地理特征是"七山一水两分田",山地资源丰富,但浙江的山区县由于耕地资源较少,交通相对不便,生态保护压力较大,生态公益林保护任务较重,使经济发展迟缓。全省的 57 个山区县有 45 个县的生产总值都低于全省县平均水平,"十二五"期间 7 个重点贫困县均是山区县。积极践行"两山"科学发展理念,大力发展山区特色优势产业,合理开发利用和保护山区资源,加快"山上浙江"建设进程,促进陆海区域协调发展,是实现全省经济社会可持续发展和协调发展的重中之重,加快山区县域经济社会发展关系到富民强省和全面小康社会建设全局。

(一)两山理论"是全国经济社会发展的重要行动指南

2005 年 8 月 15 日,时任浙江省委书记的习近平到安吉天荒坪镇余村考察。在座谈会上,村干部介绍了关停污染环境的矿山,然后靠发展生态旅游借景发财,实现了"景美、户富、人和"。习近平听了高兴地说:"我们过去讲,既要绿水青山,又要金山银山。其实,绿水青山就是金山银山。"9 天后,习近平在浙江日报《之江新语》发表《绿水青山也是金山银山》的评论,鲜明提出,如果把"生态环境优势转化为生态农业、生态工业、生态旅游等生态经济的优势,那么绿水青山也就变成了金山银山。"

2015 年 3 月 24 日,习近平主持召开中央政治局会议,通过了《关于加快推进生态文明建设的意见》,正式把"坚持绿水青山就是金山银山"的理念写进中央文件,成为指导中国加快推进生态文明建设的重要指导思想。

2015 年 9 月,中共中央、国务院印发《生态文明体制改革总体方案》中提出,要树立"绿水青山就是金山银山"的理念。

2015 年 10 月 29 日中共十八届中央五次会议通过的《关于制定国民经济和社会发展第十三个五年规划的建议》中也明确提出,"十三五"期间必须牢固树立绿色化的发展理念,坚持可持续发展,坚定走生产发展、生活富裕、生态良好的文明发展道路,实现生态环境质量总体改善,生产方式和生活方式绿色、低碳水平上升。因此"绿水青山就是金山银山"重要思想不但是对国内经济社会科学发展经验的总结,更是"十三五"期间经济社会发展的重要行动指南。

(二)"两山"理论是山区林业县生态文明建设的重要指引

森林生态系统是"绿水青山"的重要载体，山区林业县是"金山银山"建设成果呈现的重要战场，也是实施区域生态文明建设的重要抓手。推行"两山"重要思想，以森林与林业为主战场，打造区域发展的重要增长极，具有重要意义。

当前，我国正处于全面建成小康社会决胜阶段，林业发展的新内涵以及面临的新问题都亟需有新举措开辟新路径，迈向新征程。从党的十八大到十八届五中全会，包括今年通过的"十三五"规划纲要，都强调要加强生态文明建设，生态文明建设的观念已经深入人心。与全面建成小康社会的奋斗目标相比，与人民群众对美好生态环境的期盼相比，生态欠债依然很大，环境问题依然严峻，缺林少绿依然是一个迫切需要解决的重大现实问题。生态文明建设的这种迫切要求给林业发展一系列新机遇，也给林业发展带来历史上最艰巨、最繁重的生态建设任务。进一步加大投入，加强森林经营，提高林地生产力、增加森林蓄积量、增强生态服务功能的潜力还很大。

2014年4月4日，习近平在参加首都义务植树活动时指出，全国各族人民要一代人接着一代人干下去，坚定不移爱绿植绿护绿，把我国森林资源培育好、保护好、发展好，努力建设美丽中国。2015年4月3日，习近平在参加首都义务植树活动时强调，植树造林是实现天蓝、地绿、水净的重要途径，是最普惠的民生工程。2016年4月5日，习近平在参加首都义务植树活动时强调，发展林业是全面建成小康社会的重要内容，是生态文明建设的重要举措。

森林生态系统是"绿水青山"的重要载体，林业是"金山银山"建设成果呈现的重要战场，也是实施区域生态文明建设的重要抓手。推行"两山"重要思想，以森林与林业为主战场，打造区域发展的重要增长极，具有重要意义。

二、浙江县域践行"两山"理论的主要模式与成效

作为"绿水青山就是金山银山"科学论断的发源地，浙江一直恪守这一发展理念，走过了"用绿水青山换得金山银山""既要金山银山也要绿水青山""绿水青山就是金山银山"探索发展的历程。近十多年来，安吉、磐安、遂昌三县致力于森林资源保护和生态环境建设的同时，推进生态产业化和产业生态化发展路径建设，取得了卓有成效的成就。

(一)磐安传统产业创新驱动模式

作为后起之秀的磐安,立足森林生态、山水风光、乡村文化和浙八味药草产业等资源特色,以建设省级生态主体功能区为抓手,围绕山地林业和药草产业积极推动生态养生新业态,将休闲养生旅游定位为"一号产业",凝神聚力谋好生态养生旅游发展文章,在守牢"绿水青山"生态红线的基础上,大力发展林下生态经济、药草特色产业和森林生态养生旅游,实现"绿水青山"与"金山银山"的和谐共生与融合发展。

启示:绿色理念为先,从原先的"既要金山银山、更要绿水青山"升华到"绿水青山就是金山银山",进而开展"绿色崛起"实践;保护生态为基,毫不动摇地把加快发展作为第一要务,把保护生态作为第一责任;每年确定一批以城乡生活垃圾、污水处理为重点的生态基础建设项目,支撑了磐安的生态立县;坚持把富民作为"生态立县"的出发点和落脚点,在保护生态中实现了农民收入的持续增加,经济发展、环境保护才得以更加协调。

(二)遂昌全域休闲旅游驱动模式

遂昌县坚持"绿水青山就是金山银山"绿色生态发展道路,深入实施"经营山水、统筹城乡,全面建设长三角休闲旅游名城"发展战略,加快建设山区科学发展示范区,各项事业取得较大成就。遂昌最早将全县当做一个国家级森林公园来打造,以生态休闲旅游为龙头积极发展生态工业、大力推进生态精品农业,走出了林农文旅融合互动发展的科学道路。先后获得国家可持续发展实验区、国家生态文明建设示范县、全国休闲农业与乡村旅游示范县、国家现代农业示范区、省级生态循环农业示范县、省级农产品质量安全放心示范县等称号。

启示:外部通过招商引资,内部本土传统优势企业紧跟市场导向,内外共同推进,拉动经济发展;绿色农产品生产,农家乐民宿通过与旅行社合作获得稳定的收益,公益林带给农民的实惠也越来越多,美丽生态正在催生美丽经济,绿水青山将源源不断地带来金山银山;电子商务让遂昌的知名度和美誉度得到倍增,让山区产品销售的速度和效率得到倍增,也让干部群众创新创业的热情得到倍增。

(三)安吉"全域美丽"驱动模式

作为"绿水青山就是金山银山"科学论断发源地的安吉，20世纪90年代中后期即认识到"绿水青山就是金山银山"的辩证关系，对原有产业进行大刀阔斧的改革，将原来破坏"绿水青山"的产业和企业实行关停改造。结合生态修复全面推进美丽乡村建设，形成"风情小镇+美丽乡村"的县域建设体系；围绕毛竹产业实行全产业链开发，一二产业融合发展实现提质增效；依托绿水青山开发生态旅游业，实现一二三产业互动发展。先后获得"国家级生态县""国家循环经济示范县""中国生态文明奖先进集体""美丽中国最美城镇""全国文明县城""浙江省文明县"等诸多荣誉称号，成为"中国金牌旅游城市"全国唯一获得县。走出了全面建设绿水青山、综合发展打造金山银山的可持续发展之路。

启示：安吉县十年来践行"两山"论断，坚持生态经济化、经济生态化的发展理念，坚持把自身生态优势、产业优势、区位优势、人文优势高度融合，高水平规划、标准化推进美丽乡村建设，并通过项目带动，不断提升教育、科技、文化水平，丰富发展内涵，不断提升城镇发展品质，共享美好生态环境，让广大群众切实享受到了实惠，安吉的发展路径告诉我们，发展经济与保护环境并不矛盾，而且能相得益彰。

三、浙江县域践行"两山"理论有良好的支撑条件

(一)理念引领

跨入21世纪，浙江从成长的阵痛中觉醒，理性选择绿色发展的理念，主导浙江经济社会的发展变革与未来走向。近十年来，浙江实现了从"用绿水青山换金山银山"，到"既要金山银山也要绿水青山"，再到"绿水青山就是金山银山"的历史性飞跃；对生态文明建设的认识实现了升华，形成了一系列科学理念——生态兴则文明兴，生态衰则文明衰；破坏生态环境就是破坏生产力，保护生态环境就是保护生产力，改善生态环境就是发展生产力；经济增长是政绩，保护环境也是政绩等。在推进绿色浙江建设、生态省建设、生态浙江建设的各个时期均在生态文明制度建设尤其是生态经济制度建设方面做出了积极探索，取得了显著成效，形成了"浙江样本"。

(二)政策扶持

近几年来浙江通过美丽乡村建设、农业一区一镇创建、五水共治行动、特色小镇打造、传统经典产业和农民大学体系建设提升等重大专项投入，为农林产业和广大农村的提升发展提供了资金、项目、用地和人才等方面政策上的大力扶持，使得县域在践行"两山"发展理论过程中得到了强有力的支撑。同时各个县都依据各自资源禀赋和道路选择，出台了一系列扶持政策，从组织领导、顶层设计、空间布局、功能定位、行动计划、要素支撑、督查奖惩等方面全方位推进，一张蓝图绘到底，一届接着一届干，持之以恒，不断将践行"绿水青山就是金山银山"的具体政策推向新高潮。

从2015年起，对部分县(特别是山区县)不再考核GDP及相关指标，主要考核生态保护、民生保障、居民增收等工作。省里每年安排一定资金，按综合考核结果，对干得好的，实行差别化奖励；对干得不好的，不仅没有奖励，还要适当减少帮扶资金，形成干好干坏不一样的考核激励良性机制。优化土地配置机制，继续支持土地整治工作，加快推进土地要素配置市场化改革，引导有限的土地指标投向重点地区、优质项目，进一步提高土地使用效率。要健全金融服务机制，深化农村金融改革，培育新型金融组织，创新金融产品和服务方式，拓宽投融资渠道，增强加快发展的金融支撑。要完善人才培养引进机制，进一步制定和完善人才引进使用的特殊政策，吸引更多的技术、管理、经营人才。选好配强党政领导班子，继续选派优秀干部任职挂职，加大与省直部门、其他地区的干部交流力度。

(三)制度创新

制度保证整体建设工作的稳步推进，首先出台政策性文件和制定地方性法规：跨入新世纪以来，浙江高度重视环保政策和法制建设工作，不断把生态文明建设纳入制度化、规范化轨道，保证生态浙江建设的权威性、严肃性和连续性，强化环境保护和生态建设执法监督管理，加大执法力度，坚持依法行政、公正司法，严肃查处各种环境违法行为和生态破坏现象以及阻碍和干预环境保护执法的现象。

其次探索与创新生态文明制度建设：在全国率先编制生态环境功能区规划；首创空间、总量、项目"三位一体"的新型环境准入制度。在全国最早开展区域之间的水权交易。水资源是不可替代的战略资源。水权交易是提高水资源效率、优化水资源配置的重要制度；全国最早实施省级生态保护补偿机制。作为市场化改革最早、市场化程度最高的省份之一，在探索建立生态补偿机制方面浙江一直走在全国前列。

最后创建生态文明建设考核评价制度：为全面科学地评价浙江生态文明建设进展情况，省委、省政府制定了《浙江生态文明建设评价体系(试行)》，县(市、区)生态文明建设情况进行量化评价,通过考核评价把环境保护作为约束性指标纳入考核体系，改变了长期以来至上的政绩观。

(四)科技支撑

浙江的山区林业大县在践行"两山"理论的发展过程中，注重对传统农林业的生态化改造和科技化提升，使之成为县域生态文明建设的重要支撑。

浙江针对传统山地农业效益低下、生产过程影响生态环境等问题，积极总结和推广"百千万"模式、生态循环模式和清洁渔业模式。①所谓"百千万"模式，是指一亩农田"生产百斤鱼千斤粮收入万元钱"的经营模式，是对传统农业文化遗产"青田稻田养鱼"模式的活化传承与提升，形成了稻鱼共生、稻虾共生、稻鳖共生、稻鳅共生、茭鳖共生、稻菜轮作等模式，降低农业投入品的投放，同时提升经济效益。大力推广以水稻为载体的稻田养鱼新型种养模式，实现亩产"百斤鱼、千斤粮、万元钱"，农耕社会传承下来的稻田养鱼不再是小农经济，走出了一条"养鱼、稳粮、提质、增效、生态"的现代农业新路。②生态循环农业模式是按照农业产业链之间的物质利用循环建构新的经营模式，最典型的是种养循环模式：按照一定范围内的生态农业种植对有机肥的需求量，建造相应规模的畜牧养殖场，由种植业消纳养殖业的畜禽排放废弃物，在不破坏生态环境的同时满足绿色农产品对有机肥的需求。③清洁渔业是按照河段水环境负载量的要求，适度安排淡水渔业生产，在优化河流水生态环境的同时提升商品鱼的品质，实现生产和生态的和谐共荣。

浙江针对山区林业效益低下、农民经营积极性不高的现状，积极总结和推广"一亩山万元钱"模式，通过大力发展山核桃、香榧、冬笋等高效经济林，积极发展林下仿自然栽培铁皮石斛、竹林套种名贵中药材(三叶青、金线莲)、林下养殖等林下经济，扶持发展油茶套种山稻等复合农林林业，创新利用森林景观和生态环境积极发展森林康养产业，在不破坏森林资源的同时提升森林的经营效益。

四、浙江山区林业县践行"两山"发展理论也面临着一些问题

总体看来，安吉、磐安、遂昌三县在森林覆盖率、地表水质量、大气环境质量等"绿水青山"建设等方面取得了显著的成效，经济发展在全省山区县里面也位居前列，均高于国贫线水平，纵向比较都有较快的发展速度，老百姓的获得感也很强，可持续治理体系正在形成。但在全省经济社会快速发展的情况下，经济发展状况同其他非山区县相比仍有较大差距。三县中的安吉县经济指标同全国相比，处于较好水平，城乡居民人居可支配收入高于全国平均水平，接近全省平均水平；其他两个县接近全国平均水平，低于全省平均水平，经济发展压力较大。

在今后的经济建设过程中，保有"绿水青山"促进生态建设和打造"金山银山"推进经济发展的矛盾将长期存在。百姓对"绿水青山"的感知度和对"金山银山"的获得感之间需要协调发展，"绿水青山"保有同经济发展建设用地需求之间存在差距，药草产业发展、产业转型提升、养生旅游开发对生态环境也将产生冲击。针对现有的问题，包括水污染问题、空气污染问题、土地使用问题违法乱纪问题、交通堵塞问题等，我们应按照"绿水青山就是金山银山"的理论，在实践中坚持谋在新处，不断创新解决办法，推动我国经济结构的转变，在适度扩大内需的同时推动供给侧结构性改革，坚持政府与市场两手并举，让"绿水青山就是金山银山"理论不断完善发展。

五、浙江山区林业县践行"两山"发展理论的今后工作重点

山区林业县的生态文明建设与经济社会发展是个动态过程，需要不断创新推进"两山"示范县发展路径的构建与优化。

(1) 需要持续关注"两山"示范县建设，结合"绿水青山"保有任务和县域资源特色，及时总结美丽林相建设、林下经济发展、生态精品农(林)业、养生旅游开发和森林小镇培育等不同特色发展模式及成功案例，进行深入解析和总体提炼，推荐"两山"示范县建设的多种模式，为持续推进"两山"示范县建设提供科学借鉴。

(2)要从技术层面深入调研,研究"两山"示范县建设过程中需要的共性关键技术需求,为建设"山水林田湖"一体化的"绿水青山就是金山银山"示范县提供空间布局规划、多元化业态体系、产业发展核心技术、县域生态文化建设和区域优势品牌打造等,提出综合解决方案,提升"两山"示范县建设速度和发展后劲。

(3)针对农村电子商务、互联网营销和生产性服务业发展等新趋势、新情况,探索政府购买服务等路径,大力推进人才队伍培养体系建设。对基层干部、种养殖大户、家庭农(林)场主、农(林)业龙头企业、返乡农民工、大学生、乡村民宿业主等,进行融资能力、生产技能、管理水平、品牌营销等全方位的培训与培养,形成一大批新型经营主体,支撑县域"绿水青山就是金山银山"的生态建设与经济发展。

(4)坚持党政主导、社会参与,形成全社会的行动体系。践行"两山"发展理念和推进生态文明建设涉及面广,全社会共同参与形成共建共享的社会行动体系。在组织领导上,从省到各市县层层建立工作领导小组。在工作格局上,要构建党委领导、政府负责、部门协调、全社会共同参与的大工作格局。在考核体系上,每年进行总结评比,将考核结果作为评价党政领导班子实绩和领导干部任用与奖惩的重要依据。在制度建设上,按照环保监管主体是政府、污染防治主体是企业、环保监督主体是公众的三大责任主体定位,构建环保制度框架体系,从政策、法规、标准、规划四个方面加以约束、引导,推动践行"两山"理念和生态文明建设从部门走向社会、从政府深入民间。

(本论文依托基金项目:国家林业局林改司委托项目——践行"绿水青山就是金山银"发展考核指标体系构建与实证研究;浙江省科技厅公益项目——浙西南山区森林生态养生旅游区发展模式构建与示范)

参 考 文 献

编辑部, 2015. "绿水青山就是金山银山"理论研讨会在浙江安吉顺利召开[J]. 观察与思考, (10): 81.

编辑部, 2016. 绘绿水青山长卷 创幸福美好生活——各地交流典型选登[J]. 浙江林业, (1): 12-15.

杜兴林, 2016. 全力开启"五美遂昌"建设新征程[J]. 政策瞭望, (6): 29-31.

何晓玲, 2015. 十年护美绿水青山 接力浇铸金山银山——习近平总书记"两座山"的科学论断在浙江的林业探索与实践[J]. 浙江林业, (6): 4-6.

黄燕, 刘瑜, 许明珠, 等, 2016. 浙江省"五水共治"管理机制的经验与启示[J]. 环境科学与管理, 41(4): 12-15.

江耘，谢盼盼. 浙江生态文明建设十年：绿水青山间捧出金山银山[EB/OL]. http：//env. people. com. cn/n/2015/0815/c1010-27467669. html.

林永然，陆根尧，2016. 产业生态化与美丽乡村建设的互动发展研究——以浙江省安吉县为例[J]. 兰州财经大学学报，32(1)：23-29.

刘建华，周宇，2014. 浙江遂昌：发展生态经济是一种信仰[J]. 小康，(7)：78-80.

卢宁，2016. 从"两山理论"到绿色发展：马克思主义生产力理论的创新成果[J]. 浙江社会科学，(1)：22-24.

吕苏娟，2016-10-13. 放大畜牧业+绿色的示范效应[N]. 浙江日报.

苏小明，2014. 生态文明制度建设的浙江实践与创新[J]. 观察与思考，(4)：54-59.

王永昌，2016. "绿水青山"何以就是"金山银山"[J]. 政策瞭望，(5)：40-43.

夏宝龙，2015. 照着"绿水青山就是金山银山"的路子走下去[J]. 政策瞭望，(3)：4-7.

许雅文，2016-09-04. 绿色发展的创新实践——生态文明，浙江先行先试[N]. 浙江日报.

郇庆治，2016. 生态文明建设的区域模式——以浙江安吉县为例[J]. 贵州省党校学报，(4)：32-39.

应雄，2011. "生态立县"：磐安的生动实践及启示[J]. 浙江经济，(9)：42-43.

虞伟，龚黎华，方俊，2015. 践行"绿水青山就是金山银山"论断打造绿色发展安吉样板[J]. 世界环境，(4)：38-41.

浙江省咨询委三农发展部，2016. 坚定不移践行"两山"重要思想 打造浙江绿色发展新高地[J]. 决策咨询，(5)：16-19.

中共安吉县委，安吉县人民政府，2016. 安吉县践行"两山"重要思想开辟新境界[J]. 浙江经济，(21)：28.

乡村生态旅游扶贫发展路径优化探析
——以银河镇紫溪村为例

张琪　胡明文

第一作者简介： 张琪，江西农业大学，国土资源与环境学院 2016 级硕士研究生。

通讯作者简介： 胡明文，女，1963 年 8 月生，出生地云南德宏，博士，教授。江西农业大学硕士研究生导师，江西农业大学旅游管理学科负责人，江西省旅游文化学会副秘书长，中国生态学会生态旅游研究会委员。主要研究方向为休闲农业与乡村旅游。主持完成国家支撑课题一项，省级课题完成多项。在国际刊物及中国社会科学核心期刊和其他刊物上发表论文 30 多篇，其中两篇被 SSCI 收录。（照片系胡明文老师）

一、引　言

我国自改革开放以来，扶贫一直都是国家政策的重点，且提出的扶贫政策呈现出递进形式：改革扶贫—开发扶贫—攻坚扶贫—定点扶贫—精准扶贫。精准扶贫是我国根据扶贫开发实践和贫困问题的总体特征，实现全面建成小康社会为根本目标，逐步形成的精准扶贫政策框架，以解决区域性整体贫困问题(刘解龙和陈湘梅，2015)。在江西省《建设工程》(省新农村办，2013)文件中提出针对贫困群众帮扶工程可以利用行业扶贫、社会扶贫、专项扶贫等方式进行造血式脱贫，部分政府选择发展旅游业来为贫困户提供就业机会，达到永久脱贫的目的。精准扶贫政策的核心要义在于"扶真贫、真扶贫"，在扶贫方式上从时间、空间、关系三个角度出发，即考虑长远收益、产业集聚、有尊严的扶贫，改变过去输血式的扶贫方式，将扶贫政策和措施真正地落实到贫困村和农户，通过精准扶贫从根本上拔除"穷根"，实现真正意义上的脱贫致富（马勇和刘军，2017）。发展乡村生态旅游恰好符合乡村实现精准扶贫的要求，精准扶贫政策的执行也为乡村生态旅游的发展提供了资金、人才和技术的支持。

2016年12月11日，笔者作为第三方代表对银河镇紫溪村进行脱贫评估调研，在调研过程中，通过对当地政府和村民的访问，近距离地对贫困村和各建档贫困户在实行"精准扶贫"政策后的现状进行观察，并通过与当地村干部访谈所获取相的关资料，了解到紫溪村的贫困情况及紫溪村政府在"精准旅游"政策下推行的乡村生态旅游计划如何帮助贫困户实现"脱贫梦"的实际情况。

二、乡村生态旅游扶贫的内涵

乡村生态旅游精准扶贫是在精准扶贫理念的框架下，对乡村的旅游资源进行合理的开发利用，借助旅游对乡村区域经济的带动作用而脱贫，增强"造血功能"用来达到精准扶贫的目的。乡村旅游精准扶贫强调贫困人口参与乡村旅游发展受益，体现乡村贫困人口自我能力的提升，既给贫困人口带来经济上的脱贫，还产生精神上脱贫的影响。我国贫困人口主要分布在广大乡村地区，且旅游资源丰富的地区与贫困乡村地区存在着很大的重合性，使发展旅游业与扶贫之间建立联系。乡村旅游精准扶贫将精准扶贫与乡村旅游产业结合起来，乡村旅游产业所拥有的巨大功能能够对贫困乡村地区经济发展形成推力（陈秋华和纪金雄，2016）。

在很多发达国家，在重视乡村生态旅游的开发研究之外，还重视发展可持续旅游以及社区居民、管理机制等研究。我国对乡村生态旅游的研究大部分在其概念、内涵及开发模式上，大多研究学者认为乡村生态旅游是乡村旅游和生态旅游的综合，将乡村的旅游资源和生态资源进行结合，发展能够吸引游客的大众性旅游活动（王德刚，2010）。

三、精准扶贫政策下银河镇紫溪村乡村生态旅游的发展

2015年，江西省森林覆盖率63.1%、绿化覆盖率46.6%，在2013～2017年《江西省乡村旅游发展规划》（刘旭辉，2009）中提出要将江西省建成一个国家乡村旅游度假实验区，在政府引导、科学规划、整合资源和创新的作用下，做到产业要素集聚、上下游联通、旅游跨界融合，实现经济、社会、生态效益的统一。并且

在《关于实施和谐秀美乡村建设工程》中，提出可以运用贫困群众帮扶工程，为贫困户提供资金、技术的支持，加快脱贫进程。这也就是说，江西省农村可以在精准扶贫政策下，选择发展乡村生态旅游来实现造血式脱贫。

（一）紫溪村概况

银河镇是江西省萍乡市芦溪县下辖镇，位于萍乡市东部，取境内银凤岭村和河下村两村的首字命名，320国道和浙赣铁路贯穿境内，沪瑞高速公路贯通全镇。面积96平方公里，人口4万人，下辖12个行政村、1个居委会。地处低丘陵河谷平原地带，袁河流经南部。紫溪村地处亚热带湿润性季风气候区，四季分明、气候温和、光照充足、雨量充沛、无霜期长，有山丘、台地、水塘以及冲沟等多种类型的地貌特征，土壤以红壤为主，土层深厚，土壤肥沃，透水保肥性好，适宜苗木生产。紫溪村是银河镇下辖的行政村，紫溪村依托国家现代农业示范区、国家级农业科技园等"国字号"优势，创新打造乡村生态旅游扶贫品牌，实现贫困户脱贫的愿景。

（二）紫溪村生态旅游精准扶贫发展路径

笔者在调研期间，与紫溪村第一书记范小敏针对当地实行的精准扶贫政策进行探讨，了解到政府扶贫政策侧重于大力发展当地的产业。范书记利用一个月时间走访全村33个村民贫困小组，在获取实际情况的资料，与村干部共同商讨后，建立3个百亩"党建+精准扶贫"产业示范基地，全村年人均预计增收1600多元（詹艳辉，2016）。紫溪村111户建档立卡贫困户中，2015年50户实现脱贫，2016年42户即将脱贫。建立的蔬菜基地，已向当地贫困户提供了50个就业岗位。水稻纯收入亩产从500元提高到10000元左右。与此同时，脐橙基地施工期向贫苦户提供40个就业岗位，从过去的荒山无收入，到现在的四年每亩纯收入在8000元，六年每亩为15000～20000元，这在一定程度上会产生上百个工作岗位。并且在基地发展的过程中，向被征用田地的贫困户以产业分红的形式给村民利益。为防止贫困户脱贫后返贫情况的出现，针对没有劳动能力的贫困户，一是打造200亩蔬菜基地，其中有20亩的赢利是给贫困户分红的；二是建立光伏电站，发展村级集体经济，赢利的一部分作为分红分配给贫困户；三是政府每月给贫困户最高低保300元。针对有劳动能力的，一是提供就业岗位，安排和引导就业，让村民到蔬菜瓜果基地及景区中就业；二是帮扶发展种植养殖，对有技术、有资金、有能力发展创业的贫困户提供各方面的支持；三是技能培训、安排就业，如月嫂、电工、挖机工等。另外，主要还是依靠建立的农业基地，发展旅游精品线路来为当地的村民提供就业岗位和分红。

紫溪村针对当地特色，将村内的生态旅游资源进行整合，设计出一条符合自身发展的旅游线路，打造了绿行庄园、紫溪茶场、脐橙基地等一系列项目。绿行生态园的规划计划是由专业的旅游规划团队所制定的，绿行庄园以自然化、人性化、高品位的规划理念为核心，以独特的地方生态资源和优美的乡村田园风光为依托，以高端观光游憩、田园养生度假为中心，打造一个集苗木生产、科普教育、观光休闲、旅游度假、仓储功能为一体的现代化、集约化和全方位多层次宽领域赣西旅游生态观光苗圃，建设一座"城乡中有田园，田园中有城乡"的，可供人们一年四季观赏游玩的度假胜地（杜湘萍等，2014）。紫溪茶场是紫溪村利用其茶场为游客提供可休闲的目的地，景区内配备导游人员对茶场的人文历史和地理资源进行讲解。脐橙基地种植脐橙面积500多亩，游客可在脐橙采摘季节，入园欣赏美景并进行采摘、品尝和购买，享受自然的乐趣，当季会举办橘灯展吸引游客来游玩。基地内旅游设施设备建造相对完善，可支持食宿等活动的进行，距紫溪茶场和汗塘水库较近。此外，规划区内现有保存完整的石公庙，周围山林茂密，是观光休闲、旅游度假的理想场所。

（三）紫溪村生态旅游扶贫发展问题及路径优化研究

紫溪村实行旅游精准扶贫的过程中，也暴露出一些问题。其中包括村民的文化素质不高，普通话普及程度低；村内道路交通不便；受农耕文化的影响，旅游资源单一，旅游市场小，当地村民对发展旅游的需求小，扶贫过程中缺乏资金、技术、人才；对大城市游客吸引力不够；缺乏相关政策规范旅游项目。紫溪村在未来的发展道路上，应该在充分肯定自己优势的同时，认识到自己的劣势，借助于"精准扶贫"政策，制定出新的发展路径。

识别紫溪村精准扶贫的生态旅游资源，旅游精准扶贫要依靠紫溪村的社会经济资源和旅游资源来实现。根据紫溪村当地的资源潜力来选择合适的旅游发展项目，利用旅游精准扶贫的形式，来提高贫困户的经济收入，从而实现永久性脱贫的目标。在对紫溪村进行生态旅游扶贫时，要保证旅游扶贫项目的科学性和高效性，利用紫溪村的青山绿水和古朴自然的生态、文化，以建设区域知名的生态文化旅游区和休闲旅游度假区为目标，发挥紫溪村旅游优势，利用大产业、大环境以及大市场形式促进旅游帮扶项目的发展。要注重挖掘贫困地区生态休闲、旅游观光以及养生度假价值，适当采用蔬果基地型、乡村旅游型、养生度假型、创业就业型以及产业融合型等模式，同时与当地的文化结合，提高贫困地区的旅游价值，建设旅游精准帮扶项目。

建设生态旅游精准扶贫的政策环境。在实施紫溪村特有的旅游精准扶贫工作时，政府应加大政策支持资金、技术、人才力度。相关的政府部门应该为旅游精准扶贫工作营造良好的政策环境和投资环境，进而提高贫困地区获取社会资源的能力。目前还应该加强紫溪村旅游基础设施的建设，按照紫溪村的实际情况制定出有利于旅游产业发展的优惠政策，创建良好的招商引资环境，扩展旅游产业招商引资渠道。在出台的相关政策中，应将符合条件的旅游企业和项目引入，比如在服务业、扶贫工作以及节能减排等工作给予相应的优惠配套。另外，还要鼓励高校、企业等参与到紫溪村的旅游人才培养教育中，积极实现旅游精准扶贫和社会发展的一体化。通过旅游精准扶贫项目的建设，运用 PPP 模式，即公私合作制，由私人和政府共同出资对景区实行管理，给私人组织创造参与的机会，让私人组织能够参与到旅游精准扶贫的工作中，进而推动政府和私人组织之间的合作，充分发挥私人组织在旅游精准扶贫中的作用。总之，旅游精准扶贫是一项系统、全面的工作，旅游产业政策的调整必须要和其他政策互相融合，才能充分发挥其功效。

完善旅游精准扶贫的管理体制。从我国目前的旅游精准扶贫管理体制来看，还没有成立专门部门来负责旅游精准扶贫的开发项目，未对旅游精准扶贫工作进行分开化管理，进而导致旅游精准扶贫的管理体制出现重复、不规范以及工作分层等情况，给旅游精准扶贫工作的管理带来了很大的困难，限制了对旅游精准扶贫资源的整合。当地政府应按照实际的需求，建立旅游精准扶贫工作合作机制，建立健全完善的旅游精准扶贫管理体制(薛定刚，2016)。比如，扶贫部门主要负责拟定相关的政策及标准，对贫困人口进行识别，评估扶贫的效果，并且整合各个部门的资源到旅游精准扶贫的工作中；旅游部门主要负责旅游精准扶贫项目的甄选、计划、建设以及管理等；财政部门是旅游精准扶贫工作中的资金管理部门，主要负责资金的发放和管理，确保资金能够安全使用。另外，还可以根据需求建立旅游精准扶贫工作的监督小组或者是工作机构，将各个部门整合在一起，从而提高旅游精准扶贫工作的效果，帮助村民实现脱贫的目标(王文艳和余茂辉，2016；王介勇等，2016；邓小海，2015；董艺婷，2017)。

四、总　　结

乡村生态旅游扶贫是在具有一定旅游资源条件、区位优势和市场基础的贫困地区，针对不同的贫困群众、不同的贫困原因，采取精准有效的扶贫措施，通过旅游产业带动整个区域发展，是群众脱贫致富的一种扶贫开发方式。对于旅游精准扶贫中存在的难点，从识别旅游精准扶贫项目的资源、建设旅游精准扶贫的政策环境、健全和完善旅游精准扶贫的管理体制等方面入手，从而实现旅游扶贫对象精准、方案精准、路径精准，最终达到旅游扶贫的目的。

参 考 文 献

陈秋华，纪金雄，2016. 乡村旅游精准扶贫实现路径研究[J]. 福建论坛(人文社会科学版)，(5)：196-200.

邓小海，2015. 旅游扶贫精准帮扶探析[N]. 新疆大学学报(哲学·人文社会科学版)，(6)：21-27

董艺婷，2017. 旅游精准扶贫现状及问题研究[J]. 中国市场，(2)：113-116.

杜湘萍,何勋,徐京萍,2014. 生态观光苗圃规划探析——以绿行生态观光苗圃为例[J]. 现代农业科技,(23)：198-199

刘解龙，陈湘海，2015. 精准扶贫的几个基本问题分析[N]. 长沙理工大学学报(社会科学版)，(6)：98-125.

刘旭辉，2009. 江西省乡村旅游又好又快发展问题探析[J]. 金融与经济，(2)：60-63.

马勇，刘军，2017-2. 准确把握旅游精准扶贫内涵[N]. 中国旅游报.

省新农村办，2013. 关于实施和谐秀美乡村建设工程的若干意见[J]. 吉林农业，(13)：26-30.

王德刚，2010. 乡村生态旅游开发与管理[M]. 济南：山东大学出版社.

王介勇，陈玉福，严茂超，2016. 我国精准扶贫政策及其创新路径研究[J]. 专题：精准扶贫重大战略与政策研究：289-295

王文艳，余茂辉，2016. 乡村旅游助力精准扶贫的途径探索[J]. 农村经济与科技，(27)：99-101

薛定刚，2016. 旅游精准扶贫路径研究[J]. 城市学刊，(1)：36-38.

詹艳辉，2016-3. 江西：第一书记脱贫一线当尖兵[N]. 中国组织人事报.

布朗族生态观视角下，普洱景迈山古茶林农业文化景观遗产保护研究

刘惠子　　马月伟

作者简介：刘惠子，西南林业大学生态旅游学院2016级农村与区域发展专业硕士研究生。

通讯作者：马月伟（1980—），山东德州人，博士，副教授，硕士生导师，西南林业大学优秀教师。2006年7月毕业于鲁东大学地理与资源管理学院地理科学专业，获理学学士学位，2006年考入中科院成都山地灾害与环境研究所，攻读硕士学位，专业自然地理学；2008年攻读博士学位，专业人文地理学；2011年7月毕业于中国科学院成都山地灾害与环境研究所，获理学博士学位。主要研究领域：景观生态学、人文地理学与遗传研究。主要讲授课程：人文地理学、旅游地理学、灾害地理学、中国地理、地理学思想史、世界自然与文化遗产研究、旅游环境影响调查与评价等。主要科研成果：发表学术论文10余篇，主持国家自然基金项目1项，云南省教育厅项目1项，参与省部级科研项目多项。

一、前　　言

生态观是指一个民族对其所生存范围自然环境的看法(陈辉军，2015)。

生态伦理是指人与自然之间的价值关系中价值主体之间的伦理，它是以人与人之间的伦理关系来解决人与生态环境间出现的问题的伦理(李伟和马传松，

2007),少数民族的生态伦理观念则是生态文化的主要内容。

郭家骥(2005)指出:"全球各地少数民族和土著居民传统的生产生活方式中,迄今仍然存活着许多与特定的生态环境相适应、与当代可持续发展理念相吻合的生态智慧和生态知识,这些与生态环境密切相关的地方性知识,便构成了各民族的生态文化。"中国各少数民族的民族生态文化是在与自然生态环境交往的漫漫历程中,以特有的生态观、文化观和宇宙观为指导,以调适生态与文化之间的关系、寻求人与自然和谐共存,以此为落脚点和归宿从而形成的生态物质文化、生态制度文化、生态观念(精神)文化的总和(廖国强和关磊,2011)。

云南少数民族的生态伦理观念包括:万物有灵的认识观、普遍约束的宗教观、适应环境的和谐观、适度开发的发展观、天人合一的自然观,这些生态观念来源于民族口传文学、宗教信仰、禁忌习俗、乡规民约、习惯法、生产劳动等多种物质和非物质形态。

吴兆录(1997)在《布朗族村寨龙山传统的生态研究》一文中认为,布朗族的龙山传统对生物多样性的保护做出了积极贡献,至少表现在两个方面,其一是通过保护热带雨林结构的完整性而保护了很多珍稀动植物;其二是不捕猎、不采集,被认为是神的动植物而保护了珍稀物种。结论:为实现农村持续发展,应该从当地居民可以接受的角度去发掘、弘扬和延续优秀的民族传统。安静(2012)对西双版纳老曼峨布朗族村寨进行田野调查法,分析了民间信仰与布朗族社会中生态环境、生计方式、日常生活和社会组织等四个因素的关系,探究民间信仰如何与之互动,从而揭示民间信仰在当代布朗族社会中扮演维护生态环境、解释与认知、心理慰藉、社会整合、文化交流与传承等多重功能角色,由此而维系了布朗族社会的正常运转。

除此之外,学术界对少数民族生态观研究还集中在少数民族佛教生态观、原始宗教信仰即自然崇拜生态观、图腾崇拜生态观等宗教(刘荣昆,2009)、少数民族村寨的空间结构(冯淑华,2008;张雯,2015)、村寨景观生态性(李丽娟和毛志睿,2016;徐增让等,2014)、少数民族生产生活(解鲁云,2009;张婷和李振华,2014;林艺,2006)等方面。

二、景迈山布朗族

(一)布朗族概况

布朗族是云南世居少数民族之一,主要分布在云南省的南部、西南部及西部沿边地区。根据国家民委《关于云南省克木人和莽人归属为布朗族的复函》的文件精神,生活在云南红河州金平县的莽人和西双版纳的克木人于 2009 年归属于布朗族(杨宏峰和杨春,2012)。因布朗族主要分布在地形复杂、山高谷深的滇西南澜沧江和怒江中下游两侧 1300~1800 米的低纬度、高海拔山区,受印度洋暖湿气流和西南季风影响,气候随地势高低呈垂直变化,具备温带、亚热带、热带等多种气候类型,形成"一山分四季,十里不同天"的立体气候。多元的气候类型造就了布朗族多样化的生产方式,生产方式多以耕作旱地、种植水田为主,同时,还种植茶树、橡胶和云麻等经济作物。

(二)景迈山布朗族历史沿革

景迈山位于我国西南边陲的普洱"绿三角"(由澜沧、西盟、孟连构成的绿三角)、澜沧拉祜自治县惠民乡境内,是我国六大茶山之一,以盛产普洱茶为名。古茶山包含景迈村、芒景村两个行政村,景迈村包括芒埂、勐本、景迈大寨、糯岗 4 个傣族村寨,芒景村包括翁基、芒景上寨、芒景下寨、芒洪、翁洼 5 个布朗族村寨。布朗族、傣族等民族在此经过繁衍生息、辛勤劳作,时至今日,创造了举世无双的千年万亩古茶园(图1)。

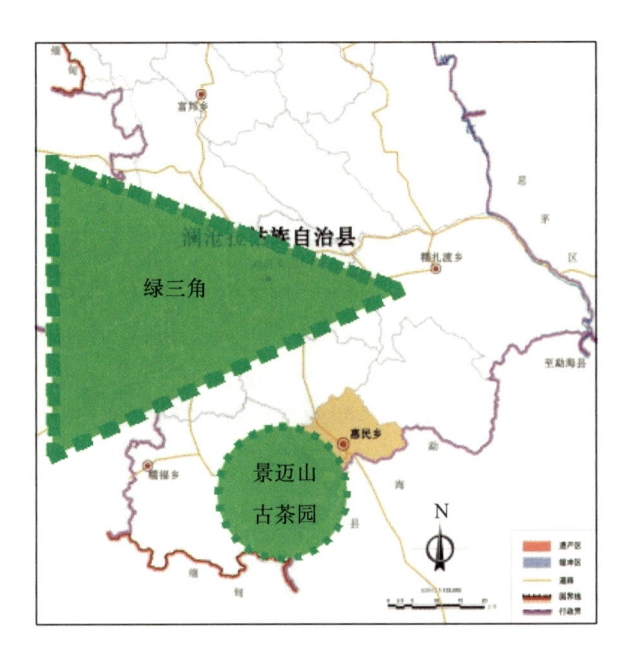

图 1 景迈山古茶园地理位置(自绘)

景迈山地区的布朗族主要是从他地迁徙过来的。其先民经过几百年的迁移，逐步从瑞丽地区外迁，途径畹町、邦瓦、安定、勐堆、孟定、耿马、沧源、绍欣(缅甸)、绍帕(缅甸)、西盟、孟连、勐马、勐阿、景栋(缅甸)、打洛、巴达、西定，最后定居于芒景，途中有其他族人分支另辟家园，这也是今天布朗族分布较为分散的重要原因。

(三)布朗族生态观

布朗族在从原始社会向农业社会过渡以及创造农业文明的过程中，形成了自己朴素的生态观，其中涉及了平衡人与自然关系的物质技术手段、生产生活方式、思想观念、价值评价标准等方面。而所有的与当地自然相和谐的生态文明，一方面有力地保护了这些少数民族聚居区内的自然生态；另一方面，也使得自己的民族得到了持续发展。

1. 自然崇拜

明景泰年间《云南图经志书》说明至明中叶，顺宁府等地布朗族先民仍以原始宗教信仰为主，佛教尚未渗透到他们的生活之中。在南传上座部佛教传入景迈山地区之前，当地傣族和布朗族居民信仰原始宗教，即基于万物有灵论的自然崇拜和祖先崇拜在人们思想上起支配作用。由于长期以来居住山区，靠山吃山，布朗族的人民不仅从山林中获取生活资料，还倚靠这样的自然环境耕作和繁衍生息。密切的人地关系和人对自然的敬畏催生了人们的山林崇拜，这其中有对山的崇拜，也有对森林的崇拜。祭祀山神成为他们自然崇拜的主要内容。

布朗族有对茶树的崇拜，"每一块茶地里举行仪式后，种植的第一棵茶树为茶魂树，茶魂树根附近埋着一根用梨树制作的具有民族特色的木桩，旁边栽着一根仙人掌和一颗鸡蛋花树，并有一个用竹子制作的小贡篮为标志。"(苏国文，2009)每年阳历的4月13~17日，当地的布朗族要过"茶祖节"，通常会在节日的最后一天呼唤"茶祖"以保佑茶叶丰收(昆明戴特传统与环境发展研究所与云南省社会科学院，2008)。

2. 原始图腾

原始图腾崇拜是人类历史上最早的信仰之一。由于景迈山原住民生活与茶文化的发展密不可分，当地每家每户都崇拜茶魂树。尤其布朗族将茶"一叶两芽"抽象成符号作为一种图腾，应用于民居建筑的屋顶装饰上，突出了对于茶的感激与敬畏之情。

3. "寨心"和"寨桩"崇拜

布朗族在建寨之初,都会由头人在建寨地选择一个中心叫作"寨心",并在"寨心"处垒上石块,搭上架子,献上供奉,以示其为整个村寨的中心。这个"寨心"不仅具有村寨中心的意思,还被认为有保佑整个村寨的人畜健康、谷物丰收的功能。所以每到年节期间,村民都会在头人的带领下向"寨心"献上食物、蜡条等供奉,尤其是新年桑勘节的最后一天,村民还要前往"寨心",向其报告过节的情况,这是过年的一个重点。因为布朗族认为,只有向"寨心"报告才意味着通报了各路鬼神,整个年节仪式才能圆满结束。当村中遭遇灾祸时,村寨头人也会带上蜡条、祭品等向"寨心"倾诉,并祈求"寨心"保佑村寨平安。

4. 南传上座部佛教

南传上座部佛教和民间信仰已在布朗族社会历史变迁中很好地融合起来,所以,在布朗族社区形成了具有民间信仰特色的南传上座部佛教信仰,或者说有深刻佛教特色的民间宗教信仰。布朗山地区布朗族的民间信仰和南传上座部佛教的关系主要表现为:一方面,佛教的教义已经深入每个布朗人心中,他们希望靠近佛祖,得到佛祖的保佑,为此他们会向佛祖跪拜、赕佛,积极参加佛事活动等;另一方面,民间信仰已渗入人们的生产、生活当中,布朗族相信鬼神并且惧怕他们,同时也希望得到鬼神的庇护和帮助,形成了布朗族敬畏自然、保护自然的人地和谐的生态观。

三、景迈古茶园农业文化遗产景观

(一)农业文化遗产景观

1. 景观

不同的学科对景观有不同的定义,并相互影响。宏观而言,俞孔坚(2002)认为景观是人类适应环境的结果,是复杂的自然过程、人文过程以及人类的价值观在大地上的投影。《欧洲风景公约》对景观的定义有明确阐述:"景观是一片被人们所感知的区域,该区域的特征是人与自然的活动或互动的结果。"(麦琪·罗,2007)其将景观理解为人类行为和自然力量共同作用的结果,凝聚了较为广博的视野,即地球表面各种地理现象的综合体,包括自然景观和人文景观两类。

2. 农业景观

农业景观,是指在农业区域内,由各种要素构成的、能够成为人们审美对象的、农业外在特征和内在特征的总和。由于具有客观的外显形式,可为人感知和理解,从而达到情感愉悦的审美效应。农业景观是由其农业区域的自然生命(农作物)景观、农业生产、生活场景等多种元素综合构成,其景观所反映的不是各构成要素的独立效果,而是相关元素组成的复合效应,具体包含农田景观、农村聚落形式、建筑形式、土地利用方式等。

3. 遗产景观

根据世界遗产委员会的定义：遗产是我们从过去、我们生活的今天,以及我们传递给后代的珍贵财富[①]。景观遗产即遗产景观(heritage landscapes),是整体遗产的一部分。2004年ICOMOS会议上通过的关于遗产景观的《奈克提西宣言》(*Natchitoches Declaration*)阐述："遗产景观是世界丰富性和文化多样性主要表达的独特地方",并指出"世界遗产中人和自然的分离关系极大地阻碍了遗产景观的观念,已经给遗产的实践工作造成了极大的困扰[②]"。2005年ICOMOS的《西安宣言》提出："遗产,包括景观遗产,都不能被孤立地、物质地看待,而必须纳入整体的非物质的,包括社会、政治、经济、文化等一系列环境中来加以定位和解读。"(郭旃,2005)

4. 文化景观遗产

文化景观遗产是继世界自然遗产、文化遗产、自然与文化双遗产之后的第四种遗产类型,在1992年由世界遗产委员会正式提出,指人类为满足生存发展的需要,对自然景观进行叠加利用而形成的景观类型(陈耀华和妙关素,2016),主要分为三类（见表2.1）。

表 2.1 文化景观遗产分类

类型	定义
人类有意设计和创造的景观	人类出于纪念或宗教等目的设计建造的建筑物
有机进化的景观	人类在长期的发展历史过程中演化而来的景观
关联性景观	与自然因素、宗教、经济、文化等相关的景观

---

① About World Heritage[EB/OL].[2015-09-21]http://whc.unesco.org/en/about/.
② Natchitoches Declaration on Heritage Landscapes. [EB/OL]. [2015-09-25] http://www.usicomos.org/natchitoches-declaration.

5. 农业文化遗产

按照联合国粮农组织(FAO)的定义,全球重要农业文化遗产是:"农村与其所处环境长期协同进化和动态适应下所形成的独特的土地利用系统和农业景观,这种系统与景观具有丰富的生物多样性,而且可以满足当地社会经济与文化发展的需要,有利于促进区域可持续发展。"(闵庆文,2007)

本论文对于普洱景迈山古茶园农业文化遗产景观的定义为:普洱景迈山古茶园农业文化遗产景观景当地布朗族、傣族等少数民族根植于农耕文明朴素的自然生态景观,是因地制宜的尊重自然、利用自然和改造自然形成的乡土人文景观,是包含景迈"森林-古茶林"农业景观基底、山路景观廊道和景迈山古村落斑块的综合景观区域。

(二)景迈山普洱古茶园农业文化遗产概况

1. 布朗族传统村落

景迈山古茶园片区保留有建于20世纪60年代为主的传统保留建筑及局部维修的传统改造建筑共1569栋,传统建筑比例达到40.25%(见图2)。

图2 景迈山瓮基传统村落(作者拍摄)

传统村落的总体布局受南传上座部佛教与自然崇拜的双重信仰体系的影响,村寨依山而建,傍水而居,在距离较高海拔位置分布着一定的村寨的风水林与信仰林(竜林),村寨周边为古茶树与森林的混合区域,区域外较低海拔位置分布着现代生态茶园。村寨入口一般建有"佛寺",作为村寨宗教信仰的重要组成。有的村寨入口有水池,中心区域为寨心,傣族、布朗族村寨内部建筑与街道基本围绕寨心呈向心式布局。村寨由内部到外部形成"寨心"-向心式建筑街道-入口"佛寺"、水池-古茶林、森林(茶神自然崇拜)-风水林(自然山神崇拜),体现了信仰体系的空间布局特色(见图3、图4)。

图3 布朗族寨心(作者亲自拍摄)

图4 布朗族寨心(作者亲自拍摄)

景迈山布朗族传统民居为木构干栏式建筑,底层木柱架空做储藏和生产空间,二层木板壁围合,内设火塘、卧室、厨房等。屋顶为坡顶,上覆黑色挂瓦。傣族、布朗族民居结构相似,但装饰细节有所区别,傣族屋檐博风口以黄牛角作为装饰符号,而布朗族则饰以大叶茶"一芽两叶"的符号。

2. 森林-古茶林-村寨立体农业景观

布朗族先民迁徙途中发现茶叶,并在景迈山定居生活,在森林中大规模人工栽培茶树,历经千余年发展。景迈山现有三大片古茶林,分别以糯干寨和景迈大寨为中心。目前依旧保持着古老的茶园生产方式、传统的民族聚落风貌、独特的宗教文化和茶文化。

景迈山古茶林以森林生物多样性为依托,以具有 1300 多年历史的山地人工栽培型古茶林为主体,以乔、灌、草立体结构的林下种植技术为核心。古茶林集中分布在海拔为 1250~1550 米的山地上、村寨周边、次生林之中,古茶林为茶树生长提供适宜的条件,提高了抗病虫害的能力。古茶林层次丰富,具有乔木层、灌木层(茶树主要分布层)和草本层,形成上-中-下的立体结构。森林-古茶林-村寨立体农业景观体现了景迈山布朗族和谐的人地关系。

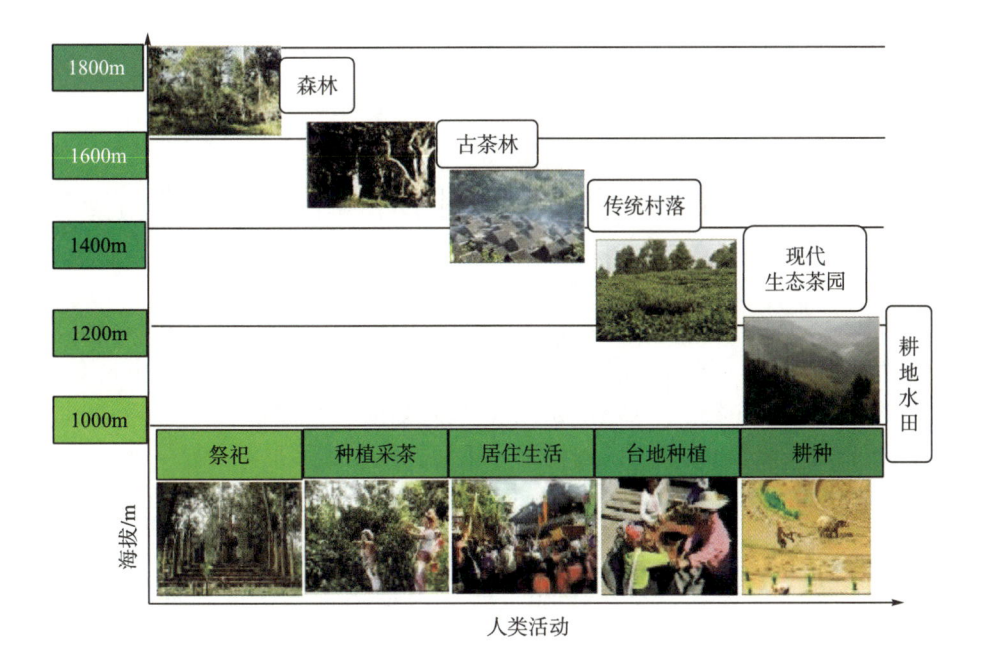

图 5 景迈山"森林-古茶林-村寨"立体农业景观(自绘)

基于"万物有灵"信仰的山神崇拜、茶神崇拜和佛教崇拜,造就了提名地世居民族尊重自然、爱护环境的优良的生态伦理。在此基础上创造的独特的林间和林下种植技术,在森林中开辟茶园,并合理控制森林与茶林的比例,在茶林中选择性保留乔灌木,巧妙分配乔、灌、草等植物的光照和养分,从而达到充分利用森林生物多样性,有效防止病虫害并提高茶叶质量,使古茶林历经千年而依旧保持优良品质并充满活力的效果。通过土地垂直利用,布朗族世居民族能够最高效、最可持续地利用这里的自然资源。

景迈山布朗族农业文化遗产景观是景迈山古茶林自然与文化的高度复合。布朗族使茶从最早的生活所需,逐渐成为生产范畴的经济作物和主要经济来源,并最终成为与宗教、民俗等文化需求高度融合的精神作品,完成了古茶林"生活所需—经济之源—文化之根"的演变和升华。同时,景迈山世居民族在漫长的生产生活中创造了丰富的茶文化,包括种茶、制茶等生产文化,食茶用茶、民族习俗、民居建筑等生活文化,品茶咏茶、民间艺术、宗教信仰、民族性格等精神文化。而独特的茶林种植方式、古老的茶叶制作技术、传统的民居建筑风格、原始的茶祖宗教信仰、纯朴的世居民族性格以及蕴含其中的和谐人地关系,又造就了景迈山茶文化浓厚的地域特色和民族特色。基于以"和"为核心茶文化的共同价值观,又深刻影响了景迈山的民族性格、道德伦理和行为准则,形成了与茶文化密切相关的宗教信仰与民俗传统、乡规民约,更好地促进了古茶林的保护、利用与发展,并有力推动了区域社会经济的可持续进步。

四、对景迈山古茶园农业文化遗产可持续发展的建议

文化遗产遵循动态保护、整体保护和原地保护原则。动态保护指在保护生态系统服务功能的前提下,让农民继续采用传统的农业生产方式,并能从中获益;整体保护是应该把农业遗产系统及其赖以存在的自然和人文环境作为一个整体加以保护;原地保护要求农业遗产系统不能脱离其形成的原生自然环境和人文环境。

(一)农业文化遗产旅游开发下的生态应用

1. 生态博物馆

目前有的积极尝试——景迈山柏联普洱庄园建立了以普洱茶茶文化为主题

的生态博物馆，馆内普洱茶茶史、茶具等展厅，详尽记叙了中国普洱茶茶文化的历史，在茶博物馆内定期开展的茶道展示、茶知识竞赛等交流活动。普洱茶生态博物馆把"能喝的文化""会呼吸的古董"近距离呈现给普洱茶爱好者们，既展示了普洱茶茶文化遗产资源、普及了茶文化知识，也增强了当地居民自主保护的意识。

2. 制定科学合理的旅游规划

景迈山普洱茶林农业文化遗产旅游核心是茶文化遗产旅游，茶文化遗产旅游是一项科技含量很高的绿色产业，其发展规划涉及生态、人文、经济等多方面。必须对古茶园核心区进行保护，缓冲区进行严格的调查研究，分析其可持续发展能力，对各项因素进行评估，保证旅游行业产生的环境压力在其环境承载力安全范围内。开发项目中，对古茶树要有严格的保护与监管措施，并定期检查树木的健康度；对古茶楼、茶亭、茶碑刻要有完善的路线范围要求，坚决杜绝人为恶意破坏，只有这样，才能使茶文化遗产旅游健康发展。

（二）产业融合

"旅游化"是方向，"产业化"是基础。只有走产业化之路，才能够提高传统农业的附加值，增加单位土地和地上资源的经济效益。"旅游化生存与产业化发展"即是以发展农业遗产旅游为主导方向，带动相关产业的发展，形成以旅游业为核心的产业群，打造传统农业地区的新型业态(李大庆，2006)。

景迈山普洱古茶园农业文化遗产的保护与发展还需走以有机农业为主，生产加工业、旅游业、文化产业等多种产业融合的路径。着重茶产业价值链纵向融合延伸和生态旅游产业链横向融合拓展，借助文化创意，活化景观资源，通过农业资源在旅游产业链上的渗透融合，突破传统的农业生产模式，以实现生态、经济和社会效益。

（三）建立多方参与机制

农业文化遗产的"原地保护"必然与社区发展诉求之间存在矛盾，农民要提高收入、要改善生活，社区要发展、要享受现代物质文明，这些要求本身是合理的；而政府要政绩，保护这种劳动生产率低下的生产方式还要较大的财政投入(王德刚，2013)。因此，农业文化遗产的有效保护，离不开相关的政策扶持，以带动参与方的积极性。形成景迈山布朗族、傣族等村民为主体，企业、政府为辅的多方参与机制。民族文化的保护和发展得靠本民族对弘扬自己普洱茶茶文化的自觉和自信，企业参与为当地居民提供更多的就业岗位，政府在旅游发展中起到监管和平衡等作用，尽量做到达到各自效益最大化。

参 考 文 献

安静，2012. 布朗族民间信仰的功能研究——以西双版纳老曼峨村为例[D]. 北京：中央民族大学.

陈祥军，2015. 本土知识遭遇发展：游牧生态观与环境行为的变迁——新疆阿勒泰哈萨克社会的人类学考察[J]. 中南民族大学学报(人文社会科学版)，213(6)：42-47.

陈耀华，妙关素，2016. 文化景观的内涵与要素——以普洱景迈山古茶林为例[J]. 中国园林，(11)：94-98.

冯淑华，2008. 文化生态学视角下的传统村落空间演化及其模式研究——以江西婺源为例[D]. 南京：南京师范大学.

郭家骥，2005. 生态文化论[J]. 云南社会科学，(6)：80-84.

郭旃，2005. 西安宣言——文化遗产环境保护新准则[J]. 中国文化遗产，(6)：6-7.

解鲁云，2009. 云南生物多样性保护与少数民族生态观研究综述[J]. 云南民族大学学报(哲学社会科学版)，26(5)：156-160.

昆明戴特传统与环境发展研究所与云南省社会科学院，2008. 布朗族的茶与传统文化[M]. 昆明：云南民族出版社，57-64.

李大庆，2006. 全球重要农业文化遗产如何保护[R]. "稻鱼共生系统"全球重要农业文化遗产保护多方参与机制研讨会.

李丽娟，毛志睿，2016. 元阳梯田遗产核心区村落空间景观形态演浅析——以云南省箐口村为例[J]. 价值工程，35 (9)：26-29.

李伟，马传松，2007. 乌江流域少数民族的生态伦理观[J]. 重庆社会科学，(3)：122-125.

廖国强，关磊，2011. 文化•生态文化•民族生态文化[J]. 云南民族大学学报哲学社会科学版，(4)：43-49.

林艺，2006. 云南少数民族水文化与生态旅游[J]. 经济问题探索，(4)：110-113.

刘荣昆，2009. 从生态文明的视野看云南少数民族原始宗教[J]. 红河学院学报，7(1)：13-16.

麦琪•罗，2007. 欧洲风景公约：关于"文化景观"的一场思想革命[J]. 韩锋，徐青编 译. 中国园林，23(11)：10-15.

闵庆文，2007. 关于"全球重要农业文化遗产"的中文名称及其他[J]. 古今农业，(3)：116-120.

苏国文，2009. 芒景布朗族与茶[M]. 昆明：云南民族出版社：12.

王德刚，2013. 旅游化生存与产业化发展——农业文化遗产保护与利用模式研究[J]. 山东大学学报(哲学社会科学版)，(2)：62-70.

吴兆录，1997. 西双版纳勐养自然保护区布朗族龙山传统的生态研究[J]. 生态学杂志，(3)：45-49.

徐增让，成升魁，邹秀萍，等，2014. 澜沧江流域民族聚居区生态景观及生态文化的作用初探[J]. 资源科学，36 (2)：

224-232.

杨宏峰，杨春，2012. 中华民族全书：中国拉祜族[M]. 银川：宁夏人民出版社.

俞孔坚，2002. 景观的含义[J]. 时代建筑，(1)：14-17.

张婷，李振东，2014. 云南少数民族生态思想对环境保护的启示[J]. 东方教育，(7): 341.

张雯，2015. 翁丁佤族原始村落文化对建筑的影响[J]. 价值工程，(2)：96-98.

产业融合视角下翁丁村民族文化生态旅游发展路径研究

李海荣　胡冀珍

> **第一作者简介：** 李海荣（1991—），女，山东潍坊人，硕士研究生，主要从事生态旅游方面的研究。
>
> **通讯作者简介：** 胡冀珍（1962—），女，云南昆明人，博士，教授，硕士研究生导师。长期从事旅游学、旅游资源开发、生态旅游、社区旅游和竹文化旅游方面的教学和科研工作。
>
> 先后主持或参加相关科研和生产项目7项，包括云南省软科学研究计划项目1项、云南省自然科学基金重点项目1项、国家自然科学基金项目1项、旅游发展总体规划和旅游资源调查与评价4项。发表论文20余篇，参加编著专著3部，负责撰写研究报告6部。获得云南省自然科学奖一等奖1项、云南省科技进步奖三等奖1项、中国林学会竹业学术大会优秀论文奖多项。

　　2017年5月7日中共中央办公厅、国务院办公厅印发《国家"十三五"时期文化发展改革规划纲要》中指出，"十三五"时期是全面建成小康社会决胜阶段，也是促进文化繁荣发展关键时期。强调必须充分发挥文化引领风尚、教育人民、服务社会、推动发展的作用。10月18日，在中国共产党十九大报告中指出坚定文化自信，推动社会主义文化繁荣兴盛，提高保障和改善民生水平，加强和创新社会治理，加快生态文明体制改革，建设美丽中国，并提出实施乡村振兴战略。我国旅游业得以迅速发展，人们对于旅游的需求不再是简单的观光旅游，对文化含量高的旅游产品需求不断增加，环境保护意识也逐渐增强，越来越多的民族文化产业与旅游产业打破产业边界，实现产业的融合发展，体现了"创新、协调、绿色、开放、共享"五大理念，旅游业的发展对民族文化生态旅游健康可持续发展具有重大意义，将有利于提升文化产业与旅游产业融合的水平与质量，并能促进翁丁村的和谐发展与共同繁荣。

一、民族文化生态旅游概念

在民族文化保护和生态旅游可持续发展的背景下，民族文化生态旅游应运而生。民族文化生态旅游是在传统旅游和生态旅游发展的基础之上提出的概念。到目前还没有统一的概念，本文采用曹晓鲜对民族文化生态旅游的定义，即指以民族地区的文化生态为研究对象，在最大限度满足旅游者的精神需求和减少对旅游目的地文化进程发展的影响下，将民族文化生态旅游理念贯穿于整个旅游系统，并指导其形成有序发展的可持续开发模式(曹晓鲜，2010)。

二、沧源翁丁村民族文化生态旅游概况

(一)良好的生态环境

翁丁村位于东经99°05′~99°18′，北纬23°10′~23°19′，云南省沧源佤族自治县勐角乡西北部，是一个佤族原始村落。由于封闭的地理位置以及佤族原始宗教崇尚自然的理念，翁丁村的自然生态环境保护完好，山多林密，四周群山环抱，这里有风光旖旎的新牙河，有美丽的"翁丁村白云湖"，有建于1977年的翁丁村大桥，景色迷人。翁丁村属亚热带气候，年平均温度为24℃，降雨量为900~1000mm，气候温和、四季不明显，日照良好。翁丁村群山常年云雾缭绕，云海、日出、夕照等奇美气候景观为村寨增添了迷人的景色。适宜的气候条件、各种动植物资源、大规模梯田景观以及干栏式茅草房构成阿佤人民的美好家园，形成了独具特色的原生态佤寨生态景观(潘璐璐，2008)。

(二)特色的民族文化

翁丁村拥有特色的民族文化，翁丁村民族文化是中国佤族传统文化的集中体现，集中而完整地保留和传承了中国佤族诸多传统文化元素，是中国佤文化的荟萃之地，是佤文化天然的博物馆，在翁丁村人们可以找到史前文明的遗迹，可以目睹和感受佤族在历史进程中的斑斓迹象；中缅边境跨国文化相通相融，翁丁佤族与境外缅甸佤邦佤族同一族源，翁丁佤族先民欣由公明山附近的绍欣、绍帕等地迁来。因此，翁丁佤族沿袭了境外佤族先民的远古文化，并在相对封闭的自然环境中传承、发展与境外佤族相通相融的远古文明；原生态山居民族的文化遗存，翁丁保存的耕作方式"夺铲点播"（刀耕火种）、食野菜习俗、葛根藤纺织习俗等，是原生态山居民族的文化遗存，翁丁文化继承了山地文化的质朴性、独特性；万物有灵原始崇拜的文化内涵，深居深山密林，生产力低下，孕育了佤族天人合一，万物有灵的朴素思想，并在活动中形成了共同的崇神敬灵的民族心理。在万物有灵思想中，一草一木、一山一水，皆有神灵护佑，因为崇敬和畏惧，人们不愿随意破坏自然物，人与自然和谐共处成了佤寨的一大亮点。也因为众多的原始崇拜，在众多的宗教活动中，产生了原生态文学和艺术。优美且充满韵味的祭祀辞、歌曲词谱、舞蹈动作等是原始宗教在原始文艺领域中的杰作。

三、云南翁丁村民族文化生态旅游 SWOT 矩阵分析

通过对影响云南翁丁村民族文化生态旅游发展的各种内部因素和外部因素作出分析，把优势、劣势、机遇和威胁排列成 SWOT 矩阵进行分析，得出相匹配的发展策略，如表 1 所示。

四、云南翁丁村民族文化生态旅游发展路径

城市人需要精神上的乡村，农村人需要物质上的乡村，良好的生态环境和特色的佤族文化是沧源县翁丁村旅游资源的主体，也是沧源文化和旅游产业发展的万变之源和产业灵魂，更是翁丁村民族文化生态旅游的基础和重要支撑，青山绿水是翁丁村的宝贵财富。同时随着翁丁村民族文化生态旅游的发展，又为当地生态环境的保护提供资金支持，反哺社区居民，进一步促进民族文化的交流传承。民族文化与生态旅游的深度融合是翁丁村发展的根基，同时也是翁丁佤寨旅游转型升级的推手。

表 1　翁丁村民族文化生态旅游发展 SWOT 矩阵分析

	优势因素(S) ①生态环境良好，旅游资源丰富； ②科学研究所带来的聚焦作用； ③佤族文化超乎寻常的文化表现力； ④两大国家黄金口岸的区位优势	劣势因素(W) ①经济基础薄弱所致资金匮乏； ②远距城市所产生的距离衰减； ③旅游品牌构建待完善； ④旅游基础设施不完善
机遇因素(O) ①原生态村落满足市场发展需求；②自驾游带来市场机遇；③地方政府对旅游业的重视；④旅游扶贫	SO 战略(把握机会，发挥优势) ①广泛开展生态旅游认证；②根据游客需求打造特色精品景区；③共生运营，增加居民收入	WO 战略(利用机会，克服弱势) ①政府强化政策资金扶持；②加强旅游项目和设施建设；③培养、引进生态旅游优秀人才
威胁因素(T) ①中缅边境不稳定所产生的影响；②社区居民参与程度较低；③旅游区的自然生态环境脆弱，本土民族文化受外来文化冲击	ST 战略(把握机会，避免威胁) ①吸引各方共同参与，与社区居民共存共生；②实施生态旅游差异化、竞合性战略；③做好品牌构建	WT 战略(克服弱势，避免威胁) ①完善旅游规划和开发方式；②重视生态旅游环境教育；③加强翁丁村生态文明建设和人文建设

(一)针灸式改变村落，保持真实和本色

翁丁村作为迄今保存最完整的佤族原始群居村落，是世界佤文化的源生地，是中国部落文化最后的活体，是云南省原生态佤族文化博物馆，是现代文明社会中的永恒部落(胡冀珍，2012)。采用"针灸式"的改变，对重要节点进行调整刺激，把民族文化和原生态环境作为依托，以生态环境保护及民族文化传承为重，以社区居民的利益为依归，以满足消费者需求为导向，塑造"世界佤乡翁丁——中国最后的佤族原始部落"形象，打造少数民族文化生态品牌。发展民族文化生态旅游要最大程度保留原有风貌，保持翁丁村的真实和本色以及不损害原生态民族文化的原真性，打造具有本土特色的翁丁民族文化生态旅游活动和产品，要将翁丁村特色民族文化元素融入民族文化生态旅游产品开发设计中，使翁丁村的旅游产品富有地方性特色，占领更多的市场份额，形成特色的民族文化产业。旅游项目、配套设施建设要有生态性和原真性，积极改善基础设施，村内要有足够的交通网和其他配套设施，为旅游交通以及旅游景区景点、设施及其他服务的正常运行提供服务，在各种交通方式之间保持平衡发展。

(二)各方共同参与，共生式运营发展

在民族文化生态旅游发展中明确政府、开发经营者、旅游者、社区居民的职责范围，采取"村集体合作社+运营商""村集体合作社+扶贫机构+运营商""村

集体合作社+政府+运营商""村集体合作社+投资商+运营商"等合作模式。加强政府为主导的统筹发展，在运营过程中延长旅游产业链，从农业、加工业到服务业，从当地农产品、民族手工艺品到住宿娱乐服务。社区居民是民族文化生态旅游发展的内在动力，建立和完善社区参与的利益分配机制，加强社区居民的本地化培训，提升社区居民现有的生态意识、知识、技术等，充分调动当地居民的积极性参与到乡村建设、村落保护、旅游发展中来，更好地实现当地居民的就业及旅游发展的经济连带作用；借助社会力量，建立标准并客观公正地协调各方利益，进行有效监督。各方共同参与，共生式运营发展，处理好乡村建设以及社区居民的关系实现共融共生、多方共赢。

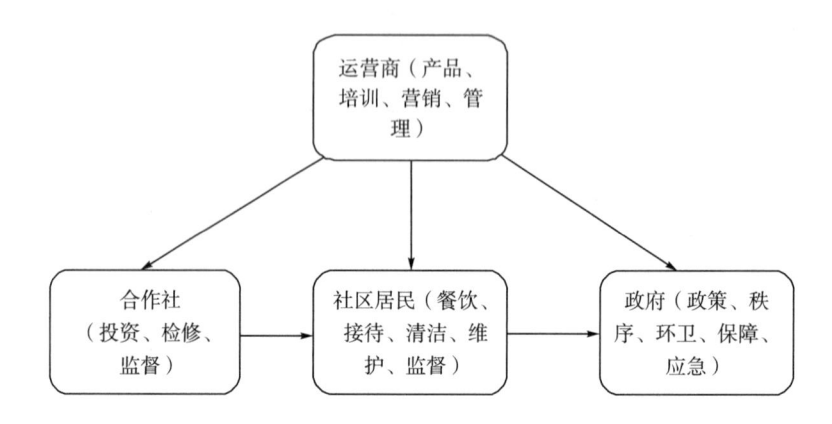

图1 翁丁村民族文化生态旅游各方共生式模式

(三)注重生态环境保护与民族文化传承

原乡产业是所有民族文化生态旅游规划的起点，村寨本身就有价值，村寨及周边生态环境就是最好的旅游资源。坚持"保护优先，合理开发、旅游影响最小化"的原则，尽量保留原来的结构机理甚至是空间结构。应用旅游生态足迹法，正确评价翁丁村生态系统的承载力，确定合理的环境承载容量；民族文化生态旅游的发展要始终保持动态保护，通过与旅游业的融合发展，使得翁丁村佤族文化在保护中开发、在传承中发展，努力把旅游产品开发与生态环境保护、民族文化传承和可持续发展有机结合起来，做到人与自然的和谐统一。只有以民族文化保护为前提，才能增强旅游吸引力，村寨经济才能得到长效发展，从而反哺改善社区居民生活条件，提升民族自豪感，加强民族文化的保护自觉性，保护村寨的自尊与自信，做到这些，就是创造最大的商业价值。

(四)广泛开展生态旅游认证以及生态环境教育

积极学习国外的经验,研究制定相应的自然与旅游认定计划(Nature and Ecotourisim Accreditation Programme,NEAP),统一设置认证的相关条件和规范指标,实行严格的操作程序,凡是认证合格的产品可以使用 NEAP 的标识,引导旅游企业创建民族文化生态旅游品牌,让旅游者享受原生态的旅游体验;由于翁丁村位于较偏远地区,当地社区居民及部分旅游者环境意识和法律意识薄弱,认定计划要从政府、学校、媒体、经营管理者、社区居民这几个层面入手,进行自然观察、体验民族文化、环境解说系统多样式的生态环境教育,做到环境教育媒介多元化、形式活态化、管理规范化,达到培养生态文明意识,真正实现生态旅游的环境教育功能的目的,推动翁丁村民族文化生态旅游的可持续发展。

参 考 文 献

曹晓鲜,2010. 基于协同的湖南西部民族文化生态旅游品牌资产研究[J]. 湖南师范大学学报(社会科学版),39(1): 99-103.

胡冀珍,2012. 云南典型少数民族村落生态旅游可持续发展研究——以沧源翁丁佤寨为例[D]. 北京:中国林业科学研究院.

潘璐璐,2008. 云南沧源翁丁佤族旅游村活态文化的保护与开发[J]. 昆明学院学报,19(2):15-18.

全域旅游视角下九寨沟县旅游发展探讨

邓贵平

作者简介：邓贵平，男，汉族，生于1978年9月，四川江油人，理学博士，美国密歇根大学博士后，高级工程师，阿坝州学术带头人，原九寨沟管理局科研处处长，主要从事旅游地学、国家公园管理和世界自然遗产保护等领域研究，主持和参与了4项国家重大科研课题，发表学术论文30余篇，在科学出版社出版著作2本。

全域旅游是新时期、新背景下旅游发展的新形式，其本质是结合需求侧的变化，进行产业升级和模式创新的旅游发展新方式（黄健波，2017）。九寨沟县委、县政府审时度势，高度重视全域旅游发展工作，如今这一理念在九寨沟县逐步形成战略、构成框架并正全力实施。但是，在我国旅游经济新常态下，全域旅游的发展内涵是什么？它的创新性体现在哪些方面？九寨沟县发展全域旅游存在哪些问题？我们可以采取怎样的对策？只有深入认识这些问题，方能更好推进九寨沟县全域旅游发展。

一、全域旅游内涵解析

全域旅游是指在一定区域内，以旅游业为优势产业，通过对区域内经济社会资源尤其是旅游资源、相关产业、生态环境、公共服务、体制机制、政策法规、文明素质等进行全方位、系统化的优化提升，实现区域资源有机整合、产业融合发展、社会共建共享，以旅游业带动和促进经济社会协调发展的一种新的区域协调发展理念和模式（李金早，2016）。李金早认为，全域旅游是旅游业贯彻落实"创新、协调、绿色、开放、共享"五大发展理念的重要体现,是旅游发展理念和发展模式的创新,也是旅游业转型升级的方向,是解决一些地方旅游市场秩序混乱、旅游产品和公共服务及基础设施供给与旅游市场需求不相适应、企业对门票经济过度依赖、广大游客的承受能力和期待不相适应等问题的有效途径(李金早,2016)。常海鹏认为,发展全域旅游有助于高效配置资源、全域统筹规划、全域协调管理、全域开展"旅游+"、全域共建共享(常海鹏,2016)。

在我国旅游经济新常态下,我们需解放思想和创新理念,用全域旅游的理念推动旅游发展。全域旅游发展理念即新的发展观、新的品牌观、新的营销观、新的要素观和新的服务观。新的发展观并不是全面开花,到处进行旅游开发,而是运用梯度开发理念,有选择、有重点地进行空间优化重构,最终形成全域旅游的发展格局。新的品牌观要适应我国旅游消费结构从观光向休闲、度假、体验旅游转变的需要,以突破传统旅游发展的局限,多层次进行旅游产品开发,以期达到旅游品牌形象的全域化。新的营销观,不能局限于传统宣传营销观念,需要结合自媒体时代的特点,以及参与性、体验性的节事活动,形成"线上+线下"的营销方式。全域旅游的发展离不开对旅游要素的优化,新的要素观就是满足交通、食宿、商品、娱乐以及旅游经营主体等要素的标准化、服务化的发展趋势。新的服务观不仅要求旅游服务的质量,更注重打破传统景区和非景区的二元服务结构,构建全域一体化的公共服务体系(汪秀楠和张述林,2017)。

二、九寨沟县旅游发展现状分析

九寨沟县位于四川省阿坝藏族羌族自治州东北部,总面积5288 km^2,2015年底常住总人口81900人。近年来,九寨沟县旅游发展增速较快。据九寨沟县2016年政府工作报告数据,九寨沟县一、二、三产业之比为7:32:61,以旅游业为主导的第三产业对GDP贡献率达到65%。2016年全县旅游接待人数720万人次,实现旅游收入90亿元,较2011年分别增长124.3%、130%。其中,九寨沟景区接待游客逾500万人次,旅游门票收入约8.05亿元。另据统计,全县有酒店107家(其中:五星级3家、四星级6家、三星级3家),乡村客栈792家,营业性演出场所7家,餐馆809家,藏(农)家乐46家,旅行社(分社)24家,客运企业6家,客运车辆869辆(旅游专线416辆)。

(一)九寨沟县旅游发展资源条件分析

九寨沟县高品质旅游资源丰富,空间组合优势明显,具备全域开发、打造精品的潜力。其中,顶级的山水生态环境、多彩的人文风情资源、独特的城乡休闲资源及丰富的休闲产业资源是九寨沟县四大特色优势资源。以九寨沟景区为代表的生态资源本底构建出了绝佳的休闲度假环境;多彩的人文风情资源将助推"生态九寨"向"多彩九寨""全域九寨"全面升级;独特的城乡休闲资源是找寻美丽乡愁、推进旅游扶贫的重要载体;丰富的产业休闲资源是推进"旅游+"战略,培育旅游消费热点的重要支撑。

(二)九寨沟县旅游发展政策条件分析

大众旅游时代正在到来,旅游业的关注度空前提升。2016年7月18~20日,习近平总书记在考察宁夏时强调:"发展全域旅游,路子是对的,要坚持走下去。"2017年3月5日,李克强总理在部署重点工作任务时提出"完善旅游设施和服务,大力发展乡村、休闲、全域旅游"。此外,国家层面出台了"515战略"、促进旅游投资与消费全面推进旅游扶贫等旅游政策,国家旅游局正大力推进"全域旅游示范区"创建工作。

四川省高度重视大九寨旅游发展,《四川省"十三五"旅游业发展规划》提出"十三五"期间要基本建成三大世界旅游目的地,即以成都为中心的世界旅游目的地、大九寨世界旅游目的地和大峨眉世界旅游目的地。2017年5月,省委书记王东明在四川省第十一次党代会上的报告中提出实施"绿色四川"旅游行动计划,大力发展全域旅游,建设世界重要旅游目的地。

阿坝州去年入选首批"国家全域旅游示范区"创建名单,州委州政府明确了"推进阿坝全域旅游建设,加快旅游经济大发展"的总体思路,提出将"大九寨、大熊猫、大草原、大湿地、大冰川、大文化"旅游品牌作为主攻方向,切实在全域、全时、多元建设理念的引领下,深入实施"三态融合、三微联动",加快推进国家全域旅游示范区建设。

(三)九寨沟县旅游发展需求分析

经过30多年的快速发展,我国城镇化水平快速提升,人均可支配收入大幅增加,促进了旅游人数持续增长,旅游消费迅速增加,中国进入大众旅游时代,国民旅游消费需求旺盛。2016年,中国国内旅游突破44.4亿人次,旅游收入达3.9万亿元人民币。中国入境旅游已经走出金融危机后的萧条期,正在从全面恢复转向持续增长的新阶段。2016年,我国接待入境游客1.38亿人次,同比增长3.8%,

其中入境过夜游客5927万人次，同比增长4.2%。随着休闲度假时代的全面到来，旅游需求呈现出"自驾游、家庭游占主导，文化体验、休闲度假、生态康养成为主流"的特征。

三、九寨沟县全域旅游发展存在的问题

（一）旅游发展要素制约明显

旅游产业发展及景区创建提升的土地供给不足、资金缺乏、交通不便等问题严重影响九寨沟县旅游业的发展，成为旅游产业发展的主要瓶颈。

（1）土地承载不足。九寨沟县地貌属高山狭谷地貌，地形以高山为主，只有少许山原和零散平坝，故可利用的土地资源十分有限，土地承载量严重不足。目前，旅游产业集中分布在甘海子至沙坝村约20公里的九寨沟旅游环线狭长地带，其他地区零星分布，旅游产业链延伸用地空间不足。另外，旅游项目建设用地规划衔接不及时，使得部分旅游建设项目难以落地，计划的设施用地需求难以实现。

（2）旅游发展资金不足。旅游资源开发、项目建设、市场营销、景区提升，特别是重要景区创建提升和重大旅游项目需要大量资金投入(如神仙池、甘海子国家AAAA级旅游景区创建，大录藏寨国家AAA级旅游景区创建，以及勿角大熊猫自然保护区和甲勿池景区开发)，而九寨沟县政府财政收入有限，国有公司面临融资难的困境，导致旅游项目推进缓慢。

（3）交通瓶颈突出。九寨沟县目前交通瓶颈突出，总体表现为："外部进不来，内部散不开，景区串不起"，航空方面主要依靠九黄机场，周边绵阳、红原、广元、成州四大机场衔接较差；铁路方面尚无轨道交通；公路方面主要通道为G247和G544，等级较低(二级路)，县内其他道路路况较差，且立体交通衔接不足，旅游旺季拥挤不堪(尤其是县城至沟口路段)，其他景区可进入性较差，分流困难。

（二）旅游资源整合开发力度薄弱

（1）从整体发展战略层面来看，九寨沟县旅游业发展仍以点状特征为主，没有构建起景区之间的空间链接，各景区之间依然存在封闭式的建设与管理，利益纠纷问题以及社区居民权益等仍是制约旅游业发展的主要因素。

（2）从资源开发层面来看，除九寨沟景区外，神仙池、大录藏寨、甘海子、海

子山、中查沟、甲勿池、勿角大熊猫自然保护区、白河金丝猴自然保护区等旅游景区景点都还有待开发；文化旅游资源开发利用不足，缺乏旅游文化创意产业，南坪曲子、白马伊舞非遗文化和民族文化内涵有待挖掘；市场需求旺盛的休闲类、度假类、体验类及个性化旅游产品有待打造，缺少生活型、创新性、主题式旅游产品的策划和开发。

(3)从资源开发利用空间格局来看，九寨沟县旅游业发展很不平衡。当前，旅游产业主要集中分布在漳扎镇，九寨沟景区对九寨沟县其他地区经济发展带动作用很有限，九寨沟县城也未能有效吸引和分流九寨沟景区的游客，"三廊四区"的旅游空间格局建设还需大力推进。

(三)旅游品牌整合宣传营销力度不大

(1)从国内市场来看，九寨沟景区因多年来有效投入、创新营销以及其垄断性的资源品位和高效的管理，在国内知名度很高，深受游客喜爱，但因宣传营销不足、营销思路陈旧和资源品位相对不高，九寨沟县其他景区景点在国内的知名度很低。

(2)从国际市场来看，2016年全县入境游客接待量为18.08万人次，距历史最高峰2007年的50万人次仍有较大差距，这主要是现有产品为单一观光产品，对入境游客(尤其是欧美)吸引力减弱，同时，忽视国际营销，缺乏对入境旅游客源地的定向营销行动，从而造成入境游市场反应滞后。

(3)从旅游品牌形象塑造来看，九寨沟景区通过30多年的精心打造和有效经营，旅游品牌已成功树立，但由于九寨沟县尚未形成整体性营销思路，其整体旅游形象不突出，九寨沟县其他旅游景区景点品牌也尚未树立。

(四)旅游基础设施建设滞后

随着旅游业的快速发展，特别是休闲度假旅游的快速升温，九寨沟县旅游景区景点基础设施薄弱、配套不完善的问题也日益凸显。除九寨沟景区外，九寨沟县其他景区景点(如神仙池、甲勿池等)通景公路路况较差，景区道路景观有待提升，旅游服务设施接待能力有限，景区水电保障缺失，垃圾和污水处理能力差，游客中心、旅游厕所、公共停车场、游客休憩场所、旅游标识标牌需要新建或进一步完善等。

（五）旅游产业融合发展缓慢

旅游与其他产业的融合度还有待加强。受地形、气候、资源和市场区位影响，九寨沟县工农业不发达，工农产品没有形成自己的品牌。虽然九寨沟县努力推进旅游与其他产业融合，但在深度和广度方面，都还远远不够，乡村旅游和旅游商品手工制造业推进缓慢，文创产品缺乏。

四、促进九寨沟县全域旅游发展的对策建议

结合九寨沟县建设世界休闲度假旅游目的地和创建全域旅游示范区先行地的要求，针对当前九寨沟县全域旅游发展存在的问题，我们建议从顶层设计、丰富产品、完善设施、创新营销、探索"旅游+"、提升管理服务等方面入手来推动九寨沟县全域旅游发展。

（一）顶层设计，破除旅游产业发展瓶颈

旅游发展涉及对区域内经济社会资源全面整合与使用，全域旅游的建设需要高水准的顶层设计。九寨沟县需要发挥好全域旅游发展领导小组的作用，有效协调各部门之间的矛盾，借助咨询机构和专家的力量，制定和实施科学的全域旅游战略发展规划，优化和完善管理体制，努力打破旅游产业发展瓶颈。

(1)破除产业发展瓶颈，就是要加快旅游项目建设，认真研究国家和省州产业扶持相关政策，做好项目储备、筛选和上报工作，积极争取资金支持九寨沟县旅游产业发展，同时运用市场机制筹措建设资金，推进九寨沟县旅游项目建设；另外，依据相关制度，加强项目建设管理、资金使用管理、监督检查和竣工验收等工作。

(2)加快推进旅游交通项目，打破旅游发展瓶颈。道路通，百业兴。道路对旅游业尤其有着重要影响，道路格局影响旅游业发展格局。依托民航、高铁、高等级公路构建九寨沟县快进交通网络，提高旅游通达性和便捷性；规划建设自行车道、步行道、绿道等慢游设施，打造具有通达、游憩、健身、教育等功能的主题线路，丰富游客的旅游体验和实现居民共享。加快论证和推动漳扎镇-九寨沟县城"空中旅游观光快线"项目，大力推进绵九、九武高速和九若、迭九公路的建设，

进一步畅通和美化九寨沟县城—漳扎镇公路，升级改造上四寨—神仙池—大录藏寨—黑河大峡谷公路和罗依乡—保华乡公路，以及修建甲勿池景区、勿角大熊猫保护区公路。

(3)推动旅游用地改革，破解土地承载瓶颈。国土资源部门需逐步改革完善旅游用地管理制度，推动土地差别化管理，引导旅游供给结构调整。

(二)丰富旅游产品，提升旅游产业

对九寨沟县自然景观和人文旅游资源进行综合开发利用，使之成为一个有机体，主动对接鲁能集团、能投集团、港中旅等旅游投资集团，加快推进九寨沟县旅游资源开发和景区景点建设，丰富旅游产品，延长游客停留时间，提高游客人均消费水平，降低门票收入占旅游总收入的比例，提升旅游产业发展水平。

(1)打造生态旅游产品。九寨沟景区在观光旅游基础上需要进一步打造生态旅游产品，但九寨沟的生态旅游发展方向不是做量，而是提质、做品牌；神仙池旅游景区在创建国家AAAA级旅游景区时需要深挖资源内涵，努力开发生态旅游产品，不走九寨沟景区观光游之路，努力为游客创造有特色的体验；甲勿池、勿角大熊猫自然保护区、白河金丝猴自然保护区的建设更需走高端小众的生态旅游，尤其要用好熊猫品牌，走科考、科普之路。

(2)开发休闲度假旅游产品。通过优化环境、提升设施、丰富体验、精致服务等来开发旅游度假休闲产品，推动九寨沟县旅游产业发展转型。依托鲁能在中查沟投资项目、能投集团九寨云顶项目发展度假休闲旅游产品，依托温泉古镇建设发展城镇休闲旅游产品，以及依托罗伊乡村旅游发展农村休闲度假产品。

(3)开发关联旅游产品。挖掘非遗文化、民族文化、宗教文化、山水文化等，开发文化体验型产品；引入市场竞争，打造具有九寨沟特色、诠释九寨沟民俗文化、与九寨沟品牌相匹配的演艺产品；培育新业态，探索"农业+旅游""工业+旅游""文化+旅游""体育+旅游"之路，让本地特色产业、优势产业融入旅游发展和创新旅游产品，提高九寨沟县旅游综合吸引力。

(三)整合创新营销，不断提高九寨沟全域旅游的知名度

(1)完善市场营销整合机制。进一步完善九寨沟管理局、阿坝州大九旅集团同九寨沟县全域旅游营销的整合机制，无论传统营销还是新媒体营销，无论大众市场营销还是细分市场营销，无论主题营销还是品牌营销，都要统一行动，密切配

合,合力攻坚。除九寨沟景区外,重点推出神仙池—大录藏寨、甲勿池—勿角大熊猫、九寨云顶、中查鲁能胜地度假区,逐步树立"九寨沟景区"和"大熊猫"两个世界品牌。

(2)创新营销方式。构建新媒体平台,通过搜索引擎、社交媒体、旅游电商网站等加强对外宣传,展示九寨沟全域旅游形象。利用微信、微博、头条号、新闻网站、旅游门户网站等公众平台创造细分社群粉丝,及时发布九寨沟县全域旅游相关信息,围绕春、夏、秋、冬四季不同主题和节事活动进行宣传,图片、软文、游记、段子、动漫、卡通、故事等宣传介质要形式多样,紧随时代潮流。围绕大熊猫、川金丝猴、非遗文化、九寨沟民俗文化、美食餐饮、乡村休闲创作网络微电影、短视频,努力同电影制片商合作,融入全域旅游,创造经典影视作品。

(3)精心策划节庆活动。邀请专业节庆策划公司策划九寨沟大熊猫涂墨狂欢节,有效融入九寨沟半程山地马拉松比赛、九寨沟山地自行车赛事、九寨沟美食节、九寨沟南坪音乐节(南坪曲子、白马伎舞、锅庄等)、地球上最开心5公里活动等,努力将九寨沟大熊猫涂墨狂欢节办成品牌节庆。寻求中央电视台"中秋节晚会"举办合作,借力全面推介展示九寨沟独特的山水风光、多彩的民俗文化、大熊猫、川金丝猴、红豆杉等珍稀动植物资源以及休闲度假旅游产品,扩大九寨沟全域旅游在国内的影响力。

(四)探索"旅游+",推动产业融合发展

"旅游+"是实现全域旅游的一大核心路径,产业融合是其重要支撑。

(1)旅游+农业。九寨沟县需要因地制宜,大力推进农业供给侧结构改革,将农业与旅游业融合发展。依托刀党、甜樱桃、百合、葡萄、油牡丹、薰衣草等特色农业基地,大力发展乡村旅游,努力推出农业生态观光游、民宿体验游、农耕农事体验游、浪漫赏花游、水果采摘游,形成"旅游+农业"新业态。依托九寨沟景区庞大游客市场,努力发展"后备箱农业",让游客既在九寨沟县放心消费绿色农产品,还装入后备箱带回家与亲朋好友分享。利用九寨沟景区淡季门票低廉,探索门票与九寨沟特色农产品捆绑的机制,提高游客旅游的附加值。

(2)旅游+交通。旅游业是国民经济重要的战略性支柱产业,交通运输是旅游业发展的基础支撑和先决条件。当前,多元的出游方式让过程尤其是路程,也成为旅游体验的重要环节。九寨沟县在完善"快进慢游"旅游交通网络时,应努力探索"运游一体化"模式。依托路网建设及资源整合,构建车+X基础旅游要素动态打包产品,满足用户个性化定制需求;依托九寨沟县非遗等特色文化和大熊猫、

川金丝猴等珍稀动物资源,开发九寨沟地区主题文化巴士;提升旅游交通服务质量,完善旅游集散中心功能,在公路侧富余路段建设旅游服务站、自驾房车营地、观景设施和厕所,补充完善旅游交通标志标牌。

(3)旅游+文化。文化是旅游的灵魂,旅游是文化的载体。推动文化与旅游融合发展,对于促进九寨沟县旅游业转型升级,推动优秀传统文化传承和创新,具有重要意义。借助现代技术手段,充分发挥九寨沟县文化资源的旅游价值,用文化元素提升旅游产品的文化品质和内涵。努力引进文化产业项目,扶持文化创意小微企业,打造九寨沟县专属文创衍生产品、手信研创、微电影等,形成新的文化旅游发展业态,拓展文化市场空间,促进文化消费和文化传播。依托九寨沟县非遗等特色文化和九寨沟水文化以及大熊猫、川金丝猴等珍稀动物,创造九寨沟县 IP。

(五)完善旅游基础设施,夯实旅游产业发展条件

(1)提升旅游服务设施。加快改造和完善九寨沟县和九寨沟沟口旅游汽车站,提升旅游集散中心智能化服务水平;进一步补充完善九寨沟县已有的三个游客服务中心的功能,对咨询人员进行培训,提高服务能力;在弓杠岭、黄土梁隧道九寨沟县出口、绵九高速九寨沟县出口以及县城适当位置精心设计标志性景观,适当配置其他服务性设施;建设漳扎国际旅游风情小镇,进一步规范旅游餐饮购物娱乐,丰富商品类型,打造特色,努力集聚发展;完善九寨沟景区排污管网、游步道、公厕、停车场等设施,统一设计、制作、完善景区和旅游公路沿线的标志标牌系统。

(2)配套完善基础设施。围绕自然观光、度假休闲、城镇娱乐、生态采摘、非遗文化、民族风俗等九寨沟县旅游产业发展特色领域,相关部门密切配合,推进旅游景观路、景区停车场、旅游标识系统、集散中心等旅游基础设施建设。加快神仙池景区游客中心的维修改建,新建电子门禁系统,新修 A 级厕所,维修景区栈道;加快大录藏寨、甲勿池景区游客中心设计和建设,新建 A 级厕所,规划设计游步道,增设旅游标志系统。

(3)加强旅游住宿设施管理。科学测算九寨沟县住宿设施市场需求规模(尤其是漳扎镇-县城区域),严控住宿市场无序发展。除强化星级宾馆管理外,还应加强家庭旅馆、民宿的管理,为游客创造安全、舒适的住宿环境。

(六)提升旅游管理服务水平,塑造九寨沟文明旅游形象

(1)积极推进旅游标准化建设。大力实施旅游服务业标准化工作,建立和完善

旅游标准化体系。有效开展九寨沟县优秀导游讲解员、优秀饭店、旅游购物场所推荐点、最受游客喜爱的十类旅游商品等旅游评比活动；组织全县景区、农家乐、藏家乐、住宿业、餐饮业、旅行社、旅游娱乐业等旅游从业人员，开展文明礼仪、职业道德、服务技能等方面的培训，提升旅游从业人员服务能力。

(2) 加强智慧旅游建设。逐步建立九寨沟县云数据中心，实时综合横向涉旅部门数据、纵向管理部门数据、运营商数据、互联网数据以及其他数据，开展数据挖掘，运用大数据支撑九寨沟县全域旅游发展。九寨沟景区应进一步加强智慧景区建设，提高智慧化管理、智慧化营销、智慧化服务、智慧化保护水平。九寨沟县城也应推进智慧化城市建设，如智慧交通、智慧医疗、智慧社区等。此外，还需将"互联网+旅游"与"旅游+"结合起来，提升产业融合水平和游客个性化服务水平。

(3) 加强旅游市场监管。在国家旅游局高压规范旅游市场和云南铁腕整治旅游乱象的背景下，九寨沟县旅游市场整治刻不容缓，需要严厉打击购物欺诈、黑导、黑车、尾随兜售、欺客宰客等违法行为，及时有效处理游客投诉事件，树立九寨沟县文明旅游目的地良好形象。

五、结　　论

随着旅游休闲逐步成为人们的一种基本生活方式，民用航空、高速铁路、高速公路等交通网络日益完善，居民收入水平不断提高，带薪休假等制度加快落实，人们的旅游休闲需求必将越来越大，九寨沟县全域旅游发展可谓前景广阔。但我们也要看到，在我国经济下行压力较大、经济增速放缓的情况下，继续保持九寨沟县旅游业的持续稳定快速发展，难度越来越大，迫切需要开拓创新，升级换代。

本文在解析全域旅游内涵的基础上，分析和总结九寨沟县全域旅游发展的优势条件和所存在的主要问题，并从问题出发提出了有针对性的对策，即从全局统筹发展，加强顶层设计，努力破除旅游产业发展瓶颈；依托资源，深挖内涵，进一步丰富旅游产品；紧扣主题，整合创新营销，不断提高九寨沟全域旅游的知名度；开拓创新，探索"旅游+"，推动产业融合发展；围绕旅游要素，完善旅游基础设施，夯实旅游产业发展条件；以人为本，提升旅游管理服务水平，塑造九寨沟文明旅游形象。通过这些举措探索九寨沟县的全域旅游发展路径，提升九寨沟县的旅游综合吸引力，以期助推九寨沟县从景点旅游模式向全域旅游模式转型，推动九寨沟县经济社会发展再上新台阶。

参 考 文 献

常海鹏，2016. 全域旅游发展理念刍议[J]. 商场现代化，(9)：252-253.
黄健波，2017-07-10. 发展全域旅游关键在于构建旅游综合吸引力[N]. 中国旅游报.
李金早，2016-03-04. 全域旅游的价值和途径[N]. 人民日报.
李金早，2016-06-02. 务实科学发展全域旅游——在全国全域旅游创建工作现场会上的讲话[N]. 中国旅游报.
汪秀楠，张述林，2017. 全域旅游视角下云阳县旅游发展对策研究[J]. 重庆文理学院学报，36(2)：118-124.

自由讨论：学者专场

叶文

下面我们进入自由发言讨论环节，实际上，今天大家提出了一些值得深入讨论的概念，比如说生态旅游与可持续旅游，从我的认知来说，生态旅游是人与自然的一种价值维度，它是一种社会伦理观，但可持续旅游是旅游本身的时空维度，这两者还是有差异的。"天人合一"的理解一定是分为两个层次的，我的专著《旅游规划的价值维度：民族文化与可持续旅游开发》里面专门研究过这个问题，分为主流和非主流两个层面。有兴趣的话我们可以交流，下面我们进入随意发言阶段，在这个圆桌会上没有对错，没有教授和学生的区别，大家都是平等的。

成海

从去年在厦门举办的第一届生态旅游圆桌会议开始，我们就开创了一种新的会议论文成果表现方式，除了收录参会者的观点性论文外，还在后面加入了自由讨论环节，目的是通过观点碰撞，激荡出新思想的火花。今明两天的讨论部分就相当于学术界的华山论剑，大家可以自由发挥各自的奇思妙想。各位专家和同学如果对主讲嘉宾的观点有不同看法，就把观点摆出来，摆出来以后再简短地论述一下，这样你来我往，编辑成果集的时候就会形成一个很有看点的东西，让学术成果更加鲜活、更接地气、更具话题性和吸引力，促进学术走进生活、走入社会，最终目的是让知识更加积极地影响和改造世界，这也是学术界的终极使命。

李洪波

有人总是说，生态旅游的基础应该是生物学、生态学。叶老师刚才在讲的时候，我就在想这个事，生态旅游的这些体系如果我们要来建构它的话，它的基础知识应该是什么？我在日本作访问的时候，专门关注日本的国家公园，他们做的一个东西非常有意思：体量很小的一摊小水坑，在中国都不算什么东西，在日本被看成是湿地，老教授和工程师退休了专门到这里免费给小孩子讲一天。虽然体量很小，但他们很珍惜，对这种知识的运用，用得特别好。但如果纯粹从生态旅游的知识建构上来说，应该以什么样的基础来建构会更好？让人更能够表达出生态旅游到底是个什么东西。我估计，在未来回答生态旅游是什么的时候，可能在本土化和国际化结合的过程当中能够真正把它讲清楚，这个是我在讲的时候就在想的一个问题。以生态学或者生物学思想为依据来建构生态旅游体系，存在一个不足，就是它会变成一个很技术的东西，没有一个高度。生态旅游早期是一种旅游方式，而可持续旅游是一个功能性的东西，人类提出可持续这个理念是一种很无奈的举措，因为现在出问题了，所以它建构了一套自然知识体系后，我们反过来一看，好多东西是不对的，我们依据自己的路在走，走完了以后又觉得我们以前对自然界的认识应该是这个样子的，好像我们走错了。为什么？因为我们用"自然"两个字的时候已经说明我们离开它了。这就是为什么我常说生态旅游有的时候是一面镜子，让我们反思。我想可持续旅游和生态旅游是可以有交集的，它并不是两个可以替换的东西。可持续旅游实际上讲的是一种功能性，是可持续发展理念在旅游行业中的应用，而生态旅游在今天应该成为一种思想。

杨宇明

关于生态旅游的学科基础，前提是生态旅游已经上升到了一个学科，它的学科基础实际上就是生态学。生态学实际上是20世纪中叶才发展起来的，真正形成系统性的分析源于美国出版的《寂静的春天》。《寂静的春天》这本书出版以后，生态学就作为一个相对独立的学科发展起来了。生态学本身其实一直都是在生物学里面的，属于生物学的二级学科，不管是硕士点也好，博士点也好，都是生物学。20世纪90年代中期，生态学独立出来了，为什么独立呢？生物学强调的是研究动物、植物、微生物，是以生物物种为对象，生态学除了包含了动物、植物、微生物，除此之外，还强调它们的过程，即物种和物种之间相互影响的过程。物种和物种之间又形成一个小系统、小社会，例如从滇池里拿出一滴水可能有若干个浮游生物在里面，若干个细菌在里面，它也是一个小系统，大到一个地球也可以看作是一个全球的生态系统，也就是说，一个学科的发展已经从纯粹的生命科学，从过去研究动植物、微生物的系统，扩大到了研究人类社会的社会学。生态系统都有人类的影响在里面，即便是南极和北极，人也去得多了。现在的生态系统已经包含了人类社会在里面，是自然系统和社会系统相互交错的复杂系统。今天的生态学，有相当部分已经从过去纯粹研究生物的物种对象和它们相互之间物种的关系，转向研究它们与人类社会的关系，因为在社会高速的发展下，人类社会对系统的影响非常大。现在说生态学不是纯粹的自然科学，这里面可以用文化的定义来解释。文化的解释是非常多的，其中费根的解释是：人类适应所处环境的策略和手段。生态里面包含环境，而不是环境里面包含生态。生态里面有自然的、文化的、社会的，生态的概念实际上比环境还要大，所以现在生态学家都不赞同"生态环境"这个概念，生态包含了环境，这个环境有自然的环境，还有人文与社会的环境，所以"生态环境"的说法重复了，但现在这两个词汇结合已经叫成习惯了。生态旅游的学科基础就是生态学，所以刚才我们说到的关于生态旅游应该坚持的科学层面，生态旅游有一个生态过程的科学规律，里面包含物质循环、能量流动以及生态系统与人类社会之间的互动关系，这个互动关系不是单方面的，用地理学的解释就是人地关系，生态学可以说是从宏观到微观都包含了。

第二个关于可持续旅游、生态旅游和绿色旅游的关系。我的导师郝吉明教授最早翻译和引进的《可持续发展导论》，里面的"可持续发展理论"是1983年提出来的，提出的背景就是针对高速发展的、高消费的、高能耗的发展模式弊端，解决的是人与自然的关系，实际上解决的是代际公平，但是仍然没有解决最核心的问题，仍然没有突破人类利用自然过程中的中心主义。这种中心主义认为我们人类利用资源、自然的时候，人类仍然是老大。现在提出了绿色发展，就是在可持续发展之上的发展、延伸，突破了人类中心主义，把人与自然融为一体。人在自然界既不是主体，也不是老大、主宰，而只是自然界中的一员，人在利用自然环境时要强调社会系统和自然系统之间的和谐，最终也是一个平衡问题。另外，在绿色发展上，在对自然环境进行利用时有两个核心价值观：一个是生态资本不能衰减，生态衰减说的就是它的生态功能不得减退，比如湿地、森林、海洋，它们都有生态功能，过去没有人对它价值化，中国林科院20年前做了研究，10年前公布的。云南省2010年公布了云南省森林生态系统的生态服务功能价值总计1.86万亿元，是云南省林业调查规划院根据中国林科院的计算标准测算的。第二个核心价值观是"自然资产不得净减少"，指的是对自然资源的利用必须做到循环再生利用，即上一级生产环节的剩余物是下一级生产环节的原料，多个生产环节组合成一个闭合的生产环链，形成循环经济。因此绿色发展就是要倡导循环经济，做到对资源的充分利用，没有废物和净消耗。

叶文

我不相信这个数据，有些数据和我们旅游的一些数据一样，不可信。

杨宇明

现在的指标肯定是不完善的，不过指标确实也是客观的。

叶文

我认为可持续发展不仅是代际公平，代际公平这么多年的研究已经很清晰了，而区域公平更重要——横向的发达地区和不发达地区，全球目前至少还有10亿以上的人口一天只能花费1美金生活。发达国家的学者和政府，似乎在有意回避区域公平的问题。我去国外一些学校交流的时候，曾与他们探讨过什么是发展的公平：你们发达国家一年的消耗资源量是发展中国家的 40 多倍，发展公平首先是人的公平，中国、非洲移民几亿人口到你们那里去会怎么样？我认为可持续发展要解决的核心问题不是代际公平，而应该是区域公平。

杨宇明

可持续发展提出来的时候，可能还没有区域公平的概念，只能说资源的利用不能影响下一代的需求，所以，早期对可持续发展的理解还是有局限的。

叶文

本质还是中心主义，还是人。强势化族群认为自己族群的发展，跟别的族群没有关系，这是一个文化强势的问题。

李洪波

罗马俱乐部的研究报告《增长的极限》撰写完成后，给了一些官员看，他们感到地球要完了，现在看到的是已经修改过的了。

"可持续发展"这个词，现在很少有人用作论文的题目了。其实现在用可以接受了，因为你可以用指标表达出来，大家现在的观点又回到了原点，回到罗马俱乐部时代，罗马俱乐部最初就是用指标。

叶文

生态阈值。

杨宇明

阈值有个区间，在这个区间可以改变。生态系统的自我修复功能比人工修复功能更强大，在这个区间，生态系统寻求一个物质循环、能量流动的平衡，超过这个区间，就朝另一个方向发展。这个区间就是生态系统的生态资本，绿色发展就是讲生态资本不能超过阈限值，所以说它跟可持续发展有根本的区别。

胡恒学

先不谈生态旅游的概念，杨老师做了一个事情，比如说你把云南省的资源做得很清楚，把你的研究作为一个案例，每个省做一个，每 10 年或者 20 年我们做一次。环保部提出来的自然资本，强调的是资源量，我们今天也来了很多各个省的专家，杨老师你能不能把今天的报告作为一个范本，我们把它作为一个方向，下一次中国生态旅游会议我们再请你讲一下，让更多的老师做一下这方面的工作，这对我们提升中国生态旅游有很大的意义。作为这个中国生态旅游会议的行业骨干，我们不能小打小闹，我们每年都应该有一定的成果，对生态旅游的发展有一定的提升。

杨宇明

我们做旅游就是利用生态资本，利用自然资本的不多，因为自然资本仅仅是物质的，生态资本包括可见的和不可见的，可见的是景观。我去德钦路过澜沧江第一湾，发现观景台怎么围起来了，这个景观是公共资源，现在却对公众收费。

叶文

我很希望有一天我们能行动起来，用个五年到十年的时间组织全国专家做一套丛书，对各省的自然资源和文化资源生态做一个普查，这样留下些遗产，会更有价值。贵州省已经做了这件事。

周艳萍

大家都关注的是很重要的资源，我去过很多地方户外旅游，根据我的感觉，身边的普通资源很值得关注，例如昆明石林，我爬到石峰上面，发现有很多环境被破坏的问题。我们在讨论中能不能关注这些普通的景观。

李洪波

徐老师提出人化的自然，被控制的自然，我们还需要自然这个东西吗？它还在吗？这个问题如果真正理解清楚了，那么生态旅游就清楚了。大家很羡慕荒野求生的户外专家，百万年前老祖宗就是这样的，现在是倒过来了。

胡恒学

每个时代都应该尊重当代的生产力。

李洪波

你对自然有了另外一种认识，为什么你突然间去追求这个？现在很多人都去追求这个了，追求古人的生活状态。人为什么去乡下？旅游三大空间：乡村、城市、荒野。

符全胜

因为我们大量的人需要解放出来，以前有人研究认为技术替代会导致失业，实际上不但没有失业，反倒有一部分先富起来了。他们已经有大量时间追求精神世界，追求更深层次的东西，但是不能代表大众，这部分人还是小众。旅游和休闲变得越来越重要，节假日变得越来越多，有人就开始反思人与自然的关系，甚至有人问我"你搞房车和露营有何意义"。

叶文

西方人是从游牧文化到房车文化，都是为了方便移动，而早期热衷于房车的中国人很多是为了炫耀。

符全胜

国外的今天可能就是我们的明天，我们还没到那种生活方式。他们在学习怎么消磨时间，就先玩起来了，房车只是代表了大的方向，但是还是小方向。

李洪波

舒适度本身就是个伪命题，有一部分人追求内心的世界，甚至自虐，十几万人到热带雨林去，你不能用你自己的标准评价这一小部分人。评价他们的标准不是舒适度，我们过去评价生活水平，吃肉、吃油条就是好的，现在谁都不喜欢吃得太油腻，我们不能用没吃过肉的人来评价现在有人为什么不吃肉。房车仅仅是一种现象，没有思想才去炫耀。我接下来的研究就是营造这种文化，实现这种文化价值功能。房车不仅仅是一个房间，更是一种生活方式，生态旅游早期的践行者，其实就是追求别样生活方式的人。

李梅

房车的建设是政府的需要，318公司做了很多项目，我自己都觉得不舒服。没住过的人都愿意去住房车不去住酒店，而住过新西兰房车的人坚决不愿意，他会觉得舒适度不够。房车营地热是在我们国情下，在我们旅游设施配套条件下出现的。我们生态旅游发展出现很多困境，一二十年来更多关注的是形而下的东西，我们其实忽略了很多形而上的东西的引领，导致我们有很多东西想不通。一种新现象的出现和我们想的不一样，差距很远，这应该是我们思想没有跟上。

有一些东西，其实从旅游的角度讲，马斯洛需求理论把前面的都解决了，这一部分人把前面的需要都解决了，还要让自己有一个挑战。王石将攀登作为现阶段的一种生活方式，不是自虐，而是去攀登人迹罕至的地方，因为他有这个经济保障；好利来的老总喜欢户外拍照，做起来企业也不管了，既不是炫耀，也不是自虐，而是一种理想。从生态旅游的角度讲，应该多一些研究，作为一种教化，生态旅游应该作为一种责任来讲。

成海

这种事情不能一概而论，存在文化异质性和个体差异性，既有嗜书如命的人，也有买书摆在办公室为了炫耀的。昔日的非洲有钱女人出门要戴十多斤重的铁环，用蹒跚的步态与大步流星奔波于烈日下的穷女人区别开来，这跟舒适度无关，是心理层面，文化上的需求。

黄志恩

生态旅游在西方是小众旅游，中国本土化后，变成大众生态旅游，西方和中国的生态旅游发展道路是不一样的。

李燕琴

东西方文化应该是殊途同归，未来的趋势大体上是相同的。在中国叶老师提大众生态旅游，西方不这么提，而是说可持续旅游，实际上是可持续大众旅游。

叶文

西方提这个有个很重要的前提：西方是一个理性的社会，从古希腊古罗马开始建立理性思维，通过后来的环境运动，它的生态观、人与自然的价值维度绝大部分建立起来了，但在中国路还长着呢，我们的努力是没有底线的。

黄志恩

我在香港可能学习西方的理论多一点，中西方文化总会有交叉点，交叉点在哪里？

叶文

我也没找到。我看《欧洲简史》《西方简史》得到一个感悟：西方文化是三个源流，第一个来自古希腊的哲学艺术、文学和科学，它是一种理性思维的方式，理性地认识人类自己和客观世界；第二个来自基督教文化，它解决了人们的终极关怀；第三个是日耳曼的骑士精神，骑士精神最后演化成尊重妇女、诚信和绅士风度。我也没有真正把它研究得清楚。但中国文化我始终没搞得太明白，我认为中国文化起码有两个东西，第一个是对自然的认知，天圆地方，第二个是人与自然的关系，就是我们的山水文化，从山水画里看得出来，包括画里人物的大小，一直在发生变化。中西文化应该有些交叉点，但是我还没找到。其实要找到中国文化的原点，读读《大秦帝国》一书可能是个不错的选择。

李山

接着黄老师、叶老师的说，我是生态旅游的门外汉，想提一个问题，国际化、本土化或者说是中外差异的问题，涉及三个老师的报告，一个是李洪波老师提到的依水而居的问题，那依水而居，东西方有什么差异？西方在地中海时期建立的城邦国家，它是在海洋边上的，是因为贸易的需求而存在的，东方，像中国传统的古城依水而居的话，可能是为了农业生产，那这种差异会不会对滨湖旅游造成影响？比如说，现在国内滨湖旅游有大量的房地产项目，没有西方那些大量的、公认的、经典的滨湖旅游活动的开展。这种差异会不会对生态旅游的中外差异有些影响？这是我第一个请教的问题。

第二个是张玉钧老师提到的，国家公园现在受到大家普遍的关注，国家公园是欧美来的概念，中国在做国家公园时更多的是借鉴。我们是借鉴美国的模式，还是英国的模式？还是说把中国以前的各种体系下的国家管理的东西打个包，或者是另起炉灶？从学术研究的角度，什么样的方式更适合我们的国家公园建设？最近提出很多新的国家系列概念，比如说国家农业公园，以及今天早上有老师提出的可能要建的国家河湖公园，这一个个的概念出来之后，我们是不是把它纳入国家公园统一的体系之下呢？

第三个也是和国际化、本土化有关的问题，李燕琴老师报告中涉及的，未来我们的研究，下一步中国可能要做一个国家层面的引导。这涉及学术研究一个很大的特点，就是要有知识的溢出，我们本土的生态旅游研究，现在向国际上的生态旅游或可持续旅游的研究溢出了什么样的知识和理论？当然，除了向国际溢出之外，向狭义的旅游学研究这个领域，我们生态旅游的研究溢出了什么样的知识和理论？从案例上来说，刚才李老师提到，有人问她中国有没有典型的生态旅游案例？是不是真的有一两个做得好的，而且是中国本土的特色的生态旅游案例？而这种案例是否具有西方国家不具备的特点，我们是否可以向世界输出？

叶文

首先是，什么叫生态旅游案例？

李燕琴

知识的溢出现在已经是出现端倪的，像刚才讲到的，根本的溢出是天人合一的理念，以及刚才提到的在天人合一理念基础上的一种平衡管理的原则。原来最早的生态旅游可能是高端小众的，现在稍微大众一点。但是，能够达到一个可持续的目标，或者说可接受的可持续目标，都是可接受的，因为我们同时要兼顾经济的可持续性，这是发展模式的贡献。经验的总结刚刚开始，随着我们认识到我们有我们的优势，再和实践进一步结合，可能还会有更多的经验出来。另外，提案例的话，实际上我也没去过，只是从收集到的一些资料、案例的研究上分析可能还不错。比如说，相比于九寨沟的大众化，王朗的生态旅游做得更好一些，邓贵平老师来自九寨沟，对那边比较熟悉，可以介绍一下。另外，云南雨崩村是作为社区生态旅游一个很好的案例。

叶文

这个价值判断是指什么？比如说，生态旅游者尊重自然、保护自然，能做到这点的游客就是生态旅游者。旅游区建设的所有东西，像杨老师说的，尊重生态的一些基本原则，我觉得这就是一个生态旅游区。比如说，同是观鸟，有的人可能去骚扰，有些人拿枪去打，有的人就是我们认识的生态旅游者，会去关注它、保护它。

李洪波

刚才胡秘书长也提到了在全国开展大规模资源调查的工作，实际上我十分建议开展一项工作，就是关于中国生态旅游者的一个相对大规模的调查，因为生态旅游市场是由生态旅游者界定的，但是这项基础性的工作我们一直没有大规模的进展。

胡恒学

现在我们在大量推广生态文明教育基地。因为刚才叶老师说的，西方自然观已经形成，我们中国还没有形成，需要一个过程，这个过程就是给我们中国的公众来普及这个方面。

李洪波

要做个形而上的东西。

胡恒学

大家不要在生态旅游概念上再去较劲，实际上，就是刚才说的，旅游者有一种生态文明的观念，旅游区的经营者有生态文明的管理方法，两者结合就可以了。没有精确到一加一等于二的程度。

徐红罡

回答李山老师的问题，其实中国的生态旅游研究还是有比较多的知识溢出的。也回应黄老师和叶老师刚才回答的，我们东西方到底有多少不同或者相同？我们对东方的研究完了以后，西方也开始觉得，西方的社会里面也有很多很类似中国的，比如说是西方的游客，当没有强调他是进入自然保护区的时候，他其实也是蛮高兴体验各种刺激感觉的。从本质上，我们在人的感觉或者存在方面都是一样的，但是，后面通过后天的教育，可能思维上会发生比较大的变化，比如说，现在都在讲自然教育，但是自然教育里面，西方现在讲得比较多的是环境趋势的教育，但是我们中国的环境教育与它和形象思维、物质性思维有很大的关系，还有和美的思维有关系。所以，在你做环境教育的时候，必须要把人们的审美思维、情感思维、形象思维和环境知识思维联系在一起，才能做得很好。针对这种观点，我们发表了论文，现在引用率是很高的。在国际上，他们也认可，游客其实也不完全是只读科学的知识，也会认可一些我们这样的观点。

当我们的学者看到一些解释不出来的现象，就可以进行理论研究和归纳，在国际上交流的时候，他们也会意识到，他们也存在这样一些现象，这就是一些知识的溢出。还有，我们一直在讲天人合一，这些新的提法提出以后，现在大家也会把可持续发展，还有生态的伦理作一个划分，并没有决然地说东方或者是西方。其实我们都是在一个谱系里面过渡的，中国人也有很坚持自然的，也有很坚持人为的，我们也是在一个过渡的期间，他们也认识到，他们也是有过渡的，有的人是很强的生态主义者，有的是比较弱的，比较偏向我们的，所以我们和他们有多少的差别呢？我们其实是可以沟通的，这也是一些溢出，包括现在对于西方所说的"保护区原来都是很明显的一个边界"，现在他们也开始反思了。因为我们不断地在提划分明确的边界，很容易引起社区与生态的矛盾，我们要把这个周边的社区放入进来，原来的边界出现一些问题。现在西方的学者也开始反思，是不是要那么严格地划分一个明确的边界？是不是对原来的分区也要进行一些反思？也就是说，原来我们学习的很多理论，都是基于西方的背景，还有一些西方的现实。现在我们提出来了另外一种现实，也就是说，这个事情，其实有另外一种解决方案，另外一种思路。至少现在在重新再讲理论的时候，已经要把我们很大的这块划进去，不是说很决然的，也是有另外一种方案，所以这个溢出还是相当大的。

还有一个溢出，对于大众旅游的一个认识，现在也开始有了一些新的思考，大家也认识到了大众旅游的形式，原来全部都是否定的，但现在发现，在发展中国家，它是可行的一条路。九寨沟、黄山是很好的一种实践，因为我们通过政府的力量，把它们保护起来，组织大规模的游客去旅游，在某一个方面，是吻合中国现状的。因为我们有很多的人，我们有扶贫的任务，我们不可能是很小的规模。当然也面临着一些问题，就是关于周边的社区，怎样从大众旅游里获得更好的效益？经过30年，我们可以看到，5A级景区的发展思路，是我们国家所实践的。现在的发展中国家，像印尼，他们很羡慕我们这样的做法，这个是针对发展中国家实际，可以解决的。他们以后能够吸取的教训就是，开始设计的时候就考虑周边的社区怎么组织起来，搭到这个车上。因为原来大众旅游的时候，只考虑生态，怎么高效地发展，后来才发现周边的社区很难搭上去，然后又回来解决这个问题。现在有时候对生态旅游也会产生质疑，小众的就一定是可持续的吗？大众的就一定是破坏的吗？小众的生态旅游你去的哪？你去的是生态最脆弱的地方，没有人很好管理的地方。但是，我们现在的大众的生态旅游，像九寨沟、黄山，他们管理团队都是一些非常有专业技能的，要把植被做一些数据库等。所以，少部分人深入到没有专业知识管理的地方，它反而是破坏。这些都是知识溢出以后，现在国外讲很多的东西都要考虑到另外一种情境，包括真实性和完整性。原来西方对真实性只有一种解读，就是我们所说的，没有人类影响的状态但是现在在中国文化的语境下面，真实性其实是有很多种解读的，而且特别是文化的真实性。

我们并不是说房子是原来的，地方的真实性远远地强于这个建筑。比如说是黄鹤楼的问题，黄鹤楼从古至今不断地修建，用最新的技术进行修建，但是现在去黄鹤楼，你仍然觉得到了一个古迹，为什么？因为黄鹤楼有这个传统，在那个地方，历朝历代都在建，这个是我们的真实性，西方是不能理解的。其实西方已经逐渐了解到，他们制定的很多的国际规则里面，需要考虑中国的不同文化下面的一些情境。

所以知识的溢出其实还是蛮多的，现在的感觉是，我们应该更多地、更好地到国际上发展，特别是现在，中国现在经济上很强，但需要输出软实力，需要有这样的一些对话。但是现在我也感觉得到，我们在讲东西方的时候，不要绝对地说，西方就和我们不一样。东西方是有很多相通的地方，我们可能很多时候是不一样的，它不是一个对立的东西。要了解到西方是多样性的，我们有很多是共同的思路。我们能够认识到用共同的思维，有一些共同的理解，才能够达到对话，然后才有包容性。包括生态旅游的概念，其实西方学者在东西方的生态旅游的词意上有个对比，发现中间是有一些相同点的，就是我们都要去尊重自然，都要去保护自然，但是在这个之外是有不同的。比如说，西方的生态旅游没有健康的概念，中国人一讲生态就是健康，包括森林健康是生态。所以人在这个里面是一个很重要的组成，西方的生态上面从来没有健康这两个字，但这是不是一个根本性的对立呢？我也觉得不是，其实更多的是在讲这个问题的时候，可能会有一些不同。我就想到关于解说的研究，当我去西班牙讲我的一篇文章，西班牙的教授和学生特别感兴趣。他们马上就说，其实我们也有这个现象，但是我们从来没有研究过。因为他们也被现在的理论框架给固定死了，就觉得一定要自然旅游，他们也说，我们到这个洞里，其实我们也是有故事的，我们怎么从来没有想到去做研究，所以我觉得这也是一个相同点。

陶基磊

生态旅游，如果在中国发展成熟了，成为一个很成熟的体系，那么，对于生态旅游者这样一个主体，我们要怎样去统计它？现在生态旅游在中国只是一种意识，是旅游当中的一个道德观念。

李梅

不能太学术化，也不能一点数据没有。我们的数据现在还是一个官方行为，虽然有时候是我们学会在协助做一些统计，现在是准备在各个地市州建学会的工作站，然后各个地市州林业局里专门有管生态旅游的工作人员。但不一样的是，有的是放在造林上，有的是放在采伐上，有的放在办公室，但不管放在哪个部门，一定会有一个人专门统计数据。因为林业厅对各个地市州有一套表，每年有一个绩效考核的表，各个处对地市州相关的工作有分配。我们的数据是两个处在管，涉及森林公园是造林处在管，生态旅游专门有个旅游中心在管，每年必须分派任务，所在地市州分到各个县，各个县又分到各个景区，层层上报。

叶文

还是没说清，比如去了森林公园、自然保护区，都是生态旅游游客？

李梅

大概 2008 年的时候，省长当时给了林业厅一个任务，把四川省的旅游资源说个数，给全省 21 个地市州排个位，所以我们当时对生态旅游资源做了一个评估。在这个基础上进行分析，所有的旅游目的地和森林有关的大概占 80%。什么样的算是生态旅游目的地？到森林公园、湿地公园、自然保护区、退耕还林的乡村旅游，这四大类就作为四川省统计生态旅游 GDP 的资源。林业厅在统计相关数据的时候，生态旅游的任务还在加，因为其他产业加不上去，只有这个数据是可以调整的。各个地市州很关注生态旅游发展的基本情况，从生态旅游很粗浅的认识来讲，这四大类资源也是我们应该保护好的。

陶基磊

我还有个问题，是关于景区资源保护这块，特别是我们生态旅游景区资源保护，就是你无论怎么保护，还是会出现资源破坏的行为。我想是不是有这种可能，建立一个类似于银行的旅游信息系统，针对游客的破坏行为，通过数据录入的形式对其行为加以约束。

叶文

我给你找一个专家回答，邓老师是九寨沟管理局科研处的处长。

邓贵平

刚才这位同学提到了这个问题，我谈下我的认识。我在当科研处处长的时候，主要关注两个问题，一个是游客分流，另一个是丰富旅游产品。以九寨沟的某个区域而言，我们不是从一个模式而是从一个产品的角度来说，我们应该是一个高端小众的产品，一年只接待了 500 人左右。我们有专门的导游从文化的角度对其进行解说，从地质地貌的角度对其进行阐述，包括动物、植物的角度。针对国外的游客，我们进行全英文解说。而这些服务是一般的大众游客所体验不到的。他们可以在里面露营包括转山的一些活动，这些都是很小众的。我们推出这些产品以后，得到了游客的广泛认可特别是国外游客的认可。一般来说，500 人大概就有 400 人的国外游客。国内游客会认为这不是生态旅游景观，但国外游客就十分喜欢。我们科研处可以做一些事情，但运营还得公司来做。虽然高端小众的旅游费用较高，但总体而言仍然有限。除此之外，我们还做过一个类似于观鸟的生态旅游，这一块国外是非常感兴趣的，很多游客听过它的声音但很难见到它的影子，这些对游客而言甚至比熊猫还感兴趣。九寨沟的大众观光旅游是符合中国国情的，九寨沟的资源保护和社区参与这块的成绩不亚于国外一般的旅游和国内高端的旅游。因为中国的国情和国外的不一样，不能完全实行公益性的旅游模式。阿坝地区经济发展水平有限，资源也有限，需要依靠旅游来发展经济。我们九寨沟的旅游收入全部上缴州财政，由州上统一分配。下面回答刚才那位同学的问题，我个人认为，拿九寨沟而言，其本身就具有环境教育的功能。我记得有一位游客，他想下去踩水，结果一位德国老太太拿着拐杖去打他，这就是环境的一种教育驱动。在九寨沟，真正破坏环境的游客是很少的，国外的游客难道就全部都是爱护环境和旅游资源的吗？我再举个例子，有位游客来我们九寨沟，为了减少购票的费用，首先用英语和我们沟通，我们派了一个懂英文的工作人员来，他又换日语与我们沟通，当我们再次换来日语的工作人员，他又改说中文，实际上我想说的是，他的素质并不一定是非常高的。当然，这样的行为毕竟是少数，一些媒体恰恰是抓住这些少数，比如说，十一黄金周期间九寨沟旅游购物被骗之类的，有些是很多年之前的事情，所以我们要理智地看待这些问题。社区参与是个很复杂的问题，我们在这块也做过大量的探索。曾经有位联合国官员就说，我们在一定程度上解决了一个世界性的难题。

李梅

对生态旅游的发展来讲，在管理层面上非常重要，比如，现在去九寨沟，如果想扔垃圾的话，非常不忍心，在管理层面上营造了一个非常好的场景。海螺沟现在做了一个垃圾银行，游客将垃圾收集起来，去管理处那边换信誉或者别的，这个做法非常好，其实生态旅游就是要鼓励这种行为。像九寨沟这样，人再多，它也能管理到人没办法扔垃圾，是因为不忍心扔下去，这算不算生态旅游？海螺沟游客量也非常大，现在垃圾银行做起来，学生回去写作文，会得到老师表扬，影响也很大，所以管理上很重要。

叶文

今天讨论生态旅游以及相关的概念体系、伦理体系、操作体系，以及东西方的比较，包括知识的溢出，徐老师的解释让我们很有信心。同学们应该学会老师怎样看问题、研究问题，找到未来的研究方向和角度，知识要学一辈子，研究方法要很快学会，这个非常重要。

自由讨论：研究生专场

李明

各位老师、各位同学，下午好！我叫李明，是西南林业大学生态旅游学院的研究生。我的专业是农村区域与发展，但我研究的方向偏生态，我比较感兴趣的是房车的主题。我以前露营过，觉得特别好。因为我喜欢露营和房车，这里牵涉了教育的东西。但这在中国可能才刚刚起步，所以还没好好地发展起来，很多是小团体的组织或者自己旅游，没有完善的机构，所以教育很难渗透进去。这是我的一点点感受。

郑茹敏

各位老师好！我是西南林业大学生态旅游学院研三的学生，叫郑茹敏。我有两个问题，第一个问题是：根据我的毕业论文，我想问一下邓贵平老师，我的毕业论文做的是生态旅游对景区的干扰影响。我在做的时候也有监测，我分了高的旅游干扰区、低的旅游干扰区，还有背景区。结果是比较明显的，旅游干扰越大的地方，环境质量会越差。在监测的过程中，我觉得不能辨别出来有多少成分是旅游干扰造成的，多少是当地社区造成的，或者是自然造成的。

邓贵平

上午谈到这个，包括我们做前期研究，人为活动和自然原因到底占了多大的比重，这个是很难的。人类活动分为旅游活动和社区活动等。这个首先要看你选的是什么区域。

郑茹敏

昆明西山。

邓贵平

这个地方我还没去过。

张光生

就在滇池边上。

邓贵平

那游客活动影响，在你现在的研究中，主要造成哪些影响？

郑茹敏

主要是噪声。

邓贵平

那景区居民主要造成了哪些影响？大家共同讨论一下，因为这个问题确实不好回答。

郑茹敏

影响主要是在农家乐方面，经营方式比较粗放，比如排污的方式，还有他们直接燃烧木材什么的。

邓贵平

涉及哪方面，首先是数据来源的问题，这是非常关键的，直接影响到后面的研究结果。对于这个数据的真实性问题，我觉得可能要划分一下。然后，除了自己收集的数据以外，包括九寨沟景区的数据，有些数据实际上值得商榷。在拿到数据后，还需要自己进行辨别，有时候还需要进行访谈，核实数据的真实性。我觉得这方面首先要做好。包括我上午讲的，有些方面，我们用九寨沟的数据，有些气象站还没建好，但有时仪器不听话，获得的数据与真实情况是没关系的，如果这是不真实的数据，那么将影响后面的研究。下面还有什么问题，我们再交流。

郑茹敏

谢谢邓老师！我的第二个问题是，上午符全胜老师讲的气候舒适度，我自己的看法是每个区域对气候舒适度是不一样的，我没有做过太多的调查，但是我去东北的时候，问过一些东北人，这里经济条件不好，而且自然条件也不好，但是为什么还是选择留在这里。他们就直接回答说不适应南方的气候。所以我觉得留下来的还是比较适应东北的气候。

符全胜

现在很多东北人都去三亚，三亚都变成东三省。也可能他们没有那个能力留下来。我认为你这个不是问题，对吧？

郑茹敏

对。

符全胜

那我的回答就四个字：你说得对。

刘惠子

各位老师、同学下午好！我是西南林业大学生态旅游学院 16 级的研究生刘惠子。我是农村与区域发展专业的，我想问老师，目前，我看了农村发展方面的文献，也看了闵庆文老师的一些文献，还有一本书，是农业文化遗产相关的。我想问这个农村文化遗产保护与开发最有效的模式是生态旅游吗？还有一个问题是农业生态旅游，休闲旅游的界限和耦合的交叉点到底是什么？请各位老师解答。

张光生

休闲农业与乡村旅游，你只要到农业部休闲处的网站去看，它把全国的休闲乡村旅游点都列在了上面。另外，今年都出了很多的文件，从部长讲话到市长讲话界定得非常清楚，包括你讲的农业文化遗产、乡村文化、产教融合都解释得很好，这些文件把乡村旅游的功能和定位讲得很清楚。像符全胜老师讲的，乡村旅游的三个功能：环境教育、环境保护、旅游体验，其实世界生态旅游学会讲的是两个：有利于环境保护、有利于社区经济的发展。乡村旅游，像胡老师说的那个，农村人都没有叫什么乡村旅游？不见乡村人，所有的乡村旅游点都是城市的改造，根本不是乡村旅游。真正的俄罗斯乡村旅游强调两点，一有乡村韵味，二有家庭氛围。

刘惠子

那么，农业文化遗产旅游的最好的发展方式是生态旅游吗？

张光生

这是它的方式，但不一定是最有效的方式。因为真正做到生态旅游的话就有利于保护环境。它的问题是打着生态旅游的牌子，做旅游的文章，这就对环境不友好了。

刘惠子

那有没有其他的方式和途径？

胡恒学

农业文化遗产有一种就是梯田，包括现在留下来的一些养殖的方法。像这些要通过旅游的手段变成商品，它的价值才会体现。最明显的是安徽的山泉流水鱼，用那种养殖方法，卖到上海 150 元一斤，原来上海人不知道这种鱼，进入农业文化遗产名录以后，能卖到 150 元一斤，就是说要把它变成商品，才可以。

刘惠子

这是走产业化的道路吗？

张光生

胡老师把农业文化遗产分为十种类型，她的PPT中，有两句话讲得很经典，人类往往对皇帝的私生子讲得津津乐道，但对小麦和水稻是从哪里来的，我们根本就不清楚。所以，我们就知道农业文化遗产应该怎么去重视。

刘惠子

谢谢老师。

余婧

各位老师下午好！我是西南林业大学生态旅游学院16级的研究生，生态旅游专业的余婧。我不能说有问题，只能说是对上午和下午的老师们的PPT的一个体会。上午说到大象政治的时候，我感受到的是旅游过程中各方权力的斗争，是人权、动物权、自然权各方面的竞争，有时候，我会很迷茫，旅游到底是为了什么？我们原来就在自然中，却把自己特殊化。我们本来和自然是一体的，就像今天下午过竹老师说的那个，看山水的三个境界，就是看山是山，看山不是山，再回到山水中。我今天的感受就是：我们看问题是不是应该回归自然，不要把人的利益看得过重，把目光看得更长远些。

李海荣

各位老师下午好！我是西南林业大学生态旅游学院16级生态旅游专业的研究生，我叫李海荣。通过这两天的学习，无论是在研究的内容上，还是研究的方法上，我都学到了很多东西，受益匪浅。现在，我主要有一个问题。在上午的符老师的营地教育讲座中，提到了民宿，还有胡老师的乡村旅游中也提到了民宿问题。旅游的六大要素：吃、住、行、游、购、娱，现在，出现民宿发展的热潮，我想问各位老师，对民宿发展有什么看法或者很好的建议。

郑寒

从自己在大理做的调查来看，政府的管理可能非常重要。因为现在大理的问题就是政府在这个管理中反反复复，造成了现在非常大的矛盾。如果在三四年之前就停止，可能就不会造成现在的投资紧缺问题。我在这里面的体会就是政府的管理非常重要。

胡明文

我是喜欢体验民宿的，民宿就是新鲜感，但去过几次，发现服务很不规范。

像杨丽萍办的民宿一个晚上要 7000 元，但是环境很糟糕，卫生不好。民宿的收费可能比五星级宾馆低得多，但是体验了这么多，便宜的、贵的，给我的感受是再也不想去了。

叶文
其实你要搞清楚民宿的差别，有真民宿和假民宿，杨丽萍的实际上是伪民宿。民宿不是造出来的，是自然生长出来的，造出来的缺乏真实性。

成海
为迎合市场造出来是建构出来的，要说真实也只是一种建构性真实。

胡明文
对，那是建构出来的，但是也让游客体验了少数民族的民宿。真正的民宿实际上是很不舒服的，真的就是一种体验，绝对没有五星级宾馆的服务水平。

郑寒
因为我自己在大理住民宿，在那个村子，看到外来的人经营民宿，然后怎么改变了它。刚开始的时候，他们确实仅仅是 home stay，是外地人想生活在这里，他们做得很好，但当演变成杨丽萍的那种管理体制，完全由外来者经营的时候，问题就开始出现了，然后就是我刚才说的越来越大的投资。

叶文
杨丽萍的那个不是冲着她的民宿而是她的名气。民宿应该是长期的文化积累后，形成的一种生活方式，不过，杨丽萍本身就是一种文化现象。

熊丹华
各位老师、同学，下午好！我是江西农业大学国土学院 15 级研究生，熊丹华。我的研究方向是低碳旅游，现在作为研究生，我跟着自己导师做一个关于碳补偿的国家课题，基于碳补偿视角，对国家森林公园利益相关者的参与意愿及其影响因素进行分析。这两天听专家们的报告，专家教授讲到了利益相关者及补偿的问题，那么我现在的这个问题是关于碳补偿的。在我国，虽然还没征收碳税，但建立碳交易市场是势在必行的。那么，我想问各位专家，对在旅游行业建立碳交易市场的看法是什么？谢谢。

李洪波
第一个我们都在说低碳旅游，如果我们不出行那就最好了。这个我测算过能量的消耗，跟西班牙、意大利做出来的差不多，数据很类似。最大的消耗是交通上，第二个消耗在吃上。从这个意义上说，你不出门便是最好的。所以低碳旅游目的地的说法，没有什么意义，这是第一。第二，你讲的交易平台全球有两个，一个在欧洲。我们国家林业总局，专门有个司，他们已经做了，国内已经有了一个碳交易平台。这个平台也一直在做，但没有太多的人参与。大概五年前，这个平台准备做成全亚洲的碳平台交易中心。这个你可以查一下林业上的一些报告，有些东西应该是有的。第三个，你说的旅游的碳交易，已经有公益组织在做，就是坐多长飞机，消耗了多少碳，那么需要有类似公益捐助一样的机制。实际上一直都在做，只不过这个组织这几年的声音不太大。

周艳萍
这个碳交易所在北京、上海都有。这个你可以去查。

符全胜
如果你到上海，我给你推荐 Urban Hotel，世界上第一家碳中心酒店，它把碳交易跟你的住宿联系在一起，然后通过中间的交易系统，Check in（办完入住手续后），然后我的 2000 元基本上就碳中性了，那个酒店还不错。

张琪
各位老师下午好！我叫张琪，是江西农业大学旅游管理 16 级的研究生，研究方向暂时没定。所有老师说的观点，我都听了，我想提一下自己的收获、看法和疑问。本打算向李梅老师提问一下她做的旅游体验指数、三级标准，我很好奇这个标准是由谁来评定，怎么评定的？今天李山老师也提到了这个问题，提到了如何避免权重的主观性，而且中间说了在不断优化可接受标准的过程，这个回答了我之前的疑问。上午崔庆明老师提到的，是否可以通过禁止骑象行为来保护大象，崔老师说公益组织号召不要骑象，但也说本质上大象的虐待是在驯化的过程中产生的。如果我们禁止骑象，那我们可能开始驯化老虎，然后又是禁止老虎的驯化。这样到最后，我们是要禁止对人的驯化吗？所以，我想说的是禁止从来都不是解决问题的最好的方式。崔老师对比了传统象营和大象避难所，我们可不可以用一种比较温和的方式驯化大象？第三个，利益相关者不仅仅考虑人的因素，还应该考虑动植物，今天黄志恩老师提到动物也是 stakeholder，我想问，如何具体地把动物也纳入利益相关者的研究中？最后，我建议以后老师们更多地能从自己的知识体系中提出自己的观点或想法，对未来生态旅游的可能性提出自己的看法，谢谢！

叶文
我插一句，我想告诉崔老师，我今早看到了一个新闻，美国最大的马戏团宣告倒闭了，原因是大象表演受到了环保组织的控诉。我想请崔老师怎么用哲学的视角解释这个问题,就根据这位同学说的这个观点出发。

崔庆明

其实,讲到现象学,会讲到多一点的东西。做现象学的研究,关注的是游客的体验,不是关于动物、话语、权利方面的研究,现象学研究的是游客在骑大象过程中的体验。现象学已经有一百多年的历史,每一部大家的著作都能让人读到很多的东西。现在它的思想已经涉及不同学科的研究,不但有哲学,还有社会学,包括旅游。但旅游主要把它当成研究方法,进行定性研究。用现象学收集资料、分析资料。哲学现象学中,每个现象哲学家的观点不同。我们中山大学哲学系有个研究哲学比较好的老师叫陈雪康,他把所有著名的观点编辑在一起,然后起了个名字叫"回到事物本身"。回到事物本身是现象学运动的一个基本口号,也是它的基本原则,back to the thing self。为什么我们要回到事物本身呢?难道就是回到现象学,回到现象的本身?这是为什么,我们研究的不是现象吗?在现象学家的眼里,我们研究的不是现象。他们说的现象是最原本的、最原初的,而我们研究的日常生活中的许多现象,被认为是被遮蔽了的,海德格尔讲我们要去除遮蔽。如何去除遮蔽?现象学中有种方法叫还原,phenomenon reduction。现象学中这种东西是有针对性的,海德格尔或者梅洛-庞蒂都是针对某些特定的东西。其中有一个是以逻辑实证主义为主的,科学反思理性精神的一个还原,要把科学的东西还原。现象学诞生的背景是一战后,海德格尔出来以后,反思一战、二战,在这个背景下,反思科学的理性东西,因为科学理性带来了科技,科技造出了武器,可能还会破坏生态。胡赛尔有本书叫《欧洲科学的危机》,还有另一位写的《现象学》。科学将我们与世界直接的联系进行抽象化和概念化,就像我们得出各种各样的指标,指标是我们对自然的一种认识,但不是我们的直接认识。胡赛尔认为我们对世界的直接认识是意识体验,海德格尔认为是在世存在,be in the world,梅洛-庞蒂认为是身体的在世存在。他们认为的现象是有差别的,但是要还原的东西是科学的。那回到我们的体验是什么呢?选择不一样的现象学家,还原的东西就不一样。比如,胡塞尔就会研究人的意识,就是意识构造。

叶文

我觉得简单一点,就是我们怎么用这个研究旅游就行了。

崔文明

生态旅游就是梅洛-庞蒂所谓的我们对自然的认识,首先不是科学的认识,科学家看到的是另外一回事。我们普通人首先看到的是自身的体验,还原到我们的感官,包括段炼老师讲的漂流,漂流者需要体验的是,身体感官全部调动起来的一种体验。现象学就是还原到意识,还原到主观的体验。现象学的缺点是只关注到人的主体性的体验,而没有关注话语、结构、权力等。我在研究泰国的大象营,游客在看大象表演或者骑象的时候,他们只关注自身开心的体验,只关注前台,front stage,而不会想到后台的东西。但自身性是旅游中非常火热的,还有 mobility,都是研究人的自身体验,然后反思。跟权力、话语是有差异的,我们仅仅是回到人的最基本的体验。

黄志恩

我简单说两句,来回答刚刚那位同学的问题。关于 stakeholder,对于动物,我们要有同理心,想象自己在睡觉的时候,被拍一下,要求被拍照,那是什么感受,就用那个 empathy。还有崔老师的标题给我的感觉不叫后殖民主义,应该叫 political economy consumption。

崔庆明

关于那位同学所说的,我觉得动物是可以作为利益相关者的,但是存在的问题是,人到底能不能真正理解动物。empathy 有两种情况,一种是真正能理解到动物的感受,另一种是我们以我们的视角思考动物,就像是说子非鱼焉知鱼之乐。

李璐佳

各位老师下午好,我是西南林业大学生态旅游学院的李璐佳。作为 90 后的我,有幸听了下午胡老师说的乡村旅游,说一些我的粗浅感悟。咱们江西是红色革命旅游胜地,那么我们当地的红色革命旅游,对于 90 后的我们来说,满意度较低。昆明呈贡的农家乐特别有主题特色,都是源于自然,归于自然,我去了几家农家乐做过调查,有文化亭阁类型的,也有过竹老师喜欢的陋室,是用竹子茅草搭建起来的竹屋,四面无墙,与野猫、小鸟同吃,有点仙谷的感觉。我今年过年回家,感到特别震撼,农村的路有了不同的路标,而且有小部落聚集的特点,统一的白墙青瓦,给人一种仿古的感觉。红色乡村旅游能不能结合休闲农业、自然生态来激发我们的革命热情,增进江西旅游经济的发展?

胡明文

其实,我们江西不光是红色旅游,她说的这个村是个古村落,跟红色旅游没有很大的关系,它仅是在井冈山脚下,红军曾经路过,可能有过战役吧,拍《闪闪的红星》时在那里取了个景。古村还有很多的耕作文化在里面,江西的乡村旅游肯定要和古村结合起来,红色老区有很深的文化底蕴。江西的休闲氛围不浓,江西人没有云南人会玩,所以,江西的农家乐发展是比较滞后的。江西追求拼搏,没有时间搞休闲这些东西,这跟文化有很大的关系。

叶文

就像那年崔老师的导师，徐红罡教授，她带她的学生到大理研究养生旅游。我觉得大理不养生，冬天风很大，很冷，海拔太高。但是那是个风花雪月的地方，不养生，但养心。

胡明文

江西有很多革命老区，尤其是赣南那一带，它们没有太多的休闲文化，更多是拼命读书、拼搏的文化，所以乡村旅游发展要滞后一些。

张建国

我不知道在座的专家研究红色旅游的多不多，现在红色旅游的开发，模式上很落后，产品也很陈旧，除了一些红色的节假日和一些廉政教育之外，游客比较少。但是，针对90后和00后在人生发展中的问题，应该从养心的角度出发，进行红色旅游的大众化解读。把红色旅游从一项专业化旅游，变为一项面向社会公众的公共化旅游产品，特别是90后和00后，解决他们的一系列问题。当年那么艰苦的条件，那么弱小的状态，为什么红军能够干过白军？我们看春节晚会的时候，为什么红军老战士活的时间那么长？可以从几个方面入手：第一，针对80后、90后感觉到迷茫、彷徨、烦躁等问题，首先应该像红军一样树立坚定的信念，共产主义一定会实现，这样才会有更美好的生活，这是第一个方面；第二，红军运动战的原则实际上是保持旺盛生命力的重要因素；第三是有好的环境，现在我们回顾以前的环境很艰苦，爬雪山、过草地，现在看来，草地、沼泽是什么？他们当初吃的食品对后来人来说是健康的食品。还有一个很重要的东西，当时为什么能够取得成功？很重要的原因是文化问题，那时候人与人之间形成了团结友爱的和谐文化。因此，我们从信念，从环境、运动、食品多个方面同90后、00后对接的新视角来解读红色旅游的话，红色旅游受众会越来越广，产业规模越来越大。这个是个人见解。

张光生

新的时代要赋予红色旅游新的内容。

于洋洋

各位老师下午好，我是西南林业大学生态旅游学院的于洋洋。我的大学本科是在江西九江念的，对上午胡老师讲的乡村旅游，有自己的一些思考，把经历过的一些东西和大家分享一下。由于大学学的专业，毕业以后就在九江国土局实习了一段时间。庐山就是九江旅游发展的名片，但为了提高旅游经济效益，政府提出了要把庐山上的小镇整体搬迁的发展模式，无论政府给安置房、补助什么的，那些居民都不愿意,这是庐山发展旅游中的一个冲突。我大学还做过一个生态旅游规划,它的那个村就是特色古建筑,我们当时做的是通过生态旅游带动当地的发展。比较讽刺的一点是,当地环境优美,有外地来的学生在写生,然而不远处就有开山、伐木。今天早上,香港的黄老师提到利益相关者,我觉得生态旅游发展不仅跟当地居民的利益产生了冲突,跟当地的经济也产生了冲突。黄老师给出的观点是:香港湿地公园最重要的任务是环境保护,包括对小孩的教育,吸引很多的义工回来反哺,形成良性循环。今年的中央一号文件,提出的一点就是鼓励发展乡村规划,培养乡村工匠,我觉得身为生态旅游专业和农村与区域规划发展专业的学生,以后面对这些冲突,我们应该认真思考如何解决这些问题。谢谢大家。

姜楠

大家好,我是姜楠。在这两天的学习中了解到了很多关于生态旅游的知识,使我对今后的研究方向有了一个很清楚的认识。在这之前,我读了两本书,一本是《生态哲学》,另一本是《生态伦理学》,其中,我最感兴趣的是深层生态学的思想,这跟很多老师提到的人类中心主义和生物中心主义有关。这使我认识到深层生态学对以后的生态旅游会有很大的指导作用,启发我今后的研究要与此思想相关。

余丽丽

我是西南林业大学生态旅游学院自然地理专业的余丽丽。我有两个小疑问,一个是垃圾银行,我觉得很好,但是为什么没有推广?是人们不知道呢,还是在推广的时候有什么弊端?第二个问题是在自然保护区的边界有当地的居民,但他们的保护意识不会像学者一样那么强,靠山吃山,现在他们想到是还能得到什么,好多景区的保护不需要那么多的居民参与。我在想有没有办法平衡协调好两者间的关系。

熊秋菊

各位老师下午好!我是西南林业大学生态旅游学院人文地理专业的熊秋菊,今天想问的一个问题是关于文化真实性的。谈到生态旅游遗产保护的时候,都会涉及真实性。在物质文化遗产方面,真实性是指建筑之类的。但是文化是一个发展的过程,要适应现代社会,比如少数民族发展生态旅游,接受外来文化,发生变化。我想问的是:文化真实性的概念是否正确,是否存在,或者如何界定真实性?

杨金萍

各位老师下午好!我是西南林业大学生态旅游学院的杨金萍。我有两个问题想问：随着旅游的发展，古镇融入了许多现代性的东西，但是这威胁到了地方文化，那么如何协调两者？旅游中的利益相关者会产生冲突，我们该如何协调？

梁琰

大家好！我是西南林业大学即将入学的17级研究生。游客达到旅游地后，大部分总是会失望，我想问的是在规划过程中，如何提高游客的满意度？

王颖心

大家下午好！我是西南林业大学生态旅游学院的研二的学生，我的导师是叶老师。针对崔老师说的大象旅游，我有两个问题：第一个问题是，怎样在保护大象的前提下，使游客与大象更多地互动？第二个问题是，之前看过一些文献，是关于西双版纳人象冲突的问题，最早的时候，人和象也是和谐相处的，后来因为旅游的一些活动，导致了当地居民对大象产生了敌对的情绪，这种人象冲突该如何解决？

顾成圆

我是西南林业大学生态旅游学院研二的研究生。我现在毕业论文的研究方向是荒野这一块。在哲学层面上，荒野概念是西方引进过来的，由于中西方文化的差异，概念有很多的不同。首先，荒野作为旅游资源，应当被保护。如果把荒野作为生态旅游和户外运动的对象进行游憩，有什么需要关注的地方？希望各位老师给出一点建议。

康梅娜

我是西南林业大学生态旅游学院的研究生。针对崔老师的大象旅游研究，提一些我的感受。对于泰国大象的现状，网上说就是对大象的虐待。现在养的宠物狗也会有一些训练，但比较温和。在驯化大象的过程中，能不能用符老师说的同理心，使驯化方式更加温和一点？研究学者也更加有一些人文关怀，这是我的一些感受。

熊壮

我是西南林业大学自然地理专业的，由于我的专业局限性，我有一个疑问，每当提到生态旅游的时候，我的第一反应是森林、草原，动植物比较丰富和生态系统比较复杂的地方，对于沙漠等自然环境不好的地区是不是存在着生态旅游？如果有，体现在什么地方？

强永昕

我是农村与区域发展专业的，也是西南林业大学的研究生。经过这两天的学习，我对郝飞老师研究的点特别感兴趣，她从符号学、衣服的颜色和被访者对她问题的回答，研究大理的旅居者，我不知道她是基于艺术、美学还是浪漫主义，都是从一个小的地方发现了这种现象，针对这个点，让人感觉很怪，但是更贴近生活。

马晓芬
我研究的是荒野，我想问一下，荒野在中国发展的前景和在这个题目下的应用。这个题目对我有点新，收集资料的时候也有点困难，想请教一下各位老师。

张光生
各位同学都提了很多的问题，谈了比较真实的感受，集中一下没有回答的问题，文化的真实性、利益相关者的均衡以及旅游目的形象的提升，荒野，包括其他的区域能不能发展生态旅游等等，有没有老师愿意回答的？

过竹
文化是否真实，你可以看看河流，你能在同一个地点踏进同一条河流吗？肯定不行，因为文化是流动的，你今天看到的文化其实已经不是一百年前考古的文化了。所以文化的真实性是相对的，而不是绝对的。

成海
是的，真实是相对的，而且文化的真实性具有不同层面，王宁老师把真实性分为三个层次，一个是客观性真实，还有建构性真实和体验性真实。

李梅
不同的区域能不能做生态旅游，像我们国家林业局有荒漠公园、国家公园，在这些不毛之地，也有自己的生态系统，也是可以开展生态旅游的。开展生态教育的场景，垃圾银行一直在推进，有些景区也一直在做。各个景区以什么样的方式在做，它是管理上的一个事情，这个不可能在同一层面上来做。

过竹
我补充一下生态旅游，我们的生态旅游不要局限在城市以外的地方，其实，城市的中间，百货大楼、沃尔玛、华联，这些也是生态旅游，那里也构成了人类活动的一个环境。

李梅
我就再补充一点内容，在我们一个自然保护区，有一个小伙子，是我们学校毕业的，在他住的那个院子里面，有一棵树，他就在那棵树的环境当中，发现了几十种昆虫,然后对每一种昆虫进行研究,最后做了一套自然教育的体系,这个保护区资助了他几万块钱,做成了这样的一个教育体系,现在这个做得很好。最近林业局做这些方面培训的时候,我们专门把他推出去讲课。所以,生态系统也可以扩展,一滴水也可以说是一个系统。

黄志恩

是不是游客一定要追求真实性呢?我看到现在的年轻人还反过来追求虚拟 virtual reality。至于协调 stakeholder,我认为最好的就是 balance,好好 listen,多聆听不同利益相关者声音。

符全胜

我接着黄老师说一下,我们生态旅游专业,最终拿的是管理学学位,所以,我们从管理学的角度切入生态旅游发展中问题,这是非常重要的。这个 stakeholder 起源于我们管理学的集体决策,就是怎么把生态旅游落实下去?在一个群体里面怎么去决策?尤其是在不确定的环境下,这个大家可以读环境管理学原理。在集体决策里面,有一个渐进式的方式,就是一个讨价还价、一个妥协的过程,我们讲的所有的策略方法是一个管理工具,它最终要解决什么样的问题呢?生态旅游中的决策实际上是个两难的问题,熊掌和鱼都要兼得,一个是环境要保护住,一个是旅游者的体验要最大化。LAC 有个办法就是先拿到熊掌,鱼我能吃多少就吃多少。俞孔坚讲的生态安全格局,从管理学的角度就能读懂了。如果不从管理学的角度,我们很难理解技术性的东西。

李山

刚才有同学提到荒野旅游的问题,我对此有些认识。前几年,我模拟了人的行为,在查阅文献的过程中,发现美国中有一批学者,他们就是用计算机模拟荒野中人的行为。在荒野的研究中,有一个基本的假设:人在荒野旅游中的满意度与碰到的游客数量成反比。也就是美国人在荒野旅游的研究中,认为人要越少越好,我遇到的人越少,我的满意度越好。我们就模拟什么情况下,让人相遇得更少。如果把这种研究引入到国内来,可能就需要新的视角。在国内,如果遇到的人越少,满意度越高,可能不是我们的心理需要。所以,我们在做的时候要有新视角。

张光生

我觉得两天的会议,我们的主办方准备得非常充分,各位报告人准备得也很充分,各位参会者听得都很认真。首先,我提议,我们对组织这次会议的老师和同学表示最忠心的感谢!当然,通过这两天的报告,我们了解了很多新的研究内容，也获得了很多新的研究方法，形成了我们很多的新观点、新理念，当然，也产生了很多新的疑问。每一次的会议都不可能圆满，正是因为有疑问，为我们下一次的会议提供了新的主题，我们盼望着下一次会议的召开。昨晚，我们开会商议好了，未来的会议如果在南方开，都是在三月的最后一个周末，假如在北方开，都是在五月的最后一个周末。明年的会议定在北京，五月的最后一个周末，正好是我们第十二届旅游会谈，希望各位多参加我们的会议。另外，明年我们会增加研究生论坛，评选研究生优秀报告、优秀论文，颁发相关奖项。因为旅游生态学会马上要改选，新的班子可能有新的做法，我们很希望旅游界的研究者、实践者、莘莘学子越来越多，这样我们的旅游就越有希望。这次会议到此结束，谢谢大家！